江苏人民教育家培养工程丛书（第三辑）

U0900358

初中物理探究教学

CHUZHONG WULI TANJIU JIAOXUE

许帮正 著

江蘇鳳凰教育出版社
Phoenix Education Publishing, Ltd

图书在版编目(CIP)数据

初中物理探究教学/许帮正著. —南京:江苏凤凰教育出版社,2023.3

(江苏人民教育家培养工程丛书.第三辑)

ISBN 978-7-5743-0145-0

Ⅰ.①初… Ⅱ.①许… Ⅲ.①中学物理课—教学研究—初中 Ⅳ.①G633.72

中国版本图书馆CIP数据核字(2022)第186763号

江苏人民教育家培养工程丛书(第三辑)

书　　名	**初中物理探究教学**
作　　者	许帮正
责任编辑	居伟民
出版发行	江苏凤凰教育出版社(南京市湖南路1号A楼　邮编210009)
苏教网址	http://www.1088.com.cn
照　　排	江苏凤凰制版有限公司
印　　刷	南京顺和印刷有限责任公司(电话:025-83682876)
厂　　址	南京市江宁区麒麟街道天和路78号
开　　本	787毫米×1092毫米　1/16
印　　张	16
插　　页	2
版　　次	2023年3月第1版
印　　次	2023年3月第1次印刷
书　　号	ISBN 978-7-5743-0145-0
定　　价	43.00元
网店地址	http://jsfhjycbs.tmall.com
公 众 号	苏教服务(微信号:jsfhjyfw)
邮购电话	025-85406265,025-85400774
盗版举报	025-83658579

苏教版图书若有印装错误可向承印厂调换
提供盗版线索者给予重奖

江苏人民教育家培养工程丛书(第三辑)
编委会

主　任

王晓天

副主任

倪　娟

编委会成员(排名不分先后)

马　斌　马维娜　王卫平　王仁雷　王　建
王晓天　王瑞书　史国栋　冯晓霞　成尚荣
朱小蔓　刘　坚　许庆豫　孙双金　杨九俊
杨亦鸣　吴康宁　邹　正　汪　霞　宋永忠
张天若　陆志平　陈明选　陈锁明　金生鈜
周建忠　周　兢　贺晓星　秦金亮　袁振国
顾华明　顾荣芳　倪　娟　唐江澎　陶　洪
龚　放　崔允漷　崔利玲　彭　钢

丛书策划统筹(排名不分先后)

万　伟　王彦明　朱　亮　沈世红　沈静明
金　玲　俞明雅　喻小琴

总序 FOREWORD

为江苏未来教育家成长奠基

纵观世界教育史，每一次深刻的教育变革都离不开教育家的参与和推动。邓小平同志在1986年就提出“希望中国出现一大批三四十岁的优秀的科学家、教育家、文学家和其他各种专家”。2007年《国家教育事业发展“十一五”规划纲要》明确提出了“倡导教育家办学”的方针。《国家中长期教育改革和发展规划纲要(2010—2020年)》也明确提出，要创造有利条件，鼓励教师和校长在实践中大胆探索，创新教育思想、教育模式和教育方法，形成教学特色和办学风格，造就一批教育家，倡导教育家办学。

倡导教育家办学，要在扎根于民族文化土壤的同时，吸纳一切人类文明成果，形成具有本土特色和全球视野的教育实践和教育智慧。在我国源远流长的几千年文明发展进程中，不仅积淀了丰富的教育话语体系，而且涌现出一批又一批的优秀教育家。如，有被推崇为“大成至圣先师”“万世师表”的孔子，有“匹夫而为百世师，一言而为天下法”的韩愈，有“捧着一颗心来，不带半根草去”的人民教育家陶行知，等等。

江苏素有重教兴学的优良传统。明清两代全国202名状元中，有66人出自江苏，约占总数的三分之一。新中国成立以来，两院院士三分之一以上是江苏籍。“十一五”规划以来，江苏认真贯彻国家、省教育规划纲要，坚持把优先发展教育作为强省之基，把科教与人才强省作为经济社会发展的基础战略，扎实做好教育改革发展各项工作。为顺应发展要求，江苏在2009年启动和实施“江苏人民教育家培养工程”，旨在通过培养一批具有教育家潜质的校长、教师，带动全省师资队伍建设，提高全省教育质量。工程启动和实施以来，得到了省内外同行的高度关注，《中国教育报》《人民教育》等权威教育媒体纷纷予以报道，给予了很多的支持和鼓励。在工程的带动下，全省基础教育人才队伍建设工作蓬勃开展，人才梯队不断优化，人才培养形成常态化。无锡的教育名家培养工程、常州和镇江的名师工作室、苏州的姑苏人才计划、南通和淮安的名师名校长培养工程、连云港的中小学高层次人才“333”工程、泰州的中小学卓越教师培养计划、扬州的领雁工程等都取得了良好成效，为江苏基础教育事业发展的明天提供了人才支撑。

一、设计思路

古今中外的教育家，虽然成长路径各不相同，但他们身上都有一个共同特点，那就是都有强烈的发展愿景，都是积极主动、持之以恒地追求自我发展。而有计划的培养可以促其自觉、促其坚定、催其奋进、助其提高。实践证明，通过有效地整合社会资源，建立系统而完整的培养制度，对培养对象进行引领、促进、支持，给予他们相对良好的成长空间和必要的规制，有助于他们更快、更好地成长。我们认为，确立“人民教育家是可以培养的”观念，是科学的人才观、发展观在师资队伍建设中的体现。

确立目标宗旨。为一批立志终身从教、教育理念新、科研能力强、专长突出、风格鲜明、发展潜力大的中小学教师和校长创造条件，提供平台，给予重点培养，帮助他们在教育理论素养和创新实践能力等方面得到全面提升，使其个人专长更加凸显，特色风格更加鲜明，为他们成长为社会公认的人民教育家奠定基础，并以此带动和促进全省中小学师资队伍整体水平的提升，为江苏建设教育强省、率先实现教育现代化、办人民满意的教育做出更大的贡献。

制订培养计划。工程实施的目标是培养基础教育高端人才。从 2009 年起，计划在全省范围内分四批选拔 200 名特级教师进行重点培养。200 个培养名额，低于全省特级教师总数的 20%，不到全省中小学专任教师总数的万分之三。分四批培养，每批 50 人，确保每一名培养对象都能享有足够好、足够多的专家资源、活动资源、财力资源和实践平台，保证培养过程更加具有科学性、针对性和有效性。

明晰选拔标准。我们分析近代以来我国教育家表现出来的特质，发现他们具有三个方面的共同特质：一是志存高远，具有远大的教育理想，“敢探未发现的新理”，善于发现和潜心研究教育问题，形成自己独到的教育思想；二是学高为师，具有丰富的学识和科学的经验，勇于探索，在办学理念和思路、学校建设与管理、教育教学方式等方面形成鲜明的特色和风格；三是身正为范，具有高尚的人格魅力，热爱学生，尊重学生，对学生有大爱之心，并有较大的社会影响。为此，在培养对象的选拔上，我们确定了“坚持一个基本条件、着重考察三个方面”的遴选原则。基本条件必须是特级教师，是“师德的表率、育人的模范、教学的专家”。在此基础上，着重考察培养对象是否有正确的、强烈的成长动机，有为人民教育事业奋斗终生的坚定理想和不懈追求；是否具有深厚的教育理论素养、文化素养和专业素养，有成为人民教育家的基础条件和发展潜力；是否具有高尚的人格魅力，在区域和学科专业领域内声望高、影响力大、示范性强，受到同行、学生、家长和社会的广泛敬重和好评。

二、制度建构

“江苏人民教育家培养工程”是一项系统性工程，旨在探索高端教育人才培养的政策、制度和实践模式，以培养对象的教育思想、办学行为和先进事迹激发全省所有校长、教师的教育热情和奉献精神。经过五年的实践探索，逐步形成了一套比较完整的培养体系，制定了《江苏人民教育家培养工程实施指南》，形成了管理、培养、考核“三位一体”的培养工作机制。

建立了管理机构。在管理上，江苏省教育厅成立了“江苏省人民教育家培养工程领导小组”，负责培养工作的整体把握和指导，指定江苏省教育科学研究院负责工程的具体实施工作。根据培养对象的特点和研究方向，成立了分学段或分学科领域和学校管理等不同培养方向的五个研修组。与培养对象相对应，组建了五个专家指导小组，通过个别指导和集体指导相结合的模式，就培养对象的发展规划、研究方向、课题研究进行指导。

搭建了培养平台。在培养上，以“政府创设平台、专家引领指导、个人主动发展、团队共同提高”为培养机制，以帮助培养对象“提高师德修养、拓展教育视野、创新教学理念、提高教育教学能力水平”为核心培养内容，规划实施了九大系列培养计划：催生教育主张——培养对象理论素养提升计划；聆听高端讲座——培养对象知识结构更新计划；牵手农村教育——培养对象责任修炼计划；推动教育创新——培养对象实践模式构建计划；走近教育家——培养对象分类阅读计划；聚焦实践问题——培养对象小组合作研究计划；带动共同发展——培养对象团队建设计划；教育家办学——影响力论坛计划；行者无疆——教育考察计划。围绕计划，在2014年至2019年第三期培养对象培养期内，共开展省级集中活动20余次、小组活动近100次。

制定了考核制度。在考核上，江苏省教育厅委托省教育科学研究院与培养对象签订“目标责任书”，依据目标责任书开展年度考核、中期考核和终期考核工作。其中，年度考核实行报告评价式考核，研修小组和培养对象每年要做一次工作总结，报告一次研修心得；中期考核在培养期的第三年举行，实行发展性评估考核；终期考核按目标责任书实行目标考核。培养周期完成，在个人考核的基础上，成立“培养工作评估项目组”，对项目实施情况进行整体评估。

提供了条件保障。主要从专家、平台、经费等方面为工程实施及培养对象提供专业支持、环境支持和政策支持。一是组建了专家指导团队，聘请了国内一流专家。目前共聘请专家119人次，其中为第三期培养对象聘请的专家有35人。二是设立省教育科学规划“十三五”人民教育家培养对象专项课题，鼓励培养对象申报教育科研课题研究项目，通过课题研究推动培养对象成长。三是为每位培养对象至少安排一次出国研修的机会、召开一次教育思想研讨会、资助出版一部专著，为他们形成教育教学思想创造条件。

三、实践成效

工程实施以来，每一位培养对象都以教育家的素养标准要求自己，经过五年努力，提升了综合素养，取得了很多教育教学成果，带动了区域内多元团队的共同发展，还通过跨区域的合作在更大范围发挥了重要作用。

素质显著提高。五年的研修对每一位培养对象来说都是一个迅速进步的过程，他们的专业素养与教育能力不断提升，教育思想已现雏形。其一，潜心读书，提升了专业素养。有的培养对象五年阅读了 100 多部专著，撰写了 40 多万字的读书笔记。其二，实践探索，提高了教育能力。通过构建自己的课堂教学模式提高课堂教学质量，通过成立名师工作室和建设学科基地发挥辐射作用，通过管理模式的变革寻求学校的优质发展，已成为培养对象的行为自觉。其三，活动研修，拓宽了教育视野，丰富了发展内涵，增强了服务江苏教育发展的责任感与使命感。其四，自省反思，凝练了教育思想。通过回顾和反思、梳理和归纳，做到更深刻地认识、更清晰地表达自己的教育理念，初步形成了自己的教育思想。

研究成果丰硕。五年来，各位培养对象在实践研究方面积极进取，取得了丰硕成果。据不完全统计，第三期培养对象公开发表论文 880 篇，其中在核心期刊发表 191 篇；编著图书 79 本，出版专著 35 本；主持市级以上课题（项目）研究 166 项，开设县级以上公开课、讲座 1821 节（次）；被媒体报道 210 次。教学办学上，他们不仅善于把自己的教育理念运用到实践中，而且非常注重特色成果的形成，成为江苏基础教育改革大背景下一例例鲜活的典型。他们的教育教学实践获得了广泛认可，产生了深远的影响，累计获得各级各类荣誉表彰 300 余项。这些成果来之不易，体现了各培养对象不断超越、勤于探索的精神。

带动效应显著。培养对象皆有自己领衔的发展团队，不仅有学校管理团队、教师集体和学科教师团队，而且有市（区、县）的名师团队、骨干教师团队，为带动当地教师发展做出了很大贡献。在团队发展过程中逐渐形成了由“被动发展”走向“主动发展”、由“短期性发展”走向“持续性发展”的良好格局，表现出相当高的发展水平与强大的辐射力。另外，第三期培养对象共开展“牵手农村教育”活动近 30 次，覆盖近 30 个县、市（区）50 多所农村学校，发挥了培养对象的专业服务作用，带动了农村地区教师专业发展。难能可贵的是，他们在成为“培养对象”后，依然有着清醒的自我认识。他们常常淡看自己的努力和成就，却对“机遇”怀有感恩之心。正如一位培养对象所说：“孔子的彼岸是闻达于诸侯，我在想我们的彼岸是什么？也许我一辈子也成不了教育家，但我可以拥有教育家的志向、教育家的情怀、教育家的理想。在培养工程一千多个日日夜夜里，我如农夫般日日耕耘，如哲人般时时自省。从此岸到彼岸，是岁月的距离，更是成长的步履。让我们揣着梦想、带着感恩、携着激情，执着行走在成为教育家的路上，不为彼岸只为海！”

当前，江苏教育系统正在全面学习贯彻落实党的十九大精神，全力推进教育现代化建设，坚持以立德树人为根本，以发展素质教育为主题，以提高教育质量为核心，以促进教育公平为重点，以服务经济社会发展为重任，以深化教育教学改革为动力，以扩大教育对外开放、提升教育国际合作交流水平为重要路径，以教育信息化为着力点，以争取加大教育投入、建设高素质专业化教师队伍为关键，探索建立中国特色现代学校制度，努力营造健康向上的校园文化和有利于教育改革发展的社会氛围，努力办好人民满意的教育。衷心地希望“江苏人民教育家培养工程”的实践探索能给我国推进教育发展和办学专业化、促进高端教育人才成长提供借鉴。

编委会
2020 年 11 月

目录 CONTENTS

前　言

我对物理教学有意识的钻研始于1999年的第八次课程改革，这次的课程改革倡导学习方式和教学方式的转变，改变课程学习过于注重知识传授的倾向，强调形成积极主动的学习态度，使获得知识与技能的过程成为学会学习和形成正确价值观的过程。就初中物理的学习而言，倡导探究教学。

2000年，参加江苏省优质课比赛，执教《比热容》，设计了创设情境、提出问题、实验探究、实践应用的授课思路，以问题为导引，指导学生在探究中建立比热容的概念，并用比热容知识解释生活中的现象。这节课的教学设计后来成为苏科版初中物理教材"比热容"一节的编写蓝本。2002年，在全国新课程物理教学研讨会上，代表江苏省做《电阻》示范课，自制了比较不同电阻大小的实验装置，探究影响电阻大小的因素；自制了可拆解的滑动变阻器模型，探究滑动变阻器的原理和连接方式。后来这节课被录成光盘，附在教学参考书中发行。

在无锡市石塘湾中学工作的那段时间，学校生源为乡村学生，我带班多，又做班主任兼教务工作，工作压力大，考虑到考试成绩不能差，唯一的想法是学生能不能主动找我来问问题。这样，如何在课堂上吸引学生并提高学生对物理学习的兴趣自然就成了必须考虑的问题。于是精心设计了每一节课的实验和问题，自制了许多教具，每一节课均用一张小黑板写上这节课需要思考和解决的重点问题，引发学生的思维，组织探究活动，效果也确实不错。后来，我调入江苏省锡山高级中学，参加学校的有关"教学目标"的叙写、"有效教学"的课堂教学实践活动，我逐渐意识到"实验（情境）——问题——探究"的方式符合初中物理的学习特点。初中物理对学生知识要求并不高，展现给学生更多的是一种基于现象的分析和解决问题的思路，学生学习初中物理需要的是一种"探究行为"，并把"探究行为"界定为初中物理学习中有目的的探查活动和体验行为，具体指有目的的实验、研讨或思维的交流活动。

"探究行为"设计的效度如何，需要从经验走向科学。届时学校又开展了"以评价促进学习"的课堂教学改革，鼓励各教研组开展相关的课题研究，于是我们第一次组建课题组，申报了课题《学生科学探究行为的评价研究》，课题研究旨在通过评价指导学生规划、改进自身的探究行为，促进教师改进探究行为的设计。课题研究以课程标准为依据，以义务教育《物理》（苏科版）的教学实施为主体，积累了系列实践研究案例，制定了探究行为的评价量表。

研究中，我们认识到，课堂教学所面临的诸多问题中，最核心、最关键、最基础的问题就是如何改善、引导学生的学习行为，“探究行为”是初中物理核心的学习行为。出于这样的考虑，课题组在“十二五”期间围绕“探究行为”开展了“初中物理‘行为课堂’的构建”研究，目的是构建以“探究行为”为核心学习行为的初中物理课堂，重点研究课堂教学中学生“探究行为”的先行设计、有效导引、课堂组织和科学评价等。

在开展“十二五”课题研究期间，我申报的无锡市初中物理名师工作室获得批准，后来又被聘为“无锡市乡村初中理化生骨干教师培育站”主持人，团队的研究力量进一步增强，样本学校进一步增加。在研究过程中，物理学科核心素养的讨论及高中物理课程标准的修订引起了我们的关注。物理学科核心素养主要由“物理观念”“科学思维”“科学探究”“科学态度与责任”四个方面的要素构成，用物理学科核心素养引领新一轮的物理课程、教材和教学改革，标志着我国基础教育物理课程目标进入一个新的发展阶段。物理学科核心素养集中体现了物理学科的育人价值，是三维目标的整合、提炼与发展，其中既有继承又有创新。要在“知识与技能”的学习中关注物理核心概念的建构，并使知识体系结构化、认知方式结构化，能用物理知识解决实际问题，具有实践应用能力，形成正确的物理观念；在“过程与方法”中培养科学思维和科学探究能力；在“情感・态度・价值观”中强调“科学态度与责任”。就初中物理的学习而言，需要依托科学探究，发展学生的科学思维，形成物理观念，培养科学的态度。所以，就学习设计而言，“探究行为”依然是核心的学习行为。同时，需要考虑学生科学思维培养的连续性和物理观念建立的层递性，需要我们考虑大概念下的学习设计，需要考虑追求理解的学习设计，需要考虑深度学习思维的培养，需将“探究行为”置于单元设计视域下考虑，置于实际情境中进行分析。

因此，在“十三五”期间，课题组又开展了“指向物理核心素养的单元设计”研究。研究中，我们认识到，物理学科核心素养的落地标志是达成物理学科课程标准的培养目标。具体地说，是要达成课程标准规定的“科学内容”和“科学探究”培养目标，支撑这一目标达成的是教材。而目标给出的是评价要求，教材给出的是具体任务。探究教学中，需要把教材中具体的探究任务合理组合成任务群，并指向课程目标，这里就需要考虑单元设计，形成从“学科核心素养——课程标准——单元设计——学习评价”教学的基本链环，而单元设计是这一链环的中间环节。

同时，经过课堂实践，我们把义务教育《物理》（苏科版）教材中的单元，分成由教材中具体章节组成的“教材单元”和由综合实践活动组成的“项目单元”。按照两类单元中探究行为设计的特点，思考单元视域下的初中物理探究教学设计。结合项目设计，从学习思维的角度研究如何从“探究行为”走向“深度学习”，对初中物理的“综合实践活动”进行了深入研究。我们研究认为，物理学属于自然科学，物理的学习遵循科学产生的规律和学生思维发展的特点，在初中物理学习中，我们应尽可能地呈现直观的现象和证据，利用问题链引导学生逐步构建形式逻辑思维体系。因此，初中物理教学中要重视实验探究，同时要以问题链的方式设计恰当的学习进阶，以培养学生的科学思维，促使学生逐步形成物理观念。我把这种教学方式称之为“初中物理探究教学”。

期间，我主持的“无锡市乡村初中物理骨干教师培育站”成员、“江苏省初中物理名师工作室”成员也加入了研究队伍，进一步丰富了探究教学的设计、实施、评价的研究案例。基于案例研修，我提出单元视域下探究教学设计的基本方案，基本方案包含初中物理探究教学的设计、实施、评价的路径，初中物理探究教学的实施具体由四个环节构成：一是指向物理学科核心素养，基于课程标准，结合学习内容确定单元，制定单元教学目标，分解制定课时目标。二是把握物理探究教学的基本特质，设计“思维载体——问题链”及“资源载体——实验”，组织探究教学。三是在组织课堂教学的过程中，要把握好知识结构，形成概念；设计好探究行为，保障学生的探究经历；着眼学科思维的培育，使学生掌握物理研究的基本方法。四是倡导“作为学习的评价”，实现教、学、评的一致，在课堂教学过程中，以课时目标为参照，注意采用“评估”技术，采用“形成性评价”策略；单元模块结束后，采用“诊断性评价”策略，依据单元目标，考虑采用“任务设置”的方式进行表现性评价或选择“典型习题”进行终端测量。

2016 年 9 月，我调到无锡市教育科学研究院（下简称“教科院”）工作，主要负责全市初中物理的教学研究指导。在举办初中物理教师优质课比赛和教师实验教学基本功大赛中，个人觉得要培养学生的物理学科核心素养必须要培养教师的物理教学素养。物理学科的特质决定了一名优秀的物理教师应该具有相应的实验设计和操作技能，应该具有问题意识和证据意识，这是组织科学探究、培养物理思维的需要；同时应熟悉物理课程标准、掌握单元设计技术，从而更好地帮助学生建立和理解物理核心概念，在完善知识体系建构的同时形成对物质世界的正确认知。

教科院的工作也使我开始有机会系统参与和研究学生学业质量的评价。2017 年起，我被聘为江苏省义务教育学生学业质量监测工具研制（初中物理）专家组成员，学习并参与研制项目组提出的“概括理解”“实验探究”“实践应用”“求实创新”初中物理关键能力结构，依据关键能力参与命题、阅卷和反馈，同时受项目组委托，对全省初中物理 2016—2018 年实验教学情况进行调研反馈，反馈是基于 3489 份教师问卷、47178 份学生问卷和 120482 位学生的试卷测试情况而进行，尽管自课程改革以来，全省各地对实验及探究教学引起了重视，但全省义务教育监测的结果显示：“在调查的 11 个学生分组实验中（初二年级，课程标准规定的学生必做实验），全省开设率仅为 45%，为历史新低，其中县镇、农村初中开设率更低”，这已经影响到学生学业成绩，说明探究教学的实际落实在降低。2018—2020 年，我继续参与全省义务教育监测工作，负责实验开设情况的调查报告撰写。研究显示，全省学生的必做实验开设率仅有 42.5%，实验教学形势严峻。自 2017—2021 年，我参与江苏省初中物理中考试卷评估，江苏省 13 大市目前均采用独立命题，数据显示，连续五年在实验探究的考查上，各大市平均占比为 40%左右，这说明各大市对实验探究教学的重视。但考查的探究能力范围基本局限于实验设计和分析论证，对科学探究能力的评价研究还需进一步加强，尤其是如何在纸笔测试的情况下充分考查学生的探究能力，是评价中的瓶颈。剖析这些评价所反映的问题，可以更好地指引初中的物理教学研究。

基于个人的物理教学实践和研究历程，本书原计划从个人对“探究教学的尝试”开始进行阐述，系统介绍关于“科学探究行为的评价、构建以‘探究行为’为核心学习行为的初中物理课堂、指向物理核心素养的单元设计”的研究。在向导师组汇报书稿提纲时，导师们给了很多积极的建议。陶洪教授说：“写自己的故事，这一点要坚持；另外要明确是写给谁看，若是写给一线教师看的，则要从自己的教学实践中找到对教学有启发的东西，可以供一线教师参考和借鉴。你们对于探究教学花了很多的精力，你们有自己的研究，有大量的实践案例，有行之有效的样式、范式、模式；有实验探究能力的检测实践。在此基础上，对经验进行凝练、提出自己的主张和想法，建议你们写一本有关‘初中物理探究教学’的书，以对初中物理探究教学有实际的指导和借鉴意义。”陈明选教授说：“教学的本质追求是为了让学生理解，而理解性学习最终目的是发展学生的深度思维，应结合你们的研究，从理解性教学的角度，对初中物理的学习做一些有意义的思考，包括理论、实践策略和具体案例。”导师们的指导使我逐渐明晰了思路。二十年间，我和我的团队的研究重心是初中物理的课堂教学。我们所关注的是学生在学习初中物理过程中最为核心的学习行为——探究行为，我们围绕“探究行为”开展了教学设计及学习评价的研究，目的是构建以“探究行为”为核心学习行为的初中物理课堂，提出初中物理探究教学的实现路径，以改进我们的初中物理课堂教学，促进学生更好地学习和理解初中物理。

基于此，我将这本书的名字确定为《初中物理探究教学》，写作的基点是我和我的团队所开展的初中物理探究教学研究，并依此提炼出初中物理探究教学的设计策略、实施样态、评价支架。具体撰写时，本书共分为五章。

第一章为“初中物理探究教学的基本内涵”。在本章中，回溯探究教学的理论研究，归理探究教学的基本特征。采用从课程标准到教材体系、内容的叙述脉络，阐述探究教学在初中物理教学中的地位和作用。重点是基于实践提出初中物理探究教学的设计原则和基本内涵。初中物理探究教学要重视实验探究，同时要以问题链的方式设计恰当的学习进阶，以培养学生的科学思维，促使学生逐步形成物理观念。

第二章为“初中物理探究教学的实践研究”。要理解初中物理探究教学的基本特征和内涵，并在课堂教学中实现，作为一线教师，还是要深入课堂进行实践。基于此，本章系统阐述我和我的团队对初中物理探究教学的研究历程。归理个人基于探究教学理念的实践，和团队成员一起围绕探究教学开展的“学生科学探究行为的评价”“初中物理‘行为课堂’的构建”“指向物理核心素养的单元设计”系列省级规划课题的研究。在研究中，我们总会基于实证对探究教学的实施现状进行分析，以指引我们的研究，并且使得研究为教学服务。

第三章为“初中物理探究教学的设计策略”。从课程建设的视角看，探究教学设计可以丰富初中物理课程文化的内涵。作为一种学习样态，初中物理探究教学应围绕学生的“探究行为”设计。作为一种教学模式，初中物理探究教学应遵循单元设计理念，提供物理学科核心素养的落地路径。从课程文化、探究行为的设计、基于单元的探究教学设计路径三个层次来说，初中物理探究教学设计遵循的策略包括：构建“自主·探究·合作”的课程文化；构建以“探究行为”为核心学习行为的初中物理课堂；指向物理学科核心素养的单元设计。

第四章为“初中物理探究教学的实施样态”。初中物理探究教学，需要依据素养目标指向，厘清概念建构的层级，以序列化的实验探究项目为载体，以“探究行为”为核心学习行为，格物致理，“知”“行”合一。具体项目的实施，需要创设问题情境，通过实验探究，构建物理模型，培养科学思维，形成物理观念。考虑概念建构的层递性，探究能力培养的连续性，程序性思维形成的必要性，需基于大概念设计物理学习进阶，形成“核心素养——课程标准——单元设计——学习评价”的基本链环。其中的关键之处是学习项目的设计、科学思维的培养和聚焦物理关键能力的评价支架的设计。为便于一线教师的操作，我们基于日常课堂教学实施，把初中物理教材上的学习任务分为建构概念、认识规律和实践应用三类。提出三种典型的探究教学实施样态：建构概念——任务驱动，让探究行为真实发生；认识规律——让学生经历规律的再发现过程；实践应用——解决真实问题的项目学习。

第五章为“初中物理探究教学的评价支架”。探究教学的评价遵循教育评价的一般规律，依据初中物理探究教学的实践路径，由指向课时目标的“形成性评价”和指向单元目标的“总结性评价”组成。探究教学的评价有它的特质，以“行”促“知”，强调通过解决问题的“探究行为”促进物理的“概念建构”。基于实践，我们给出探究教学的两类（四种）评价支架：一类是指向课时（项目）学习目标，关注探究行为，设计探究行为观察量表和表现性评价任务；一类是指向单元（模块）学习目标，聚焦物理学科的关键能力，设计实践性任务和命制情境化试题。

当然，教学总是随着时代的发展、学生的成长需求而变化，教育理念也是在不断传承、实践中得以发展，作为一线教师和基于一线的教育研究，在坚持正确理念的前提下，需要不断开展实践探索，所以本书所能提供的也只是阶段性的思考。以期为初中物理教师进行有效的探究教学设计提供一点有益借鉴，期待各位同仁的进一步交流。也由衷感谢五年来，在培养工程学习期间，各位导师的倾心指导。

另外，在本书撰写过程中，也参考了一些国内外专家、同行的著作和文章，并适当引用了其中的一些内容，也采用了我们团队教师的一些教学设计作为案例，谨此一并表示谢意。

许帮正
2022 年 4 月 23 日

第一章　初中物理探究教学的基本内涵

1999 年，我国第八次基础教育课程改革，在党中央、国务院的直接领导下顺利推进，意在实现中小学课程从知识本位、学科本位向关注每一个学生发展的历史性转变。改变学校教育中出现的书本中心、教师中心、死记硬背的现象，倡导“知识乃是一种探究的活动，学习是生活的需要而不是额外负担”。改变学生的学习方式，引导和帮助学生进行主动的、富有个性的学习，即注重学习的主动性——变要我学为我要学；独立性——使我要学向我能学转化；独特性——尊重差异，实现多元发展；体验性——强调参与、探究、经历；问题性——强调通过问题来学习，通过学习来生成问题。就义务教育阶段的物理教学而言，倡导探究教学。

第一节　探究教学的理论溯源及特征归理

要正确认识探究教学，明晰初中物理探究教学的基本特质。我们有必要对探究教学的理论进行一个梳理，同时看一看在新课程改革以后，我国物理教育专家对探究教学的看法。在此基础上归理出探究教学的基本特征。

1. 探究教学的理论溯源

探究教学最初的原型是古希腊时期苏格拉底提出的“产婆术”，产婆术内含探究教学的某些基本性质，即教学是帮助学生自主提出问题、解决问题，产生新的认知。不过这一理论直至 1909 年才被杜威以较系统的方式提出来，杜威在美国科学进步联合会的发言中提到当时的教学活动过于强调知识的积累，对获取知识的过程和态度等较少关注。杜威认为，古代哲学和现代科学代表的是两个不同的世界，一个是关注超验的、永恒的、崇高的、确定的世界；一个是追求经验的、现实的、变化的、不确定的世界。在现代科学那里，若要汲取力量，就要使那种所谓外在于世界的、旁观式的“静观”成为一种积极参与到世界改造之中去的“行动”。科学家是实践者，而不是旁观者。科学不仅是需要学习的一堆知识，同时也是一种学习的过程或方法。在杜威看来，思维的发展乃是一个探究的过程，一个观察事物的过程和一个调查研究的过程。把获得知识本身当作目的，或者把获得知识当作思维训练的不可或缺的一部分，这两者是全然不同的。通过智慧获得的技能，才是可由智慧随意支配的技能，才能具有探究的使用价值。如一些博学多识的人，却时常陷入大堆知识中而不能自拔，这是因为他们的知识是靠记忆得到的，而不是靠思维的作用得到的。基于探究的思维过程，他提出了一种新的教学模式——探究教学模式，包括如下的“教学五要素”：

第一，学生要有一个真实的经验情境——要有一个对活动本身感兴趣的连续活动。

第二，在这个情境内部产生一个真实的问题，作为思维的刺激物。

第三，他要占有知识资料，从事必要的观察，对付这个问题。

第四，他必须负责有条不紊地展开他所想出的解决问题的方法。

第五，他要有机会和需要通过应用检验他的观念，使这些观念意义明确，并且让他自己发现它们是否有效。

杜威的研究开辟了探究教学研究与实践这一新领域，引起人们对学生主体性的极大关注以及师生教育过程中地位和作用的反思。为什么杜威反对传统教育仅仅传授知识而主张探究教学呢？弗拉纳根的观点是：有别于历史上的教育家，杜威所设想的新教育是“面向未来的”。这一评论非常到位，因为社会是变化的，知识是不确定的，情境是不相同的，教条化、形而上学的知识无助于儿童改进当下与未来的生活。为此，教育就要把重点放在培养学生的思维方式和探究习惯上。

20 世纪中叶，探究教学理论得以迅速发展，布鲁纳继承并发扬了杜威的探究教学思想，他认为教学活动的重要目的是帮助学生学会探究并提升学生解决问题的能力，所以他强调教学活动要通过调动学生学习的主动性和积极性，让学生通过自身的发现和探索活动来掌握知识，发展能力。他提出了一种新的教学方法——发现法，这种方法要求学生能在教学过程中参照科学家的发现过程，亲自去发现结论和规律。发现法的一般步骤包括：① 提出问题并激发学生的探究意愿；② 对发现的问题做出假设；③ 创设一定的情境让学生在情境中体会矛盾，寻求解决方案；④ 组织学生收集相关材料，让学生利用已收集到的资料提出合理的论据和论证；⑤ 总结并得出最终结论。

1961 年，施瓦布在哈佛大学演讲时，正式提出“作为探究的科学教学”的观念，指出“如果要学生学习科学的方法，那么有什么学习比通过积极地投入到探究的过程中去更好呢”。施瓦布认为，科学应该看作是一系列概念结构，这个结构会随着新证据的出现而被修改。科学教学应该反映科学探究的一面，教学过程也应该看成是一种探究的过程，学生也应该用探究的方式学习科学知识。他提出的“作为探究的科学教学”实际上有两个不同的组成部分：即“通过探究教学”和“作为探究的科学”。通过探究教学，施瓦布建议教师首先在实验室给学生亲身体验的机会，然后根据学生的经验来组织教学。作为探究的科学，施瓦布建议教师给学生提供科学研究的读物和报告，学生阅读后就其中的细节进行讨论：如研究的问题、收集的数据、所用技术的作用、对于数据的解释以及科学家在研究中得到的结论。通过这种方式，学生认识到科学知识的形成过程以及科学知识是如何形成的。

施瓦布、布鲁纳、杜威等人的研究构成了探究教学理论的主要内容，他们的研究成果为探究教学理论的进一步发展奠定了坚实的基础，后续的理论研究皆基于此而进行。

自 20 世纪 80 年代以后，国际科学教育改革提出培养现代社会所需要的科学素养的公民。人们在总结和反思的基础上，再一次把探究学习提到课程理论与实践的重要位置上来。1996 年，美国颁布了第一个国家科学标准，其核心就是科学探究。标准指出"科学探究，指学生们用以获取知识、领悟科学思想观念、领悟科学家们研究自然界所用的方法而进行的各种活动"。通过科学探究活动来学习科学，学生可以把科学知识与观察、推理和思维的技能结合起来，从而可以能动地获得对科学的理解。在科学探究活动中，在参与解决问题、参与做计划、参与决策、参与小组讨论、参与评价的过程中，学生们将所掌握的科学知识同他们从多种渠道获得的科学知识联系起来，并把所学科学内容应用到新的问题中去。通过科学探究活动，学生们对科学探究的手段、使用证据的规则、形成问题的方式、提出解释的方法等一系列问题有了亲身的经验，而不仅仅是听到或记住有关的知识和结论。通过科学探究活动，学生们对科学与数学的关系、科学与技术的关系、科学的性质等一系列问题，有了切身的认识和体验，而不仅仅是获得了关于这些问题的标准答案。与此同时，在英国、日本、新西兰等国家，科学探究也作为科学课程的核心学习方式进行推进。

2. 新课程实施后国内对探究教学的研究

在我国，就初中物理教学而言，对探究教学进行大面积理论和实践研究，是随着教育部颁布的《义务教育物理课程标准》(实验稿)而开始的，具体应该是 2001 年。那时候，各地围绕探究教学进行了诸多尝试，有争议、有收获，对探究教学的认知也逐步趋于理性。

经过十年的探索，随着改革的推进，《义务教育物理课程标准》(2011 年版)正式颁布，对科学探究给出了明确的定位：科学探究既是学生的学习目标，又是重要的教学方式。从学习目标的角度看，科学探究是寻求未知规律的一种解决问题的方式，具有特定的程序和规则，科学探究有着基本的能力要求，需要在义务教育阶段的学习中予以培养；从教学方式上看，科学探究的学习方式是提高学生科学素养的一种重要而有效的途径，科学探究旨在将学生学习的重心从过分强调知识的传承和积累向知识的探究过程转化，从学生被动接受知识向主动获取知识转化，从而培养学生的科学探究能力、实事求是的科学态度和敢于创新的科学精神。围绕新课程所倡导的探究教学，国内的一批专家也从学生学习和教师教学的角度对探究教学进行了界定。

关文信教授的研究指出，问题性、实践性、参与性和开放性是物理探究学习的本质特征。经历探究过程，获得深层次的情感体验、建构知识、掌握解决问题的方法是探究性学习的三个目标。在课堂教学中实施探究学习必须具备以下条件：要有探究的欲望，探究要有问题空间，要有充分的自主学习时间，要有多维互动的交流空间。

陈刚、舒信隆对物理探究式(学习)教学做出了如下界定，他们认为探究性学习实质上是使学生通过类似于科学家的探究过程理解科学概念、原理以及科学探究的方法，逐步形成科学探究能力的一种学习方式。与之对应的教学方式，促使学生在学习中经历科学探究过程的教学就是探究式教学。探究式(学习)教学中学生经历的是解决问题的过程。物理课程标准中提出了科学探究的七要素：① 提出问题；② 猜想与假设；③ 制定计划与设计实验；④ 进行实验与收集证据；⑤ 分析与论证；⑥ 评估；⑦ 交流与合作。七要素的有序排列指明了科学探究的一般过程和步骤。但在每一环节或要素的实现中，学生实际经历都是解决问题的过程。课堂内的探究式教学，从学生经历的过程看，学生经历一个教师指导下的自主探究活动，经历科学探究的主要环节，并在一些环节上通过自己积极的思维活动解决一些问题；从学生学习的结果看，以课程标准规定的学科知识目标是每一位学生都应达到的，也就是说，探究教学应保证每一位学生都能探究成功，在解决问题中培养科学思维和探究能力，最终习得相应的物理学科知识，所形成的知识应该是结构化的知识体系，是物理观念形成的基础。

张军朋等人的研究认为，物理探究式学习应具有以下五个基本特征：① 学习者围绕科学性问题展开探究活动；② 学习者获取可以帮助他们解释和评价科学性问题的证据；③ 学习者要根据事实证据形成解释，对科学性问题做出回答；④ 学习者通过比较其他可能的解释，特别是那些体现出科学性理解的解释，来评价自己的解释；⑤ 学习者要交流和论证他们提出的解释。从形成科学性的探究问题、收集证据，到提出解释、评价解释，再到就解释进行讨论，构成了探究学习的基本过程，这一基本过程将科学知识与科学方法以及科学本质的学习融为一体，应该是探究教学尽力追求的。

邢红军围绕原始物理问题，对中学物理教育模式提出了重构的建议，其根本的出发点是：现象是物理学的根源。他认为：在物理教育中，与演算对应的具有可操作性的物理教育方式是物理习题教学，而与物理现象对应的具有可操作性的物理教育方式应当是原始物理问题教学，解决我国物理教育低效能的根本举措就是要在物理教育中打破习题教学一统天下的传统局面，通过引进原始问题逐步取代物理习题，达到提高教育效能的目的。邢红军依据科学方法中心理论和原始物理问题的教学理论提出了物理高端备课的基本范式“典型化的教学起点，从学生熟悉的情境开始，提出问题；及时显化科学方法，促进科学方法的迁移；落脚于生态化的原始物理问题”。原始问题教学及高端备课是使得物理课堂教学走向问题、走向探究的一种重要途径。

在国内，致力于课堂实践研究，在实验和探究教学上产生较大影响，并得到一线教师公认的，应该是刘炳昇先生，归纳他对探究教学的看法，主要包括如下的观点：

第一，物理课程中的科学探究是指学生用以体验科学过程、领悟科学思想观念、学习科学知识和方法的各种活动，它类似于自然科学领域中的科学探究活动。

第二，在《物理课程标准》中，科学探究是作为新课程的一个重要理念提出的。它的提出除了基于对科学本质和教育本质认识的深化外，还基于社会发展对人才的需要。

第三，能解决现实生活中的问题，学会生活、学会生存、学会工作、学会学习和学会合作是现代公民需要具备的素质，这些目标的全面达成必须通过学生积极主动的人格活动——以科学探究为核心的多种活动，即探究式学习才能真正有效实现。

第四，探究式学习的过程能保持学生对自然界的好奇，激发他们的求知欲，让他们体验探究过程的喜悦和艰辛；探究式的学习过程能促进学生主动建构具有个体意义的科学知识和技能，获得科学探究思维的方式、方法和能力；探究式的学习过程还有利于学生更多地接触生活和社会，从而领悟科学、技术与社会的互动关系。从这个意义上讲，探究式学习具有过程的不可替代性。

3. 探究教学与发现学习的关系

探究教学是理念，也是一种教学方法，所以，我们还有必要从教学方法的角度认识探究教学。教学总是通过一定的方法进行的，而教学方法的直接基础是学生学习的方法。在学生学习的方法上，历来有多种多样的主张和做法，但所有的主张和做法大体上可以划分为两大类：接受学习和发现学习。所以从教学方法的维度看，教学的一个基本问题是接受学习与发现学习，以及它们之间的关系问题。

接受学习是指学生通过教师呈现的资料来掌握现成知识的一种学习方式，与发现学习相对。在接受学习过程中，所学东西的全部内容都是以确定的方式由教师传授给学生，学生无需进行任何独立发现，而只需要接受，即只需要把教师呈现给他的材料纳入已形成的认知结构之中，以便将来在某一个时期可以运用它或者把它再现出来。接受学习在历史上和当前都被广泛应用着，但把它作为与发现学习相对的一种学习方式加以积极倡导并进行系统的心理学研究的主要代表，是当代认知派教育心理学家奥苏伯尔。根据奥苏伯尔等人的研究，接受学习能否变得有意义，取决于学生能否将新的知识与自己的认知结构中原有的有关知识建立起实质性的联系。

发现学习是学生通过自己再发现知识形成的步骤，以获取知识并发展探究思维的一种学习方式。在发现学习中，学生的主要任务不是接受和记住现成的知识，而是参与知识的发现（实为再发现）过程；教师的主要任务也不是向学生传授现成的知识，而是为学生发现知识创造条件和提供帮助。现代发现学习的倡导者，是美国著名教育心理学家布鲁纳。他认为学校教学最重要的目的是帮助每一个学生获得较好的智力发展，因此，对于教学而言，作为结论的知识固然重要，但更重要的是获得知识的过程中，是否充分地调动了学生积极思考的能力，并通过自己的探索获得知识。于是，他大力倡导发现学习，以达到不仅向学生传授学科结构的知识，而且培养学生探究问题的精神、独立解决问题和预见未知的能力。布鲁纳关于发现学习的主张对于教学理论和实践都产生了深远的影响。

真实情境中的教学涉及教师、学生以及教学资源之间的关系，是依托教学资源，采用合适的方式使学生获得特定目标指向的发展过程，所采用的教学方式是接受学习及发现学习的合理组合。在这其中，教师和学生分别承担了不同的角色，一种是教师指导为主，一种是学生自主学习为主。物理课程中的科学探究是指学生用以体验科学过程、领悟科学思想观念、学习科学知识和方法的各种活动，它类似于自然科学领域中的科学探究活动。其基本特质倾向于发现学习，倾向于学生的自主参与，在经历中完成结论的认同和知识的内化。

就初中物理探究教学而言，探究教学需要接受式学习，接受式学习需要渗透探究的思想。我们可以采用图1－1所示的方式揭示探究教学与发现学习和接受学习的关系。如探究教学离不开实验，但实验规范及操作方法需要教师的指导讲解，实验的过程需要学生的经历。探究的过程离不开知识和技能的应用，例如，在提出问题时，评价问题的价值和可探究性需要一定的知识，在做出猜想、假设时，需要根据已有的知识和经验；设计实验时，需要掌握相关的原理和方法；作出解释时，只有将证据与科学知识建立联系才能得出合理的解释；检验和评价探究的结果需要原理、模型和理论。以上这些知识都不可能由直接探究获得，而在传授知识的过程中渗透探究的思想，可以使学生了解知识是怎样形成的，从而更好地理解知识。

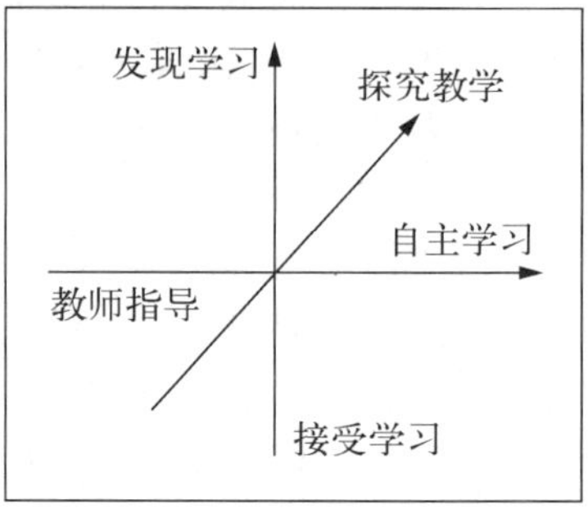

图1－1

新课程要求我们转变学生的学习方式，但不是简单地舍弃传统的学习方式。传统学习方式中有需要我们继承的，也有需要改变的东西。传统的学习方式忽视人的主动性、能动性和独立性，忽视探究过程的本质特征，忽视学习作为一种特定社会活动的基本特征——人的相互作用。转变学习方式是指转变单一的、他主的、被动的、忽视过程的学习方式，关注学生自主、合作和探究的学习方式。真正有效的学习方式应该是自主学习、合作学习与探究学习这三种学习方式的恰当组合，至于如何组合，则要依据教学目标和学生实际。

追溯探究教学的理论根源，归纳自第八次课程改革以来，我国物理教育专家对探究教学概念、本质特征的研究，虽然研究者们从不同的角度对探究教学给出了不尽相同的答案，如源自义务教育物理课程标准的对“科学探究”的要求，侧重于学生学习的“探究式学习”特点描述，侧重于教与学关系的“发现式学习”等，但他们的研究都具有一定程度的共识：他们都认同探究教学无论是在形式、方法和实施方面都与传统的教学方法有较大的差异；探究教学强调在课堂上注重发挥学生的主体性地位，树立教师引导者的角色形象；探究教学的主要目标是培养学生的创新精神和实践能力等等。就一般意义上说，探究教学就是为了达成一定的教学目标，在教师的指导下，通过创设能促进学生认知与情感发展的教学情境，激发学生的问题意识，让学生自己动手、动脑，主动获取科学知识和发展探究能力的过程。“目标性”“问题性”“过程性”和“学生为主体”是探究教学的基本特征。具体可以从以下角度理解探究教学。

第一，探究教学的目标不仅是培养学生的科学思维能力和增进对物理知识的理解，还着眼于发展学生对自然现象的好奇心和激发学生的求知欲，增进学生对科学探究本身的理解。例如，增进他们对发现和提出问题的认识、对收集信息和证据的认识、对科学解释和评价的认识等。同时还关注提高学生进行探究所需要的各种能力，如收集信息、制定计划、合作交流的能力。

第二，探究教学的主体是学生。在学习的过程中，学生是一个积极的探索者、发现者，他们必须发挥自主性、能动性和创造性。

第三，探究的过程主要是一种物理规律"再发现"的过程。学生借鉴科学家的探究方法对自己未曾认识的事物属性或物理规律进行探究。这种再发现不是原原本本沿着科学家的发现过程进行的，而是要符合学生的认知规律。

第四，探究教学的过程是在教师指导下进行的。教师要为学生(或者与学生共同)创设一定的学习情境，激发学生的探究动机，提供必要的探究资源，引导学生解决探究中遇到的各种问题，以达成探究目标。

第二节　探究教学在初中物理教学中的地位和作用

《义务教育物理课程标准》(2011 年版)明确了初中物理课程的性质、基本理念和设计思路。从性质上说，初中物理课程是以提高全体学生科学素养为目标的自然科学基础课程。此阶段的物理课程不仅应注重科学知识的传授和技能的训练，而且应注重对学生学习兴趣、探究能力、创新意识以及科学态度、科学精神等方面的培养。初中物理课程是一门注重实验的自然科学基础课程。此阶段的物理课程应注意让学生经历实验探究过程，学习科学知识和科学探究方法，提高分析问题及解决问题的能力。同时课程应注重与生产、生活实际及时代发展相联系。课程实施的理念方面，提出"从生活走向物理，从物理走向社会""注重科学探究，提倡学习方式多样化"。在课程的设计思路上，明确"科学探究学习方式是提高学生科学素养的一种重要而有效的途径"，在设置义务教育物理课程内容时，将科学探究纳入"课程内容"。

1. 课程标准明确探究能力的培养要求

课程标准在"课程目标"中，对学生的科学探究能力提出了总体要求。具体包括：通过参与科学探究活动，学习拟定简单的科学探究计划和实验方案，有控制实验条件的意识；能通过实验收集数据，会利用多种渠道收集信息，根据调查或实验数据得出结论，能书面或口头表述自己的观点；学习科学家在科学探索中的研究方法，并能在解决问题中尝试应用科学研究方法；又在"科学探究能力目标"中，分别对提出问题、猜想与假设、设计实验与制订计划、进行实验与收集证据、分析与论证、评估、交流与合作七个要素对应的科学探究能力提出了具体的要求。

可以说，科学探究作为义务教育物理课程标准明确要求的一种教学方式呈现在教师面前，它直接影响了教师和学生的行为，改变着传统的物理教学方式，也为我们在教学实践活动中积极尝试与探索探究教学提供了机会。

2. 初中物理教材结构的变化

遵照课程标准的理念和要求，初中物理教材在结构、体系上，尤其是其中蕴含的学习方式上也发生了重大变化。以刘炳昇主编的义务教育教科书《物理》(江苏凤凰科学技术出版社)(以下简称苏科版初中物理教材)为例。对初中物理的定位是：初中物理是学习物理的启蒙课程，也是学习科学的入门课程。教材编写的基本原则是：充分关注培养学生学习物理的兴趣，注重激发学生的好奇心和求知欲，让学生体验探究的过程和乐趣，从而切身感受到物理就在我们的身边；充分关注学生良好物理学习习惯的养成；适应初中学生的认知特点，关注他们从具体到抽象、从特殊到一般的认识过程。

教材的整体设计方案围绕三条主线进行：以物质、运动和相互作用、能量三大主题构成不同层次又相互联系的教材结构；从自然、生活到物理，从物理到社会，在宽广的人文背景中展开物理知识的教学，体现科学理性与人文精神的融合；展现以自主探究为核心的学习过程，从结构上体现科学探究的思想并处理好科学探究与接受学习的关系。教材结构如图 1-2 所示。

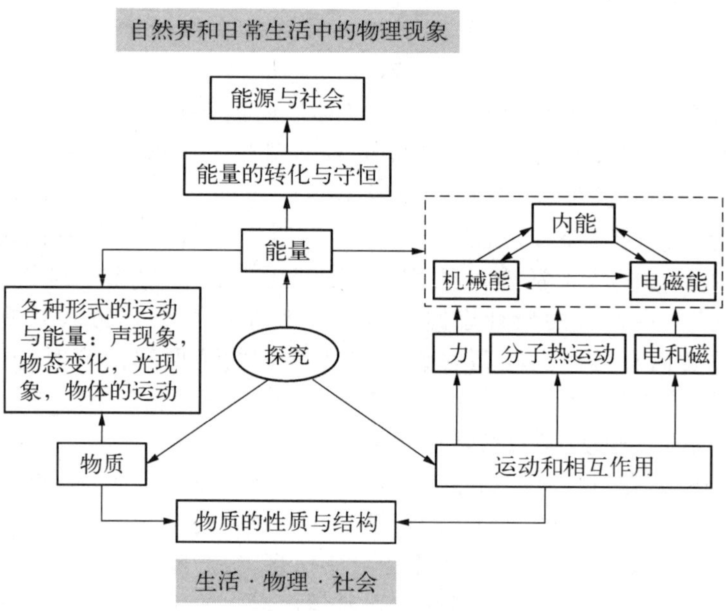

图 1-2　苏科版初中物理教材结构图

该结构图明晰了初中物理教学实施的要求。结构图的上方，表示在初中物理学习中，应为学生提供物理学习的事实基础作为情境——自然界和日常生活中的物理现象。

中间表示采用“探究”为主的方式，完成对物质、运动和相互作用、能量的学习。图的下方表示物理学习要体现实践应用价值，有“从生活走向物理，从物理走向社会”的意识。

3. 教材具体内容体系的设计

教材是教学实施的载体，是通过具体的学习任务（或任务群），将课程标准所要求的目标逐一落实。透析单元结构，更能看出教学内容体系上的设计，以及我们需要采用的教学方式。下面，我们以苏科版初中物理教材的第十章“压强和浮力”为例加以说明。

(1) 课程标准的要求

“压强和浮力”是“运动和相互作用”（一级主题）下“机械运动和力”（二级主题）的部分内容。内容要求如表 1－1。

表 1－1　课程标准中“压强和浮力”内容要求

内容要求	① 通过实验，理解压强。知道增大和减小压强的方法，并了解其在生产生活中的应用。
	② 通过实验，探究并了解液体压强与哪些因素有关。知道大气压强及其与人类生活的关系。了解流体的压强与流速的关系及其在生产生活中的应用。
	③ 通过实验，认识浮力。探究并了解浮力大小与哪些因素有关。知道阿基米德原理，能运用物体的浮沉条件说明生产生活中的有关现象。
样例	① 估测自己站立时对地面的压强。
	② 了解铁路站台上设置安全线的必要性。
	③ 了解潜水艇浮沉的原理。
活动建议	查阅资料，了解我国“奋斗者”号载人潜水器的深潜信息，讨论影响其所受液体压强和浮力大小的因素。
学生必做实验	探究液体压强与哪些因素有关。探究浮力大小与哪些因素有关。

从知识与技能的掌握程度来看：对于“压强”的描述是“理解”，对于“液体压强”的要求是“了解”，对于“气体压强”的描述是“知道”，对于“浮力”内容的要求是“认识”。由此可见本单元在整个力学学习体系中占有非常重要的位置。而三块科学内容，都提到要“通过实验”，可见“实验”贯穿于知识建构的整个过程之中，是概念与规律生成的必经环节。

(2) 教材单元结构

苏科版初中物理教材在每一个单元的结束部分都安排有“小结与评价”环节。该环节主要包括两部分内容：一是本单元的知识架构图示（如图 1－3），二是反思与评价的活动。由图示可知，“压强和浮力”单元主要学习的内容包括两个力——压力和浮力，以及一个力的作用效果——压强。而每一个知识点都标注了“应用”两字，可见实践应用能力在本单元中的重要性。

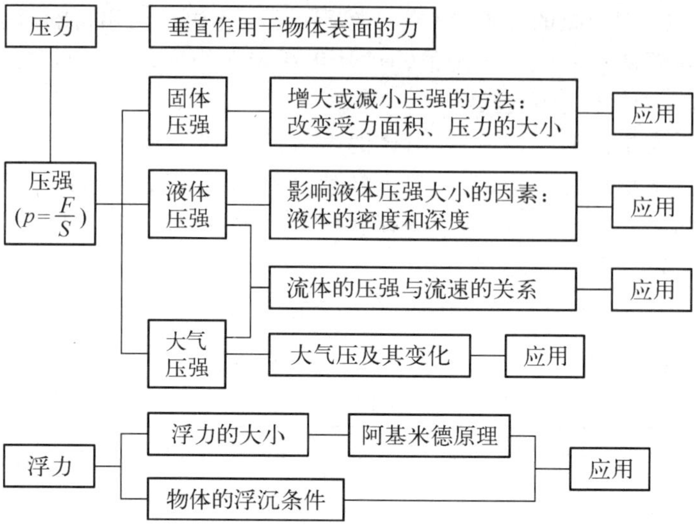

图 1－3

与课程标准的要求相匹配，教材中设计了 11 个课堂学习活动（见表 1－2），让学生充分实验、深入探究、生发问题与建构知识与规律。

表 1－2　苏科版初中物理教材中“压强和浮力”课堂学习活动归纳

章节	学习活动	学习方式
一、压强	活动 10.1 画压力的示意图	观察与作图
	活动 10.2 探究影响压力作用效果的因素	定性探究，学生实验
	活动 10.3 估测人站立时对地面的压强	定量测量，学生活动
二、液体的压强	活动 10.4 体验液体压强的存在	定性探究，学生实验
	活动 10.5 探究影响液体内部压强的因素	定性探究，学生实验
三、气体的压强	活动 10.6 体验大气压强的存在	定性探究，演示实验
	活动 10.7 估测大气压的值	定量测量，学生实验
	活动 10.8 探究流速对流体压强的影响	定性探究，学生实验
四、浮力	活动 10.9 下沉的物体是否受到浮力	定性探究，学生实验
	学生实验：探究影响浮力大小的因素	定性探究，学生实验
五、物体的浮与沉	活动 10.10 探究怎样使物体上浮或下沉	定性探究，学生实验

由上表可知，教材中每个活动环节相互呼应，层层递进，主要的完成方式是探究，借助的载体是实验。教学实施中，认真完成实验探究活动，就能对本章核心学习内容有更

加深刻的理解。

下面，我们具体以本章中“压强”的学习为例再进行分析。课程标准对“压强”的学习要求是达到“理解”层次，这就要求我们对于压强的学习要能完成三个进阶，第一层次是了解压强，第二层次是认识压强，第三层次是会用压强知识解决实际问题，掌握压强的物理计算。苏科版初中物理教材也正是遵循这样的学习进阶安排的学习活动，主要通过下列三组实验探究完成了压强概念的建立（图1-4）。

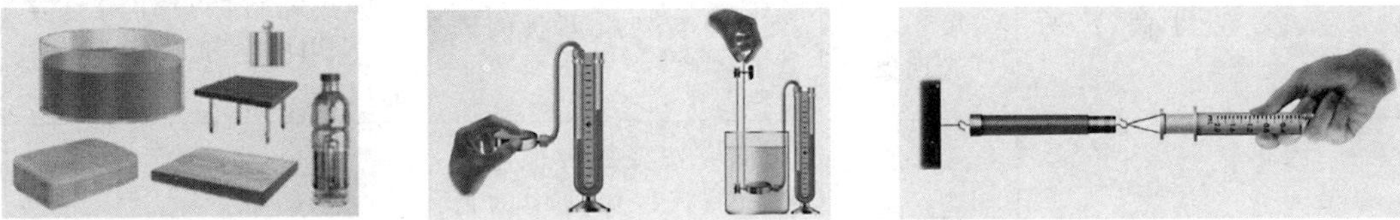

甲　　乙　　丙

图1-4

甲图采用自选器材进行探究，定性探究压力的作用效果与什么因素有关，建立起对“压强”的基本认知；乙图是在知道压强表达的是压力作用效果的基础上，给出压强计，对比压强计的橡皮膜在液体中所受到压力作用效果的不同，探究液体压强的大小；丙图通过“估测大气压的值”的定量测量方式，以加深对压强的理解并会利用公式进行定量计算，实验过程涉及有关受力的分析及相互作用效果的认识。

梳理压强的学习过程，三个进阶构成了一个核心概念的形成过程。它是一个完整的学习单位，这种学习单位我们可以称之为“单元”。因此，为了更有效地在初中物理教学中开展探究教学，我们需要围绕核心概念的形成，依据课程标准，系统地设计教学目标；聚焦知识建构，采用合适的探究方式；注重实践应用能力的培养。简言之，我们要从单元设计的视角去考虑探究教学的设计。当然，这里要解决的问题有很多，关于单元设计，我们在本书的后续部分会着眼于初中物理学习的目标要求，基于教学发展的需要，立足课堂教学进行阐述。

(3) 教材中的综合实践活动

苏科版初中物理教材在主要章节的后面还编写了“物理综合实践活动”，是基于单元学习设计的研究性学习项目，用以培养学生科学探究和实践应用能力。并且赋予了每个项目具体的任务和学习目标，具体见表1-3。

表1-3　苏科版初中物理教材“综合实践活动”目标分析一览表

序号	活动名称	教材单元	活动项目	活动目标
1	比较材料的隔声性能	第一章 声现象	设计一种简易的方法测试各种材料的隔声性能	尝试考虑影响问题的主要因素，有控制变量的意识

续表

序号	活动名称	教材单元	活动项目	活动目标
2	用电冰箱研究物态变化现象	第二章 物态变化	① 研究电冰箱内的温度分布情况；② 制作“冻豆腐”；③ 自制“冰激凌”；④ 研究不同液体的冷冻情况	练习使用温度计；观察物态变化现象，了解其吸放热情况；测量物质的熔点和凝固点
3	探究树荫下的光斑	第三章 光现象	探究影响光斑形状的因素有哪些	根据探究目的设计实验方案；应用所学知识解释相关的现象
4	制作一个医用冷藏盒	第六章 物质的物理属性	① 探究选择哪种保温材料和放在保温瓶中的低温物质，冷藏效果更好？② 根据实验结论，自制一个冷藏盒，并检验其保温性能	了解材料的物理属性；有评估并改进方案的意识
5	制作简易的密度计	第十章 压强和浮力	制作一个简易密度计，并检验刻度误差	理解阿基米德原理与漂浮条件；会用物理原理指导制作，能说明刻度线的特点；会理论分析扩大量程或提高精确程度的方法
6	设计、制作一个机械模型	第十一章 简单机械和功	分组制作由两种或两种以上简单机械组合而成的机械模型，要求用它能省力地提升重物	能坚持原则又尊重他人，有团队意识；了解机械工作时的特点，知道复杂机械是由简单机械组成的
7	设计简单电路	第十三章 电路初探	① 设计并制作病房呼叫电路模型；② 拓展研究：设计并制作选答器模型、楼道开关电路模型、交通信号灯模拟电路	了解串、并联电路的特点，会连接串、并联电路；能从科学性、新颖性、工艺水平、演示效果等角度对作品进行评价和改进
8	设计和制作一个模拟的调光灯	第十四章 欧姆定律	选择合适的器材，设计和制作一个亮度能够连续调节的调光灯	能根据功能、要求等设计简单的电路，有电路安全的意识；会用欧姆定律确定器件的规格；会分工合作，能写出实验报告并在全班交流
9	对家庭用电的调查研究	第十五章 电功和电热	① 调查家庭用电线路；② 估测各用电器的实际功率；③ 节能灯和白炽灯耗能情况的比较研究	了解家庭电路的基本结构和连接方式；练习使用电能表，通过估测理解额定功率和实际功率；有安全用电和节约用电的意识

设置“综合实践活动”是苏科版初中物理教材的一个重要特色。2012 年教育部专家在教材审查意见中指出“教材的逻辑结构符合学生的认知特点，特别是综合实践活动的设置，使学生学会了探究物理的研究方法，学会研究、学会解释生活现象”。“综合实践活动”的基本定位是“以初中物理知识和能力为基础，通过探究性活动或技术设计与制作活动解决生活中的实际问题，获取并整合经验”。

综上所述，探究教学是课程标准的明确要求。教材将课程标准的要求具体化为学习任务，这些学习任务中涉及的概念建构、实践应用能力的培养，其核心的学习方式是探究。

第三节　初中物理探究教学的基本内涵

“目标性”“问题性”“过程性”和“学生为主体”是探究教学的基本特质。围绕确定的目标，创设合适的问题情境、提供值得探究的任务和载体，让学生经历规律（或知识）的再发现过程，是探究教学的样态。但要保证探究教学的效果，在课时教学设计中，我们还必须把握物理探究教学的设计原则和基本内涵。接下来，我将结合自身的实践经验做一些阐述。

一、实验——探究教学的重要载体

很多从事物理教学的老师一定和我一样，非常重视第一课的设计。无论教材如何变化，我还是比较愿意把初中物理的第一课叫作“科学之旅”。

案例 1　用实验将学生引入“科学之旅”

授课教材：义务教育教科书《物理》（人民教育出版社）八年级上册

【设计理念】

“科学之旅”是初中物理的开篇，教学的根本目的是让学生感受到物理是有趣的、有用的，并了解学好物理应该注意的事项。教学实施以问题为贯穿，以实验为主线，使学生在认知冲突中体验探究的乐趣、感悟物理之美、领悟物理学习方法、培养积极的态度。

【教学过程】

1. 引言——物理研究之美

教师：“物理”一词源于庄子——判天地之美，析万物之理。物理学作为一门相对独立的自然科学，它发展于伽利略和牛顿的时代。

（介绍伽利略）伽利略的墓志铭：他失明了，因为在自然界中已经没有剩下什么他没有看见。爱因斯坦曾经这样评价伽利略：他用两个铁球告诉人们什么是“科学”。因为他引入了自然科学的研究方式——实验、观察和数学逻辑思维。

（介绍牛顿）英国诗人 POP 的评价：Nature and nature's law hide in night. let Newton be! And all was light.（自然和自然的法则在黑暗中隐藏；让牛顿去吧！于是

一切都被照亮。)

牛顿对自己的评价:我不知道在别人看来,我是什么样的人;但在我自己看来,我不过就像是一个在海滨玩耍的小孩,为不时发现比寻常更为光滑的一块卵石或比寻常更为美丽的一片贝壳而沾沾自喜,而对于展现在我面前的浩瀚的真理的海洋,却全然没有发现。牛顿的思维中,“推理、归纳”是物理研究的重要方式。

本环节用精炼而充满美感的引入语,史诗般的人物简介,激发学生对物理学家的崇敬,感悟物理研究的目的是发现自然之美,“实验、观察、推理、归纳”则是发现者的“眼睛”。

2. 观察——物理研究的开始

系列问题1:

① 冰棍散发的“白气”向上飘还是向下飘?

② 自行车上坡时,要省力,后轴的齿轮该换大的还是小的?

学生:讨论,往往意见不一。教师无需做出解释,保留认知冲突。

教师:物理学是研究力、热、声、光、电等形形色色物理现象的科学。要研究各种现象,首要的就是观察,观察要有目的,否则很多现象你都会视而不见。

系列实验1(教师操作,请学生描述所观察到的实验现象):

① 啤酒瓶偷吃鹌鹑蛋实验:在空啤酒瓶中投入燃烧的酒精棉,待酒精棉熄灭后将鹌鹑蛋塞住瓶口。只听“啪”的一声,啤酒瓶将鹌鹑蛋“吃”入肚中。

② 小试管“逆流而上”:在大试管中充满水,将小试管插入大试管后倒置,随着水的流出,小试管在大试管中上升。

③ 浮沉子实验:将装有适量水的小瓶瓶口向下,使其漂浮在塑料瓶内的水面上。塑料瓶口密封后,用力挤压塑料瓶的侧面,小瓶下沉,松手后,小瓶上浮。

④ 依依不舍的乒乓球:向下吹气,乒乓球不落(图1-5)。

⑤ 鸡蛋浮沉实验:加盐,鸡蛋浮起(图1-6)。

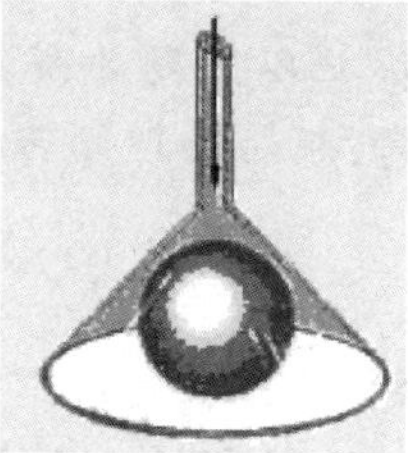

图1-5

图1-6

问题:由上述现象你能想到什么?

学生:讨论。

教师:例如由实验④,我们可以想到,依此制作节流设备。可见物理是有用的。上述实验其实都和力与运动有关,这在物理学中叫作力现象。霍尔顿(G·Holton)曾经说过“无论从逻辑上还是从历史上讲，力学都是物理学的基础，也是物理学及其他科学研究的典范……力学之于物理学如同骨骼之于人体”，请举出一种你了解的力现象。

在本环节中，学生通过观察并描述实验现象、讨论等方式体验物理的有趣、有用性，并逐步认识基于力学的研究以及由此而形成的“实验、观察”的研究方式在物理研究中起着至关重要的作用。此环节还巧妙地将物理研究方法和力现象贯穿于系列实验之中。

3. **实验——规律发现的根本**

系列实验2(学生在教师的指导下完成实验操作)：

① 请大家观察手中的器材，这种仪器的名称叫什么？

② 请用它观察自己的指纹以及窗外的物体，你有什么发现？如图1-7所示。

图1-7

③ 与你的小眼镜对比看看：____。

学生：实验并描述现象。

教师：“光”现象是神奇的，透过这两种镜片都能看到“物体”，但现象却不一样。

在活动中体验探究的乐趣、领悟实验是发现的前提。此环节巧妙地将“光”现象贯穿于系列实验之中，在培养“探究”意识的同时达成认知目标。

4. **探究——科学创造的前提**

系列实验3(师生合作完成实验操作)：

① 自制简易电动机实验：用细漆包线绕制线圈，放置于磁铁旁，通电后线圈转动(图1-8)。

图1-8

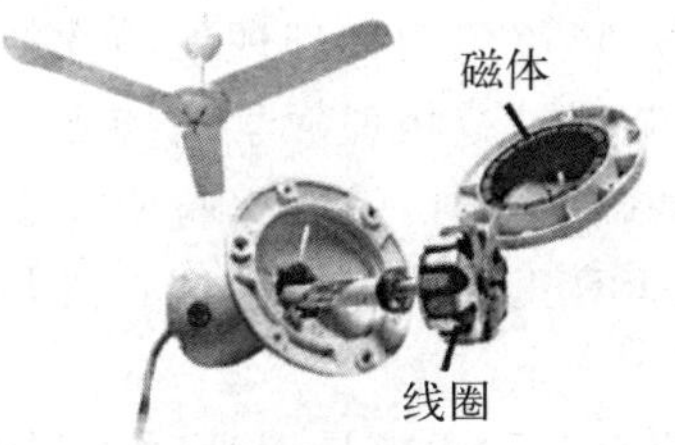

图1-9

② 自制简易发电机实验：取一个微型电扇，拆解开，指出它是由磁体和线圈组成(图1-9)，在电扇的插头处接一只发光二极管，旋动扇叶，二极管发光。

教师:19 世纪末,在电磁学研究的基础上发展起来的电力工业,给人们的生产和生活带来深刻的影响,使人类社会进入了电气化时代。而电磁学的开拓者之一英国物理学家法拉第正是用他惊人的毅力和极其简陋的器材历时 11 年才找到了发电机的奥秘。法拉第曾把他做过的实验整理成《电学实验研究》一书,书中收集了三千多个条目,详细记述了他做过的实验和结论,是一本珍贵的科学文献,其中最为珍贵之处不是已经揭示的科学发现,而是这些发现的过程,那就是"探究"。他被誉为 19 世纪电磁学领域中最伟大的实验物理学家。

在师生互动中体验探究,领悟探究是创造的前提。此环节巧妙地将"电"现象贯穿于系列实验之中,学生体验探究的过程就是完成认知的过程。

5. 应用——物理研究的价值

系列问题 2:

① 夏天人们常穿什么颜色的衣服,冬天人们又常穿什么颜色的衣服?

② 烧菜时用"铁锅"好还是用"铝锅"好?

③ 为什么"沙发"比"硬板凳"舒服?

④ 你能看懂火车票吗?

学生:讨论。

教师:从衣、食、住、行的角度分析讨论物理学知识的应用,体会有用的物理。

结束语:我们不可能用简单的语言来定义物理学,它是如此美丽、广袤,只要我们愿意去探究和尝试,它就在我们身边。让我们用双眼去"观察",用双手去"发现",用大脑去"思考",记住"探索无止境",这就是物理。

我之所以介绍这篇案例,主要是想和大家探讨,什么样的方式才能称得上是物理教学活动。判别一种活动是不是真正的教学活动,主要依据三点:一是引起学生的学习意向;二是明释学生所学的内容;三是采用学生易于觉知的方式。这是教学活动必须符合的三个逻辑上的必要条件。分析案例,本节课所体现的思想是:物理学是自然科学的一部分,物理研究是人类采用科学的方法探索自然获得科学结论的历程。它研究物质世界力、热、光、电等形形色色的物理现象和物理规律,使得这些规律在生产生活中得到广泛应用。所以,这节课具有物理教学的特质。该案例所表达的一个突出理念是:物理学是一门以实验为基础的学科,没有实验便没有物理学的建立和发展。刘炳昇先生认为,"评判物理教学是否真正以培养学生核心素养为目标,一个极为重要的指标就是是否坚持以实验为基础"。

物理教学需要激发的意向是学生对于科学价值的认识,基本的认知方式是以问题为导引、以实验为载体。《义务教育物理课程标准》中的"课程内容"规定了初中物理课程的基本学习内容和应达到的基本要求,由"科学探究"和"科学内容"两部分组成。其中"科学内容"包括物质、运动和相互作用、能量三个学习主题。梳理学习内容,我们不难发现，其中的重要物理概念的建构和物理规律的获得，所采用的学习方式是“通过实验”或“经历实验探究”。如教学中需要达到理解水平的“密度”“压强”“欧姆定律”等，需要达到认识水平的“牛顿第一定律”“浮力”“能量的转移和转化”等，具体见表 1-4。

表 1-4　“科学内容”中要求“通过实验”学习的内容

主题	内容标准
物质	1. 经历物态变化的实验探究过程，知道物质的熔点、凝固点和沸点，了解物态变化过程中的吸热和放热现象。 2. 通过实验，了解物质的一些物理属性。 3. 通过实验，理解密度，会测量固体和液体的密度。
运动和相互作用	1. 通过实验测量物体运动的速度。 2. 通过常见事例或实验，了解重力、弹力和摩擦力，认识力的作用效果。 3. 通过实验，认识牛顿第一定律。 4. 通过实验，探究并了解杠杆的平衡条件。 5. 通过实验，理解压强。 6. 通过实验，探究并了解液体压强与哪些因素有关。 7. 通过实验，认识浮力。探究浮力大小与哪些因素有关。 8. 通过实验，认识声的产生和传播条件。 9. 通过实验，探究并了解光的反射定律，探究并了解光的折射现象及其特点。 10. 通过实验，探究平面镜成像时像与物的关系。知道平面镜成像的特点及应用。 11. 探究并知道凸透镜成像的规律。了解凸透镜成像规律的应用。 12. 通过实验，了解白光的组成和不同色光混合的现象。 13. 观察摩擦起电现象，探究并了解同种电荷相互排斥，异种电荷相互吸引。 14. 通过实验认识磁场。知道地磁场。 15. 通过实验，了解电流周围存在磁场。探究并了解通电螺线管外部磁场的方向。 16. 通过实验，了解通电导线在磁场中会受到力的作用，知道力的方向与哪些因素有关。 17. 通过实验，探究并了解导体在磁场中运动时产生感应电流的条件。了解电磁感应在生产、生活中的应用。
能量	1. 通过实验，认识能量可以从一个物体转移到另一个物体，不同形式的能量可以互相转化。 2. 通过实验，了解动能和势能的相互转化。 3. 通过实验，了解比热容，尝试用比热容说明简单的自然现象。 4. 通过实验，探究电流与电压、电阻的关系。理解欧姆定律。 5. 通过实验，探究并了解焦耳定律。

二、科学探究——探究教学的基本样态

2012年10月，在江苏省中小学教学研究室的安排下，我在“江苏省教学新时空·名师课堂”上，执教初中物理“引言课”，主要围绕如何组织科学探究为话题展开，教学设计如下。

案例2 “体验科学探究”教学设计

授课教材：义务教育教科书《物理》(苏科版)八年级上册

【设计理念】

本节为初中物理引言部分，目的是让学生体验物理学中重要的研究方法——科学探究。教材内容由阅读材料“富兰克林对‘天电’的探索”和探究活动“装满水的杯子里还能放多少回形针”组成。其中阅读材料从科学史实的角度说明科学探究的价值及一般方法；探究活动则重点说明科学探究中“探究实验”的重要性。为增强体验性，实际授课时增加探究活动“如何延长秋千来回摆动一次所用的时间”。

具体教学实施时，采用探究式教学，在活动体验中加深学生对“科学探究”的理解，同时注重目标导引下的同伴合作学习，着眼学生学习行为，以评价促进学生发展。

【教学目标】

1. 自学阅读材料“富兰克林对‘天电’的探索”并结合老师的讲解，知道“科学探究”是一种系统、有效的科学研究方法，能说出其中包含的要素：“提出问题，猜想与假设，设计实验与制定计划，进行实验与收集证据，分析与论证，评估，交流与合作”。

2. 小组合作完成探究活动“装满水的杯子里还能放多少回形针”，体验“实验”在科学探究中的重要作用。

3. 小组合作完成“如何延长秋千来回摆动一次所用的时间”探究活动，经历“科学探究”。

【教学资源】

(教师用)演示实验器材一套：雅各布天梯、摩擦起电机；水杯、水、回形针；单摆。

(学生用)实验器材(2人一组)：水杯、水、回形针；单摆。

(学生用)随堂评价卷(见附)。

【教学过程】

导语：自然界存在着无穷的奥秘，科学家是如何探究的呢？请大家阅读“富兰克林对‘天电’的探索”，谈谈你所受到的启发。

活动1　阅读材料，交流体会。

问题：富兰克林对“天电”的探索为什么会取得成功？

预设：学生一般会说到富兰克林所具有的科学品质。

引语：物理学家在科学探究中追求真理的精神、创新的思想和方法均值得我们学习。要清楚富兰克林取得成功的真正原因，必须剖析他所经历的探究过程。

教师按照以下次序做分析讲解，提纲如下：

提出(明确的)问题:“天电”(雷电)和“地电”(静电)有何关系?

背景知识:“天电”——天上的闪电;“地电”——人们依靠摩擦所获得的电。至18世纪初,人们已经发明了摩擦起电机并找到一种可以“储存”静电的装置“莱顿瓶”。人们普遍认为这两种电是互不相关的,但是富兰克林对此事产生了怀疑。

该环节在“科学探究”中的意义:提出问题是科学探究的前提。

提出一个问题往往比解决一个问题更重要。因为解决一个问题或许只是一种技能,而提出新的问题,新的可能性,从新的角度去看问题,却需要有创造性的想象力,而且标志着科学的进步。

——爱因斯坦

(做出合理的)猜想与假设:“天电”(雷电)和“地电”(静电)是一致的。

过程介绍:富兰克林基于“天电”和“地电”放电发光的特点、在金属或其他介质中传导的特点、产生的声响、对动物的影响、引起物体发热的效应等方面的相似之处,认为它们是一致的。他写了一篇名叫《论天空闪电和我们的电气相同》的论文,并送给了英国皇家学会。但富兰克林的伟大设想竟遭到了许多人的冷嘲热讽,有人甚至嗤笑他是“想把上帝和雷电分家的狂人”。富兰克林决心用事实来证明。

该环节在“科学探究”中的意义:科学猜想是科学结论的先导。

设计实验与制定计划:捕捉“天电”。

法国达里巴尔——岗亭实验:利用伸出岗亭的尖顶铁杆,在雷雨中成功地把雨层中的电引入“莱顿瓶”,并做了放电实验。

该环节在“科学探究”中的意义:设计实验与制定计划是科学探究的具体化、程序化。

进行实验与收集证据:费城风筝实验。

结合实验模拟,进行讲解:图1-10中雅各布天梯底部相当于“莱顿瓶”;通电后按下开关模拟“接收天电后的放电现象”。摇动图1-11中的起电机,观察火花放电。

图1-10

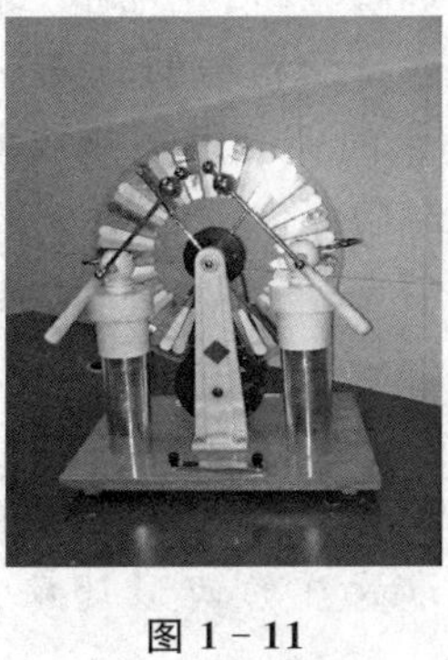

图1-11

该环节在“科学探究”中的意义:科学事实是进行科学分析的根据。

分析与论证：触电反应等。

过程介绍：富兰克林进行了一系列的对比实验，证实了“天电”和“地电”是一致的，如触电反应等。

该环节在“科学探究”中的意义：得出科学结论。

评估：结论科学吗？

引语：同学们，假如今天你们是科学评委，面对富兰克林的研究，你认为证据充分吗？结论科学吗？

这就是科学探究过程中必不可少的一个环节——评估。人们正是在多次重复了富兰克林的实验并取得一致的结果后接受了“天电（雷电）和地电（静电）是一致的”结论。

交流与合作

结语：其实在这项探究中，有许多科学家参与其中，如富兰克林和他的儿子威廉、俄国著名电学家利赫曼（因为实验而遭雷击身亡）等。众多的研究者相互交流心得，相互验证结论，科学研究不是一个人的事业，它需要我们的“交流与合作”。

介绍富兰克林：本杰明·富兰克林（Benjamin Franklin）（1706—1790年）（图1-12）——18世纪美国最伟大的科学家和发明家，著名的政治家、外交家、哲学家、文学家和航海家以及美国独立战争的伟大领袖。他一生最真实的写照是他自己所说过的一句话：“诚实和勤勉，应该成为你永久的伴侣。”

图1-12

他的墓碑上只刻着：“印刷工本杰明·富兰克林”。法国经济学家杜尔哥却为他写下了这样的赞语：“他从苍天那里取得了雷电，从暴君那里取得了民权。”

小结：物理学家进行科学探究的方法是灵活多样的，但一般包含以下要素：提出问题，猜想与假设，设计实验与制订计划，进行实验与收集证据，分析与论证，评估，交流与合作。

（本环节注重讲解分析，在剖析“富兰克林对‘天电’的探索过程中”说明科学探究的一般程序，同时渗透科学精神的教育）。

活动2　装满水的杯子里还能放多少回形针？

引语：其实，“科学探究”并不神秘，我们可以一起来体验。

问题：（出示一杯装满水的杯子）这是一只装满水的杯子。如果我们放入回形针，猜猜看，能放多少？

组织语：请同学们自己动手探究一下你自己的猜想。

预设：大部分学生实际所放的回形针数量比猜想的要多很多。

交流与评估：谁放入的回形针数量最多？能放入回形针的数量可能与哪些因素有关？

结语：这个实验很有趣，你一定也很惊讶——猜想和实验的结果竟会有如此大的差别！这就是我们在学习物理知识、认识物理现象和解决物理问题过程中需要进行实验的一个重要原因。

(本环节注重让学生经历实验探究，体验"实验"在科学探究中的作用。)

活动3　如何延长秋千来回摆动一次所用的时间？

提出问题：小时候大家都荡过秋千，怎样才能延长秋千来回摆动一次的时间呢？

引语：关于这个问题，我们可以通过实验来探究。我们不可能将秋千搬进教室，在进行实验探究时，我们可以先将秋千"模型化"(出示单摆，如图1－13所示)，小球可以代表秋千板和人的体重，摆长代表秋千绳长。

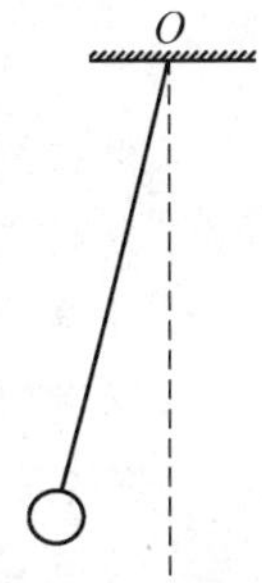

图1－13

猜想与假设：秋千来回摆动一次的时间可能与秋千的摆长、摆动的幅度、秋千板和人的体重有关。

引语：我们选择一个可能因素进行研究，例如"秋千来回摆动一次的时间与摆长的关系"。

设计实验与制定计划：测量秋千来回摆动10次的时间；增加摆长，再次测量秋千来回摆动10次的时间。

进行实验与收集证据：学生两人一组，合作完成。

分析与论证：秋千摆长增加时，来回摆动一次的时间变长。

评估：实验测量是否有误？综合多组数据共同分析结论是否可靠。

引导学生进行其他因素的探究(略)。

(本环节引导学生经历一次完整探究，以加深对"科学探究"的理解。)

结语：科学探究不仅是科学家研究科学问题所需要的，也是我们学习物理、解决日常生活中的问题所需要的，通过科学探究，可以更好地学习科学方法、发展科学探究能力，还可以体验物理的神奇与美妙。

【作业与评价】

课后继续完成"如何延长秋千来回摆动一次所用的时间"的探究。

附：随堂评价卷

体验科学探究

班级：________　姓名：________

【学习目标】

1. 自学阅读材料"富兰克林对'天电'的探索"并结合老师的讲解，知道"科学探究"一般包含的要素。

2. 小组合作完成探究活动"装满水的杯子里还能放多少回形针"，体验"实验"的重要作用。

3. 小组合作完成"如何延长秋千来回摆动一次所用的时间"探究活动，经历"科学探究”。

【学习过程】

活动1 阅读材料，交流体会。

问题：富兰克林对“天电”的探索为什么会取得成功？

剖析富兰克林所经历的探究过程，进行归纳和整理：

“天电”(雷电)和“地电”(静电)有何关系？

(做出合理的)猜想与假设：________；

设计实验与制定计划：________；

进行实验与收集证据：________；

分析与论证：________；

评估：结论科学吗？

活动2 装满水的杯子里还能放多少回形针？

猜想：1—2个________；10个左右________；几十个________。

实验结果：________

体会：________

活动3 如何延长秋千来回摆动一次所用的时间？

思考：秋千来回摆动一次的时间可能与________；

探究：秋千来回摆动一次的时间与________的关系

设计实验与制定计划：________

进行实验与收集证据：________

分析与论证：________

评估：实验测量是否有误？综合多组数据共同分析结论是否可靠。

【作业与评价】

课后继续完成“如何延长秋千来回摆动一次所用的时间”的探究。

本节为苏科版初中物理教材“引言”部分的第二课时，第一课时是通过实验说明“奇妙的物理现象”，第二课时的教学目的是让学生体验物理学习中重要的学习方式——科学探究。课堂教学共分三个环节，首先，利用教材中的阅读素材“富兰克林对‘天电’的探索”作为引入，结合实验说明科学探究的方法及价值；其次，组织学生开展探究活动“装满水的杯子里还能放多少回形针？”，以体现探究是形成正确认知的途径；最后，增加探究活动“如何延长秋千来回摆动一次所用的时间？”让学生实际经历科学探究的过程，渗透科学探究常采用的方法——控制变量法。同时，着眼学生探究行为，采用随堂评价卷，以实际任务对本课学习目标的达成进行评价。

物理学习的过程具有不可替代性，提倡科学探究实质是体现了对科学本质的反思。刘炳昇先生认为“科学反映自然界事物的内在联系，具有解释和预见功能，具有相对的稳定性;科学反映人类在一定历史时期对自然界的认识,因此科学的主观偏见是难免的;科学理论必须接受实践的检验;科学是开放的体系,科学是在探究过程中不断发展的”。如果我们的物理课堂教学采用以教师讲授和学生接受为主的教学模式,教师把认为是真理的物理概念、规律、理论以公式和术语的形式灌输给学生,这种课程观所基于的科学观认为:科学就是真理,它反映了自然界的客观规律和本质,科学教育的目的是让学生接受这些知识。爱因斯坦则认为,物理概念是人类心智的自由创造,而不是由外部世界唯一决定的,不管它看起来多么像是那样。就像一个装满水的杯子到底还能放多少回形针?我们只有实际做了才能知道。对待已有的科学结论,我们需要有一个正确的认知,如詹姆斯所说:今天我们必须根据我们今天能认识的真理来生活,还得准备好在明天称它为谬误。费恩曼对科学探究的看法是:我们正在试图尽可能地证明自己错了,因为只有这样我们才能进步。

物理学是一门自然科学,在物理的学习过程中,我们需要正确认识科学的客观性与主观性、相对性和发展性的关系。而这些认识只有在探究中才能逐步形成。所以,初中物理教学中需要重视科学探究的设计。通常,科学探究涉及提出问题、猜想与假设、设计实验与制订计划、进行实验与收集证据、分析与论证、评估、交流与合作等要素。科学探究的形式是多种多样的,在学生的科学探究中,其探究过程可涉及所有的要素,也可只涉及部分要素。科学探究的要素应灵活渗透在具体的探究任务和实际教学的各个方面。苏科版教材的引言编排也在告诉我们:物理实验与科学探究是物理学习所需要的两条腿。

三、初中物理探究教学的设计原则和内涵把握

从物理知识建构和能力培养的角度而言,“探究教学”是重要的组织形式。教师在教学中要正确理解教材结构、内容上的设计意图,从总体上把握教材,注重探究教学的设计。

2013 年 12 月 19 日,江苏省中小学教学研究室组织的“教学新时空・名师课堂”,曾围绕“探究教学”专题,由我作为主讲教师提供了一堂“浮力”课例,刘炳昇先生和特级教师杨树峭先生对课例做了点评。

后来,我对课例及点评进行了整理,对探究教学中“课标的把握”“教材结构及转换方式”“学生探究行为的设计”“认知的前概念”“学生思维发展”以及“思维可视化”等问题做了分析,并提出探究教学的本质内涵是“培养学生良好的思维习惯和批判精神”即“探究思维”。教学策略上要以实验为基础、以思维为中心、以行为为主线、以变式为手段,重视学生自身的思维冲突和深入思考,在概念或规律的重新建构中养成良好的思维习惯。下面,我就分教学实施、课例点评进行梳理。

1.“浮力”的教学实施:构建以“探究行为”为核心学习行为的物理课堂

本课在教学设计上,依据课标,基于教材和学生实际确定了课时学习目标,依托四组探究活动,达成相关学习任务,教学流程如图(图 1-14)。

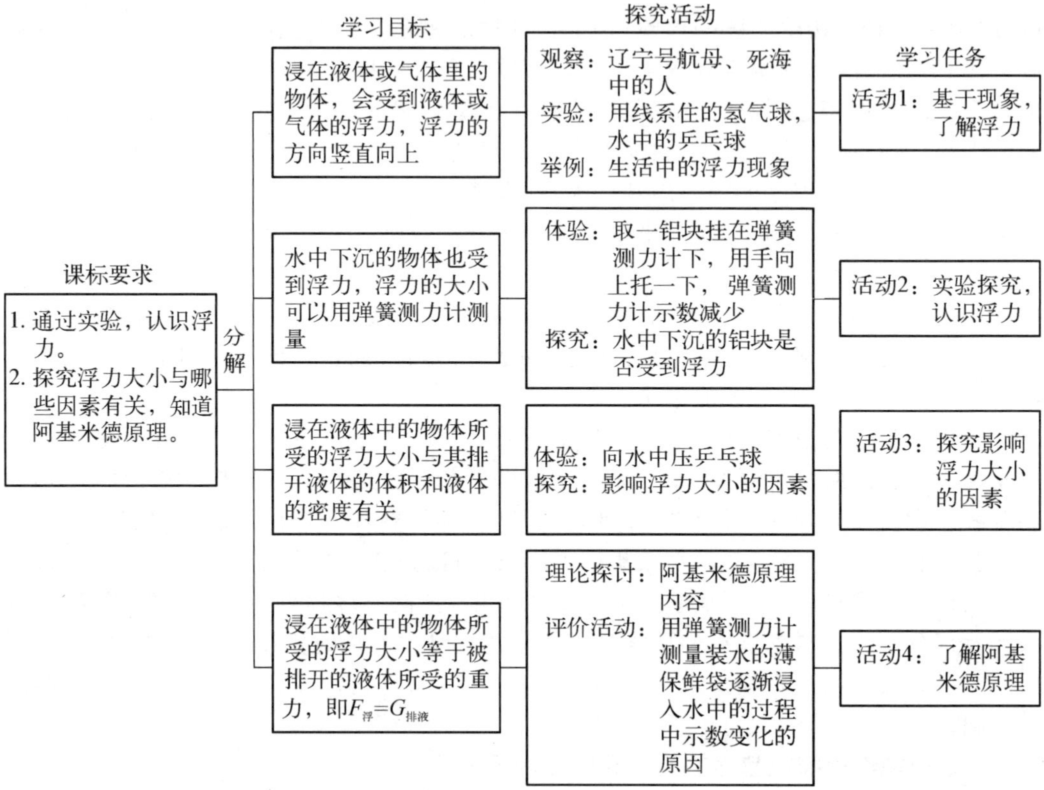

图 1－14

活动 1　基于现象，了解浮力的产生及方向。

播放视频："辽宁号"航母巡航海上，"死海"畅游。

讨论：巨大的钢铁航母为什么能浮在水面上？人为什么能浮在"死海"水面上？

演示：空气中的氢气球和水中的乒乓球（图 1－15）；将氢气球拉离原位置，静止后细绳竖直向上；将水槽倾斜后，乒乓球静止后细绳竖直向上。

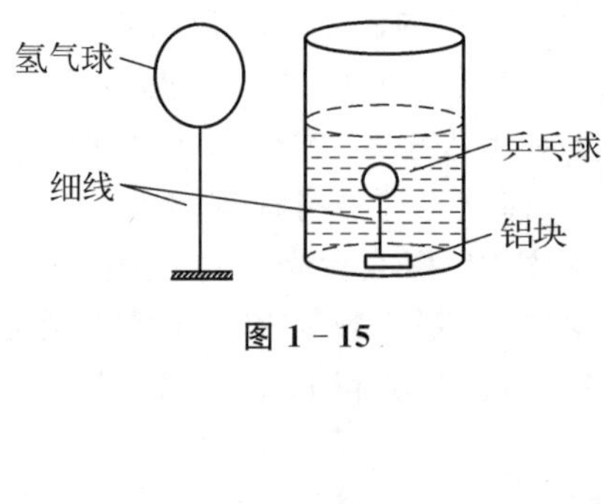

图 1－15

讨论：生活中的浮力现象。

小结：浸在液体或气体中的物体会受到浮力；物体（在静止的液体、气体中）所受浮力的方向是竖直向上的。

活动 2　实验探究，知道在水中下沉的物体也受到浮力，并且知道如何用弹簧测力计测量浮力。

问题 1：与乒乓球相连的铝块，它在水中是下沉的，在水中下沉的物体是否受到水的浮力呢？请结合生活经验做出猜想。

实验引导：取一铝块挂在弹簧测力计下，用手向上托一下，弹簧测力计示数减少；如果在水中它受到浮力，浸入水中后弹簧测力计的示数也会减少（图 1－16）。

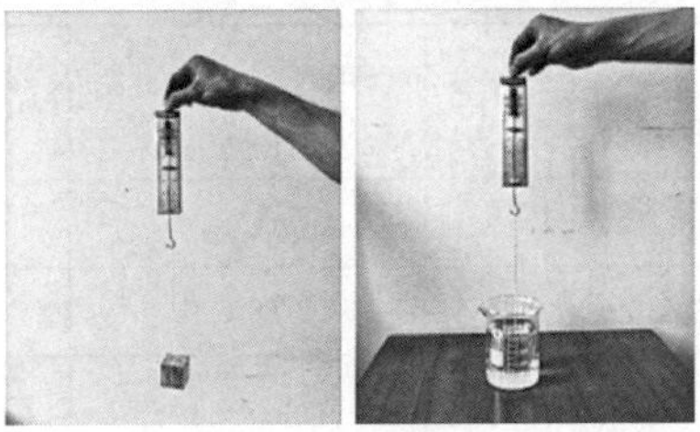

图 1－16

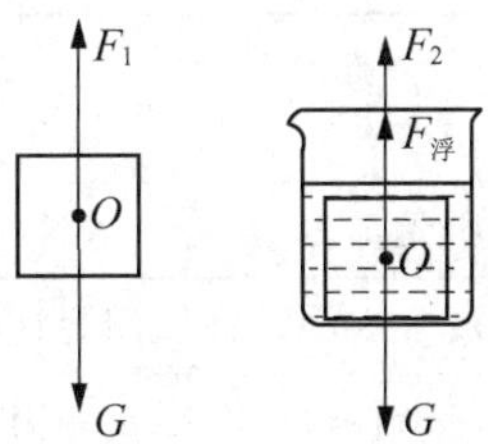

图 1－17

问题 2：能否测出铝块所受的浮力大小呢？

引导学生作出受力分析图（图 1－17），分析得出：浮力的大小可以用弹簧测力计测量（$F_{浮}=G-F_2$）。

活动 3　探究影响浮力大小的因素，知道浮力大小与“排开液体的体积”和“液体的密度有关”。

问题 1：浮力大小可能与哪些因素有关呢？请根据生活经验并结合实验提出猜想。

利用实验增强体验：在容器中倒入水，向下压乒乓球，说出手上的感觉，注意看水面的变化。

猜想：浮力大小可能与物体“排开的液体体积”“液体的密度”“在液体中的深度”等因素有关。

教师补充说明“浸没深度”与“浸入深度”的区别。

问题 2：如何设计实验验证猜想？

提供“弹簧测力计，用小药瓶和沙子自制的圆柱体（密度约 1.1 g/cm^3），盛有水、酒精的容器”。学生在教师引导下利用控制变量法，设计探究方案，按图示步骤（图 1－18）操作并记录数据（表 1－5）。获得结论：物体所受浮力的大小与它排开液体的体积、液体的密度有关，与物体浸没在液体中的深度无关。

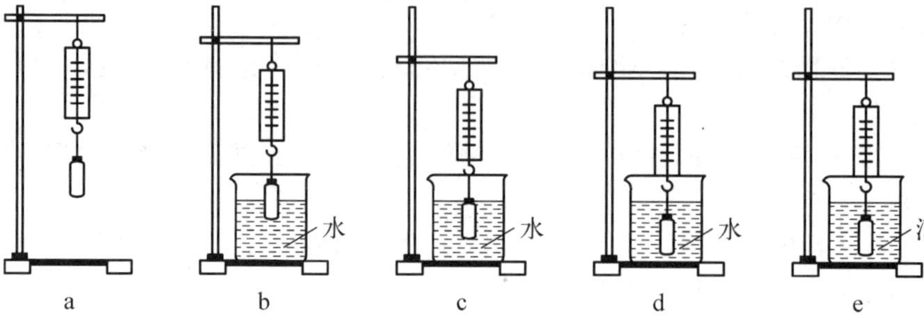

图 1-18

表 1-5　数据记录

实验序号	实验步骤	弹簧测力计的示数 F/N	圆柱体所受浮力大小 $F_{浮}$/N
1	圆柱体所受重力	0.8	0
2	圆柱体浸入水中时弹簧测力计(其中一次)的示数	0.6	0.2
3	圆柱体浸没在水中时弹簧测力计的示数	0.3	0.5
4	改变圆柱体浸没在水中时的深度，弹簧测力计的示数	0.3	0.5
5	圆柱体浸没在酒精中时弹簧测力计的示数	0.4	0.4

活动 4　了解阿基米德原理，知道计算公式，进行实验探究。

学生阅读教材相关内容，相互交流，知道阿基米德原理：浸在液体中的物体所受的浮力大小等于被排开的液体所受的重力。知道计算公式：$F_{浮}=G_{排液}=\rho_{液}V_{排液}g$ 及各物理量的单位。

按照本节教材“WWW”中的问题 1 组织探究：在一只塑料袋中装入大半袋水，用弹簧测力计测出盛水的塑料袋所受的重力大小。再将塑料袋浸入水中，观察浸入过程中弹簧测力计示数的变化并思考能得到什么结论(图 1-19)。

图 1-19

学生实验探究，另请两位学生上台演示并做分析，教师点评。

现象1：塑料袋在浸入水中过程中弹簧测力计示数逐渐减小。

小结1：塑料袋所受的浮力与排开的水的体积有关，$V_{排水}$越大，则$F_{浮}$越大。

现象2：当塑料袋中的水面与容器中的水面相平时，弹簧测力计的示数为零。

小结2：弹簧测力计示数为零时，则$F_{浮}=G_{袋水}$；此时塑料袋中的水面与容器中的水面相平，则$G_{袋水}=G_{排水}$；所以$F_{浮}=G_{排水}$。因此，该实验可以验证阿基米德原理。

2. 刘炳昇先生点评主题：以探究为核心的课堂教学设计

许帮正老师所主持的"基于学生探究行为研究"课题的指导思想和成果在本课例中得到充分的体现。这节课的课堂结构、教学过程设计和实施，反映了他较准确地把握了初中物理课程标准的理念和要求，较深刻地领会了苏科版教材编写的意图和特点，正如在他所设计的教学流程图中体现出的四个关键要素：课程标准，教材，学生探究行为，教师指导、预设与生成的恰当处理，使这节课取得好的效果。

首先，让我们解读一下课程标准的要求。修订后的课程标准与修订前比较的变化：

(1)"通过实验，认识浮力"，而非"通过实验探究"。说明不强调一定要通过探究来建立浮力的概念。

(2)"探究浮力大小与哪些因素有关"，而非"经历探究浮力大小的过程"。说明要求探究影响浮力大小的因素，而非阿基米德原理的结论，但要求"知道阿基米德原理"。它反映修订的指导思想更关注探究的本质特征，关注探究学习与接受学习有机结合，防止提出过高的探究要求，从而提高探究学习的有效性。

其次，分析一下教材。教材把课程标准的要求转化为具体的教学任务和教学策略，其结构是十分清晰的(图1-20)：

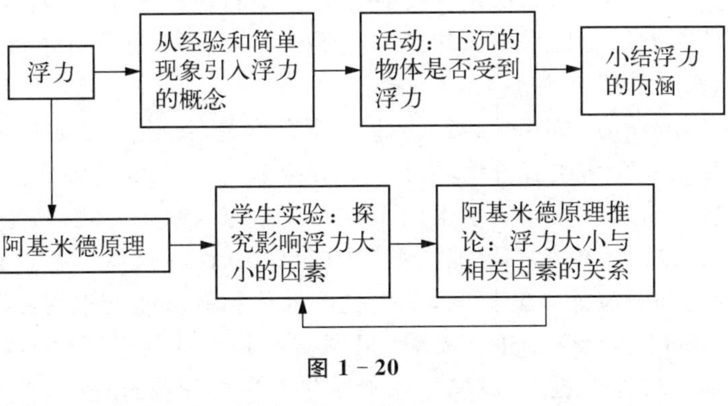

图1-20

许老师在对课标要求和对教材分析的基础上，根据自己学生的情况设计了教学过程，把简约的教材结构转换为学生的学习行为。以下方面反映了教师对教材的再创造过程：

(1) 通过水中乒乓球的实验，使学生认识了浮力的方向；

（2）在探究下沉的物体是否受到浮力时，用“手托重物”的实验帮助学生思考验证猜想的思路；

（3）在验证下沉的物体受到浮力结论后，提供了测量浮力大小的一种方法，为后续探究做好准备；

（4）用“手压乒乓球”的实验为学生的合理猜想提供感性认识。并界定了“浸没深度”与“浸入深度”两个不同的概念，为探究影响浮力大小的因素铺平了道路；

（5）在学习阿基米德原理之后，把教材“WWW”中的简易验证实验置于课堂中完成，既起到验证阿基米德原理的作用，又起到评价反馈的作用。

关于这节浮力课可以在哪些方面改进，以及在不同的条件下可以有哪些不同的设计方案，我谈谈自己的看法：

（1）教师的指导模式显得有些单调，基本上是小步距或填充式的问答。

我听了许多节初中物理教师的课，大体如此。表面上看起来很流畅，但留给学生整体思考和完整表达的机会不多，课堂的预设性较强而生成性不足。其原因是担心不能很好地控制课堂和完成教学任务。我们并不是要把课堂开放到漫无边际的地步，而是在对学生很有价值的地方，要不吝啬时间和精力。

例如，下沉的物体是否受到浮力以及如何验证的问题。上浮的物体一定受到浮力，这是毫无疑问的，而下沉的物体未必受到浮力，这是常人的思维，因为视重减轻的经验太少了，下沉现象常常掩盖了浮力小于重力的实质。教师关注的问题首先是受不受到浮力，关注点应是认为不受浮力的学生，而不要急于肯定受到浮力，也不要急于提出验证受到浮力的方法。哪怕有一两个学生认为不受到浮力，或是不能肯定是否受到浮力，猜想的可能就有两种。有时，为了让学生的错误猜想暴露出来，不妨用一个具体的例子，如把泡沫块放入水中，泡沫块是否受到浮力？把石块放入水中，石块是否受到浮力？然后再讨论用什么方法验证水中石块是否受到浮力，不要急于用手托重物提示学生，这样给学生思维、表达的机会就多了。

另外，探究影响浮力大小的因素，猜想可能有哪些，结论又是如何得出的？这也是本节课对学生领悟探究本质有价值的环节。如果教师铺垫得过多或过早，就会使学生的智力冲突显现不出来。假如请学生用手将乒乓球压入水中，体验一下手的感觉，再联系生活的经验，讨论浮力的大小可能与哪些因素有关，而在这里不要过早地介绍排开水的概念、浸入深度和浸没深度的概念，学生提出的猜想就可能会丰富一些。把这些猜想列出，可不给予评价，再让学生进行实验，根据实验获得的信息，评价各种猜想，得出结论。这样课堂的生成性会更多一些，更贴近学生真实的探究过程。

（2）如何用不超出课标要求的方法解决“超出课标要求”的问题。

测量下沉物体的浮力，属于同一直线上受三个力物体平衡的问题，而初中物理课程标准只规定了二力平衡条件，没有要求知道合力及受两个以上的力的平衡问题，那么怎么来解决浮力的测量问题？

可以看出许老师在浮力探究以前已经补充学习了有关三力平衡问题的知识，在解决下沉物体是否受到浮力、探究影响浮力大小的因素以及验证阿基米原理实验时都直接应用了三力平衡条件的公式，但增加了教学的内容和提高了要求。实际上，从经验出发，在二力平衡知识的基础上完全可以解决这类问题。

为什么要用手托的实验来类比，就是利用学生已有的经验。没有用手托时，拉力与重力平衡，弹簧测力计的读数等于重力大小，手托重物时测力计读数减小，减小的值等于托力大小，这是不难理解的。当把装水的塑料袋放入水中后弹簧测力计读数减小，表明装水的塑料袋受到浮力；当弹簧测力计读数为零时，表明绳的拉力不存在，装水塑料袋只受到两个力，装水塑料袋的重力等于水对它的浮力。可见不一定非要从数学公式出发来讨论问题，利用经验及已有的知识来讨论该问题，也可能有助于领会物理思想。

（3）教学是创造性的工作，方案没有最好的，只有合适的，尤其是探究教学。

如在阿基米德原理提出以后，可以不用“WWW”中的实验来验证，而是让学生测量一下前面“探究影响浮力大小因素”实验中的圆柱体的体积，算出排开水的重力，并与实验中测得的浮力进行比较。就“浮力大小”与浸没深度的关系，我在泰州听过一节课，老师做的一个实验使我印象深刻，即把一个长方形物块先竖直浸没水中，再水平浸没水中，比较物块受到的浮力，可见浸没深度不同，但浮力大小相同。

再有“关于阿基米德原理”的探究，如果学生的思维水平较高，可以在前一实验基础上提出猜想，再进行验证。也可以在得到浮力的大小与排开液体的体积、液体的密度有关的结论后，引导学生进一步猜想，浮力的大小可能等于某一个物理量，这个物理量可能是什么？浮力大小与排开液体的体积有关、与排开液体的密度有关，是否意味着与“排开液体的质量”“排开液体的重力”有关？当然这只是猜想，必须验证，然后再介绍阿基米德的发现和阿基米德原理。

3. 杨树崎老师点评主题：探究教学要把握的几个基本原则

“浮力”是一节利用实验归纳总结物理规律的典型课例，许老师围绕四组探究活动设计课堂教学，教学思路清晰、知识结构梳理明确、抓住了本质；许老师创设的教学情境形象生动，带领学生开展的物理实验，器材简单、操作方便，让学生在动手过程中探究归纳概念与规律，有不少亮点。许老师还注重师生间的交流，启发学生思考、提出问题，教学目标达成率较高。

“什么是浮力”属于“概念探究”，许老师对认知情境做了精彩补充；“浮力的测量”属于“策略探究”，许老师的巧妙一托避免了矢量运算的复杂性；“探究影响浮力大小的因素”属于“规律探究”，许老师采用了“在水中压乒乓球”的“定性体验”和“提起水中的塑料膜袋”的“定量探究”相结合的方式。许老师在教学设计中有这样一段话：通过探究消除学生日常生活中可能存在的对浮力认识的一些不科学的前概念，体会和感悟实验方法对物理学习的重要性，培养学生探究物理规律的能力和追求物理本质的探求精神。刘炳昇老师也认为：探究是一种多侧面、多形式的活动，无论采取何种形式，关键是要体现科学探究的思想和基本特征。实际上我们现在的教学，往往是教师把问题嚼得细而碎，逐步铺垫，让学生不用深层次思考就能得出结果，教师根据得到的结果，再把教学引向下一阶段。这是喂养方法，不利于学生良好思维习惯和批判精神的形成，而这种“良好的思维习惯和批判精神”可能就是探究活动的本质内涵。

（1）以“问题”暴露学生认知的前概念错误，激起学生思维冲突，引起学生深层次思考。

孩子总是从自己的角度，根据自己的经验来观察和理解世界的。他们所发生的认知的前概念错误，是很不容易克服的。不易克服的原因并非总是由于慑于权威，而恰恰是自我抵触远大于他人的影响，因此只有引起学生自身的思维冲突，让他们感到惊异，才能让新的思维结构带来成功，才可能被接受。例如针对前概念错误：“只有上浮的物体才受浮力，下沉的物体是不受浮力的”，苏科版教材提出了三组问题：

① 下沉的物体是否受到浮力？你有什么经验支持你的猜想？

② 给你一个弹簧测力计和一杯水。你能通过实验判断浸入水中的石块或金属块是否受到浮力作用吗？

③ 试一试，你观察到什么现象？这些现象能说明什么问题？

我们为什么要反复强调要让学生自己暴露前概念错误？从知识形成的角度看，因为一些同学的错误概念是内隐的，教师通过问题情境，反复地追问，在深入了解后就会知道他的前概念是什么样的。在教学当中，我们只有让学生显现出自己的前概念，才能有的放矢地设计一些情境引起与学生前概念的冲突，只有产生冲突学生才会深入思考，然后再创设一些恰当的活动，使原有的前概念被重新建构，这样学生在活动中才能建立起正确的科学概念。从思维习惯形成的角度看，只有善于提出有价值的问题，才能有原创力，也才能解决问题，而有价值的问题往往是与传统观念有冲突的。

（2）创设能使学生发现问题的情境，从而让学生围绕问题进行探究。

“影响浮力大小的因素的猜想”是本课的难点，也是关键点，是培养学生探究思维的好抓手，教师不可操之过急。我们可以将总问题化解为可操作的逐步深入的可探究问题，让学生在探究中获得有价值的猜想。

总问题：浮力的大小可能与哪些因素有关？你是根据什么经验提出猜想的？

问题1：将同样大小的一个木球和一个铁球浸入水中后释放，木球与铁球将怎样运动？说明了什么？

有人说，将同样大小的一个木球和一个铁球浸入水中后释放，木球上浮，铁球下沉，说明木球受的浮力大，铁球受的浮力小。你赞成这种说法吗？你有什么经验支持你的看法？你能否把这个说法转化为物理问题？例如浮力的大小可能与________有关。

问题2：一块橡皮放在水中是沉还是浮？如果把橡皮切碎，拿一块仍然放在水中，是沉还是浮？为什么？

有人说，大块橡皮重，所以就沉下去，而橡皮切成小块变轻了，所以就会浮起来。你赞成这种说法吗？你有什么经验支持或反对这种说法？你能否把这个说法转化为物理问题？例如浮力的大小可能与________有关。

问题 3：浮力大小与物体浸在水中的深度是否有关？

人在海边（河边）从浅水区走向深水区，到一定深度时人就漂起来了，所以浮力大小与物体浸在水中的深度有关。你有什么经验支持或反对这种说法？你能否把这个说法转化为物理问题？例如浮力的大小可能与________有关。

问题 4：浮力大小与液体的种类是否有关？

沉在水中的鸡蛋放在浓盐水中，会浮起来，所以浮力大小与液体的种类有关。你有什么经验支持或反对这种说法？你能否把这个说法转化为物理问题？例如浮力的大小可能与________有关。

说实话，学生除非事先看过书或其他资料，否则想到浮力大小与 $V_{排液}$ 有关是非常困难的，而这正是本节的难点所在！如果学生能提出浮力大小与 $V_{排液}$ 有关，正中下怀，追问来源，顺势而行；如果不能，教师可以做必要的实验引导，采用定性体验的方式，例如压水中的乒乓球。

(3) 及时地给学生实验技能指导，使他们能顺利地进行实验探究。

实验操作是遵循一定规范的，这种规范只有在实践中进行指导才可能养成，包括控制变量法的思想，包括读数、记录和分析等。但是要注意的是，教师只是在关键点上引领，不能变成包办代替，例如学生的实验步骤可能不如你设想的完备，表述也没有你想得完整，但是要相信他们在探究中会逐步明晰。

为适应不同学生的需求，建议在初中物理教学中为理论探究设一席之地。例如阿基米德原理的理论证明，这里不仅有物理模型的构建，同时又有压强和压力的有关知识及浮力产生原因的分析，可以很好地培养学生的物理思维。

反思自己的授课，聆听两位专家的点评，我对探究教学也有了更进一步的思考：

探究教学作为一种教学组织方式，首先要考虑的应是准确解读课程标准的要求，在分析教材和学生学情的基础上，把课程标准的要求转化为具体的教学任务和教学策略，即把教材结构转换为学生的学习行为。其次，在学生学习行为设计上，着眼于“探究行为”，注重体现学生“思维”的发展。从认知心理学的角度而言，“行为”是“思维”的体现，“行为”又可以促进“思维”的创新，“行为”与“思维创新”要紧密结合，结合的纽带就是“有价值的问题”和“思维可视化”方式的研究。思维可视化的手段可以是实验或具体实例，也可以是创设物理模型的理论论证，实验必须是现象明确，理论论证则要求注意思维的条理性和物理模型的典型性。再则，要注意渗透“理解性学习”的理念，探究教学和物理研究本身都强调理解，注意围绕物理核心概念和规律，思考前概念误区，采用合适的认知手段促进学生理解。教学策略上要以实验为基础、以思维为中心、以行为为主线、以变式为手段，重视学生自身的思维冲突和深入思考，在概念或规律的重新建构中养成良好的思维习惯，顶层设计思路如图 1-21。

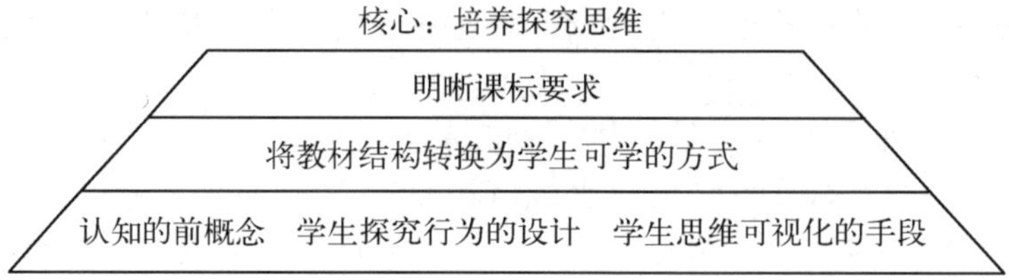

图 1－21

四、初中物理探究教学的基本内涵和实践意义

基于我和团队更为深入的实践研究，我认为初中物理课堂探究教学需要把握好三个层次的指向和目标诉求。一是课程标准规定的“基础物理知识和基本实验技能”，它是开展探究、形成新知的基础，是核心；二是“问题解决”，这是在完成具体探究任务的过程中，理解物理概念、获得基本探究方法、培养探究能力、获得思维发展的过程，是关键；三是“学科思维”，是在经历双基学习和解决问题的过程中，经体验、认识及内化后逐步形成的相对稳定的思考问题、解决问题的思维方式和价值观，实质上是初步得到物理学科特定的认识世界和改造世界的世界观和方法论，这是物理学科核心素养的最终指向。

1. 初中物理探究教学的基本内涵

在探究教学中，基础知识和基本技能是学生学习的基础和首要考虑的。知识就是力量，但知识本身不会把它正确的用途交给我们。初中物理的学习离不开实验，实验是物理教学的基础，实验是物理教学的重要内容，实验是物理教学的重要方法。所以，以实验为载体，在探究中进行物理的学习，就是在掌握知识的同时掌握知识的正确用途。现举两节课例加以说明。

案例 3　“设计和制作模拟调光灯”教学实录

该课题是义务教育教科书《物理》（苏科版九年级上册）第十四章“欧姆定律”中的综合实践活动，是在学生了解了电路的结构和连接方式，学习了电阻、变阻器及欧姆定律的基础上，采用项目设计的方式，对学生提出的综合性应用要求。目的是通过创新性的研究课题，使学生经历较为完整的探究过程，从而培养创新意识和提高实践能力，应用欧姆定律解决实际问题。具体要求是：设计和制作一个模拟调光灯，所制作的调光灯亮度能连续调节并保证灯泡的安全。

老师在上课前，在实验载体上做了充分准备，她调查了市场上常见的调光台灯，并收集了学生常用的几类调光灯带到课堂上。探究活动中，老师准备了系列的实验器材，除了教材中规定的器材外，还准备了旋钮式电位器和电阻箱。（见图 1－22、图 1－23、图 1－24）

图 1 - 22

图 1 - 23

图 1 - 24

图 1－22 是老师向同学们介绍常见调光灯的特点；图 1－23 是老师和同学们一起用实验室的器材设计模拟调光灯的电路；图 1－24 是老师展示的三种灯泡，从节能的角度分析灯泡的发展历史。这其中，第一个环节是为了说明项目设计的目的，第二个环节是重点，第三个环节并非教材中的内容，是老师自己加的一块，目的是为下一章“电功”的学习打下基础。以下是第一、第二环节的课堂实录。

教师：(展示五盏不同种类的调光台灯)调光台灯是生活中同学们最常用的一种照明灯具，小明同学也想为自己购买一盏台灯，但是到了商场，面对着琳琅满目各式各样的台灯，小明却无从下手，今天就请在座的同学们来帮他一起挑选吧。

教师：(演示五盏不同种类的调光台灯的调光过程)这几盏调光灯的调光方式有什么不同？

学生：一种灯的亮度可连续调节(无极调光灯)；一种灯的亮度不可连续调节(挡位分段调光)。

教师：这些台灯的亮度可以调节，这究竟是什么原理呢？

学生：通过改变电路中的电阻，改变电流，来调节灯的亮度。

教师：今天我们请同学们一起来模拟这两种调光台灯的功能，利用老师提供给你们的电池组、铅笔芯、滑动变阻器、电阻箱、电位器、小灯泡、导线等器材来设计模拟调光灯。

教师：下面就请同学们结合上述两种调光台灯的调光功能，设计两种电路图。

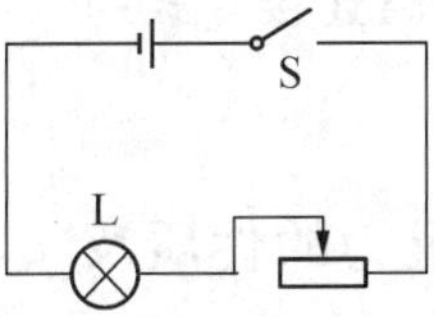

图 1 - 25

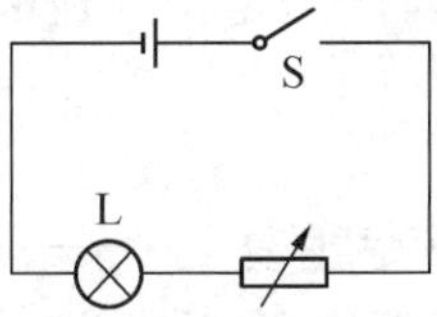

图 1 - 26

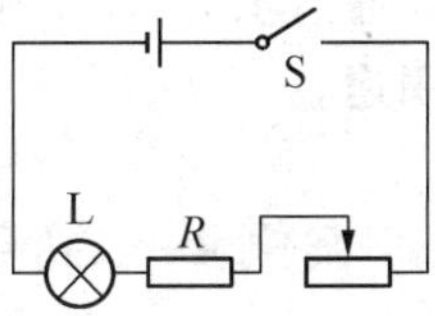

图 1 - 27

老师巡回指导、拍照投影，用多媒体展示同学们设计的电路图(图 1－25，图 1－26)，出示评价问题：

① 你的设计中有没有考虑保护小灯泡安全工作的措施？

② 如何改进你的设计？

学生通过分析计算电路图 1－25 中滑动变阻器的可调阻值范围，从而对改进电路中用来保护电路的定值电阻的阻值进行设定，改进设计电路图（图 1－27），并采用同样的方式改进图 1－26 的设计。学生连接电路，教师用希沃助手软件用手机摄像头直播部分学生的连接过程，针对连接过程中出现的问题即时纠正。学生制作完成后展示，其他组的同学点评，老师适时地表扬和激励。

教师：刚才许多同学选用了我们以前实验时从未使用过的，在日常生活中又常见的电位器，并能看懂将它正确地接入电路，来实现无极调光。我觉得这些同学不但具有较强的学习能力，还有动手操作能力。但这组同学在选择了电位器后又放弃了，这是为什么呢？

学生：我觉得电位器的调节非常方便，但通过观察我发现这个电位器铭牌上显示它的最大阻值是 100 Ω，在实际调节的过程中，只调节了一点灯就迅速暗下来了。所以我们还是选择了 20 Ω 的滑动变阻器。

教师：这位同学观察得很仔细，我们用的“2.5 V”的小灯泡正常发光的电阻只有 8—9 Ω，所以，最大阻值为 20 Ω 的滑动变阻器足以满足实验的要求。但在实际的家庭电路中，白炽灯发光时的电阻较大，如果调光，确实需要这样 100 Ω、几百欧的电位器。

……

综观整节课中，老师设计了以下四个问题组成“问题链”。

问题 1：生活中你如何选择调光灯？

问题 2：这些调光灯的电路原理是什么？

问题 3：给你器材，你如何制作一个模拟的调光灯？

问题 4：调光灯可以护眼，也可以节能，从节能的角度分析灯泡的发展历史。

基本的方式是以问题链引导学生开展项目设计，提供合适的实验载体保证学生能够切实经历实验探究，在实验探究中明白电路应该怎样设计，为什么要这样设计，具体如何设计。通过探究，使学生加深对欧姆定律的理解，对电路连接方式的认识，领悟知识的正确用途。

案例 4 “简单机械专题复习——动力、阻力的性质及对杠杆平衡的影响”教学流程

出示评价任务：图 1－28 中“坐拉器”上的人需要多大的力才能把自己拉起来？我们可能会用到哪些知识？

问题1：图1－29中老师做引体向上时，拉单杠的力为$F_{拉}$，自身重力为G，但脚没有离开地面，则老师对地面的压力为多大？

问题2：如图1－31，重为600 N的人站在轻质木板的A点，木板可以绕O端上下转动，$OA=2OB$。要使木板静止于水平位置。

1. 请画出杠杆OA在A、B点受到的力。

2. 分析两个定滑轮的作用。

3. 人对杠杆A端的压力F_A为多大？

4. 求出人需要对绳子施加的拉力F_B。为配合图1－31的理解，教师演示自制装置（图1－30）。

问题3：图1－28可以简化为什么样的杠杆模型？

共同讨论后画出图1－32。

（再问1）图1－32做了哪些近似？

（再问2）要知道图1－28中的人需要多大的力将自己拉起，还需要测量哪些物理量？

（再问3）请赋值、作图计算。

图1－28

图1－29

图1－30

问题情境是常见的一种群众性健身器材——坐拉器（图1－28），它是由杠杆组合而成。本节课中，老师以坐拉器为研究对象，组织对杠杆的复习，重点是力的相互作用及杠杆平衡条件的应用，具体要求是估算人需要多大的力才能将自己拉起来。

他先创设图1－29拉单杠的情境，分析人体的受力，这里涉及单杠对人体的作用和地面对人体的作用。如同人在坐拉器上，手受到向上的拉力，同时人还受到座椅的支持力；接着老师用实验室的杠杆对人在坐拉器上拉起自己的过程进行模拟（图1－30），完成初步建模（图1－31）；为了估算人大约需要多大的力才能将自己拉起来，结合前述的力学分析及实验，构建了如图1－32的物理模型，再利用杠杆平衡条件对所需的拉力进行了估算。

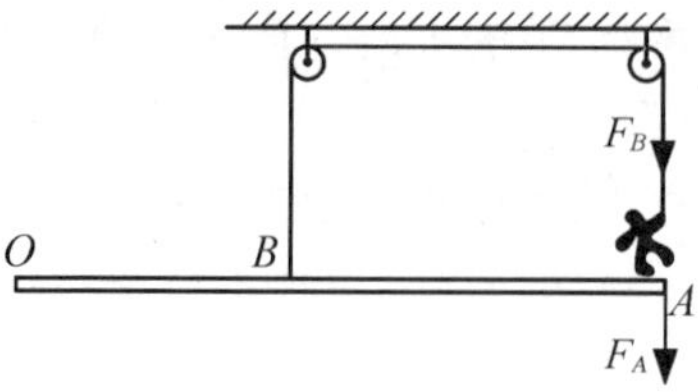

图 1－31

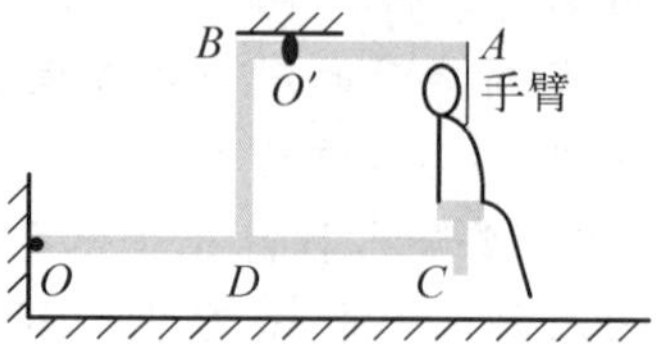

图 1－32

归纳老师的授课思路，他为学生设计了如下的学习进阶：生活中的健身器材“坐拉器”——拉单杠——实验探究——物理建模，利用实验探究逐步完成建模和运算，使学生更好地理解力的相互作用和装置中的杠杆结构，应用杠杆的平衡条件解决实际问题。

科学的产生需要形式逻辑体系和系统实验。从思维方式上说，形式逻辑体系也可以归结为形式思维，亦称“形式逻辑思维”，是抽象思维的一种。它广泛地运用于自然科学，主要特点是以客观对象的实证性知识为依据，这些知识既可以是在自然状态下通过观察获得的，也可以是在实验中通过精确测量获得的。遵循同一律并用形式逻辑的方法对形式性的逻辑符号进行操作，从而获得用形式逻辑表达的抽象思维成果。如我们通过探究得出欧姆定律、牛顿第二运动定律，用规定的、赋予意义的物理符号做出公式表达。因此，在物理学习中，实验和理论推理是必不可少的。

思维是一个系统的结构，思维的培养要符合学生智能发展的特点。林崇德先生研究认为，整个中学阶段，中学生的思维能力迅速地得到发展，他们的抽象逻辑思维处于优势的地位。但初中生和高中生的思维是不同的。在初中生的思维中，抽象逻辑思维虽然开始占优势，但是在很大程度上，还属于经验型，他们的逻辑思维需要感性经验的直接支持。而高中生的抽象逻辑思维，则属于理论型，他们已经能够用理论做指导来分析综合各种事实材料，从而不断扩大自己的知识领域。抽象逻辑思维是一种通过假设的、形式的、反省的思维，具有以下五个特征：一是通过假设进行思维。思维的目的在于解决问题，问题解决要依靠假设。二是思维具有预计性。通过思维的预计性，在解决问题之前，已采取了一定的活动方式和手段。三是思维的形式化。从中学开始，在教育条件的影响下，思维的成分中，逐步由具体运算思维占优势发展到形式运算思维占优势。四是思维活动中自我意识或监控能力的明显化。五是思维能跳出旧框框。在思维过程中，中学生追求新颖的、独特的因素，追求个人的色彩、系统性和结构性。由此可见，初中学生已经具有探究意识和初步的探究能力，他们思维的独特性和结构化也需要通过探究才能进一步培养。

目前，义务教育阶段的物理是从初二年级开始开设，这与学生的思维发展阶段是有关系的。中学生抽象逻辑思维的发展是存在着关键期和成熟期的。在中学阶段，抽象逻辑思维已占主导地位，但这种抽象逻辑思维，又分两种水平：一种需要具体经验的支持，属于经验型的抽象逻辑思维；另一种则是从具体上升到理论，又用理论指导去获得具体知识的过程，即既包括从特殊到一般的归纳过程，又包括从一般到特殊的演绎过程，属于理论型的抽象逻辑思维。一般来说，初中阶段多见经验型，高中阶段则多见理论型。但这个转化，并不是以初、高中划线，而是从初二年级开始，他们的抽象逻辑思维开始由经验型水平向理论型水平转化，到高中二年级，这种转化初步完成。初中二年级明显表现出飞跃、突变和两极分化；高中二年级则趋向定型。前者是一个关键年龄，后者意味着思维趋向成熟。所以，从初二年级开始的物理学习，应该为学生的思维发展提供基于经验、基于实践的重要路径。实证研究证明，学生在不同年级段的思维发展具有不同的特征，具体如表 1 - 6。

表 1 - 6

年级	6—8 年级	9—12 年级
典型的年龄特征	对抽象的、假设的以及与事实相反的情境的逻辑推理能力日益增强。具有检验假设、分离和控制变量的能力，尤其是在成年人提示如何进行的情况下；结论有时会受证实偏向的影响。理解和处理比例的能力日益增强。	数学和科学中的抽象思维能力更强。对科学方法日益精通（例如，形成和检验假设、分离和控制变量）；证实偏向的效应仍然很明显。更擅长解释。

物理学属于自然科学，物理的学习遵循科学产生的规律和学生思维发展的特点，在初中物理学习中，我们应尽可能地呈现直观的现象和证据，利用问题链引导学生逐步构建形式逻辑体系。

因此，初中物理教学中要重视实验探究，同时要以问题链的方式设计恰当的学习进阶，以培养学生的科学思维，促使学生逐步形成物理观念。我把这种教学方式称为“初中物理探究教学”。

2. 实施探究教学的实践意义

物理学自从诞生之日起，就与实验是分不开的。物理学作为一门独立的学科是以伽利略的落体实验为标志。伽利略的成功之处，不仅在于找到了正确的落体运动规律，更重要的在于创立了把科学受控实验与数学、逻辑推理结合起来的科学研究方法。爱因斯坦对此进行了高度的评价：“伽利略的发现以及他所应用的科学的推理方法是人类思想史上最伟大的成就之一，而且标志着物理学的真正开端。”

2018 年 12 月 10 日，南京师范大学和江苏省教研室联合召开“刘炳昇物理教育思想研讨会”。会上，已经八十高龄的刘炳昇先生专门就中学物理教学问题谈了自己的看法。刘教授出示了一张 20 世纪 80 年代末带领南京师范大学的学生组成的物理实验表演队来到一所小学表演时的照片（图 1 - 33）。

图 1 - 33

操场上黑压压的一片，挤满了全校的学生。学生们个个瞪大眼睛、伸长脖子甚至是张大嘴巴，目不转睛地观看表演。但凡精彩现象发生，台上台下欢呼雀跃。每当主持人提出一个问题，台下的小手儿举成一片，争相回答。尤其是邀请某些学生参与实验时，无一不是兴冲冲飞奔而来。刘教授说："孩子的眼中充满了兴奋与期待。他们多么希望有一种能满足好奇心、富有创造性的学习平台！然而，很多学校和家庭，给孩子们带来的却是好奇心的逐渐破灭。我期待物理课程改革给孩子们带来希望，还他们幸福成长的童年。"这张经过岁月洗礼的老照片记录了老一辈物理人对物理教学的追求，同时也表达了他们的心声：还物理教学本来的应然面貌。

2018 年 7 月 12 日，"江苏人民教育家培养工程"培养对象在南京大学培训期间，第一场学习报告是中科院院士、超导电子学家、南京大学吴培亨教授所作，吴先生当时已经八十二岁，整场报告历时 3 个小时，先生是一直站着，娓娓道来。令人钦佩的是，先生用极其通俗的语言把那样高深的专业知识说得那么清楚。报告之余，先生还就培养科技创新人才提了几点想法：教师不能只喜欢乖孩子，这可能会扼杀孩子的创造性。从知识教育层面上，基础教育要注意培养学生宽阔的学科视野，不同学科的人知识结构、思想方法及看问题的角度都是不一样的。从技能层面上，要注意培养学生从不同角度深入细致的观察能力，要注意培养学生实践和动手能力。

2019 年 7 月 12 日，"江苏人民教育家培养工程"培养对象又一次来到南大，参加集中学习，有幸聆听了时任南京大学副校长的陆延青教授所做的专题讲座《"极度饥饿"的新工科》。陆教授在讲座中指出，为达成"中国制造 2025"的科技创新目标，实现中华民族的伟大复兴，我们需要大力发展新工科。

陆教授说，新工科是理科和工科的完美结合，理和工，不能偏颇，需要找到一个中间态，诺贝尔奖就是理工结合的奖。新工科比科学更工程，比工程更科学。目前，世界主要发达国家都在进行针对新工科的教育变革。新工科的教学方法重构的核心是构建基于以项目为中心的方法体系。不仅重视知识的获取，而且重视应用知识的能力。陆教授强调，项目是学习制造、发现、系统和创造力的主要工具，项目有助于促进学生从团队技能到人际关系技能再到领导能力提升。在开展教学活动时，通过充分考量学生个体的认知风格、学习方式等的差异，选择最适合学生个体发展的学习方式，引导学生积极参与，激发学生的主动探究与自学能力，采取项目学习、小组学习、团队合作、信息化教学、智慧学习等手段，为学生成为引领未来工程发展的领导者奠定基础。在讲座中，他特别倡导李吉林老师的情境教育，李老师的情境教育曾经获得 2014 年国家教学成果特等奖。胡金波对情境教育的评价是：情境教育是充满生气、富有灵气、彰显大气、勃发朝气的教育；是源于实践、始于问题、系于想象、成于实验的教育；是值得品味、可以复制、能够推广、适合操作的教育。从教育的角度而言，这是培养新工科人才需要的教育模式，也是基础教育应该采用的模式，以激发学生的兴趣和求知欲望，在实践中培养未来需要的人才。

再观初中物理学习，我们所开展的探究，也是依托具体的任务所开展的学习，而且苏科版初中物理教材更是在每一重要章节的结尾一课，以“综合实践活动”的方式倡导项目学习，使得我们的学生经历探究，在探究中解决问题，获得规律，培养能力，并解决实际问题，从生活走向物理，从物理走向社会。

无论是物理学的诞生，还是从事物理教育研究的前辈们的期望，或是基于培养科技创新人才的需要，物理教学应该回归它本来的应然面貌，应重视探究教学。初中物理探究教学应以创设问题情境为切入点，以实验为基础，以培养学生思维能力为核心，以提升学生的探究能力为重点。

如今，基础教育的研究也逐步走向深入，基础教育的改革和走向已经上升到国家战略的高度。2019 年 6 月，中共中央国务院颁布了《关于深化教育教学改革　全面提高义务教育质量的意见》，明确提出优化义务教育阶段教学方式的要求。坚持教学相长，注重启发式、互动式、探究式教学，教师课前要指导学生做好预习，课上要讲清重点难点、知识体系，引导学生主动思考、积极提问、自主探究。融合运用传统与现代技术手段，重视情境教学；探索基于学科的课程综合化教学，开展研究型、项目化、合作式学习。归理意见精神，对指向学科核心素养的学习方式变革提出了明确要求，探究教学作为推进走向“注重思维的深度学习”“面向真实的体验学习”“强调融通的跨学科学习”均具有重要意义。

第二章　初中物理探究教学的实践研究

我对初中物理教学有意识的研究是始于1999年开始的第八次课程改革，那次的课程改革倡导学习方式和教学方式的转变，改变课程学习过于注重知识传授的倾向，强调形成积极主动的学习态度，使获得知识与技能的过程成为学会学习和形成正确价值观的过程。就初中物理的学习而言，即倡导科学探究，注重概念的建构。在理念的指引下，我对初中物理课堂教学的研究逐渐聚焦于探究教学。

为提高探究教学的效度，自2009年起我和团队一起开展了“学生科学探究行为的评价”“初中物理‘行为课堂’的构建”“指向物理学科核心素养的单元设计”三项省级规划课题的研究，这三项研究是一个连续渐进、从局部到整体的过程，也是不断解决研究中发现的问题的过程。通过研究，我们给出了初中物理探究教学的实施方案。

因为探究教学是否有效，需要有评价的着眼点和评价的标准，于是我们提出对学生的“探究行为”进行评价，我们制定评价标准的依据是课程标准，这也是为了促进基于标准的教学。而评价只是教学的一环，那么我们就需要考虑“探究行为”的先行设计、有效导引、课堂组织和科学评价，从而构建以“探究行为”为核心学习行为的初中物理课堂。具体到学生学习，探究行为是伴随着具体的探究任务而展开，探究行为的发生需要有恰当的载体，所以，我们需要考虑如何保证：目标设置的科学性、探究任务的合理性、载体设计的适切性，以期达成能力培养的连续性，促进学生科学素养的提升，这里需要考虑的就是“单元设计”技术。

写这本书时，我对探究教学的实践研究已经进行了20年。回想当初，再思现下，随着学科核心素养的提出，从技术层面，单元设计成为撬动课堂转型的杠杆；从理念层面，深度学习成为课堂教学的追求。课堂教学所倡导的：追求高认知——教要促进学生理解；追求高投入——学生的学习要聚精会神；要创设真实的情境与任务——在解决问题中培养学生的实践应用能力，体现知识的价值。这与第八次课程改革的思想和理念是一脉相承的，教学改革历经多年，课堂教学的追求始终未变，即怎样交给学生有用的东西。图2-1照片是在2016年无锡市理化生乡村骨干教师培育站的课堂上拍摄的，照片中孩子们正在进行探究，他们细致观察的眼神、探究时喜悦的神情让我感动，这才是我心目中的课堂。也正是对探究教学实现路径不断的实践、探索和思考，才使我对探究教学有了更深的认知。

图 2-1

第一节　指向学生探究行为的研究

探究教学的目的是培养学生的探究能力和科学思维，"目标性""问题性""过程性"和"学生为主体"是探究教学的基本特征。重视实验探究，同时要以问题链的方式设计恰当的学习进阶，以培养学生的科学思维，促使学生逐步形成物理观念，是探究教学的基本内涵。

在实际教学中，我们要处理好"明确的教学目标"与"有限的课时教学时间""开放的教学样态"之间的关系，才能提高探究教学的效益。从教学实施的策略而言，课堂教学是遵循一定流程而设计的任务解决过程，与此一致，探究教学也需要考虑合适的流程；课堂教学是需要一定资源来支撑的过程，与此一致，探究教学也需要考虑载体的设计；课堂教学有它的路径选择，与此一致，探究教学也需要考虑基于探究任务的目标、内容和评价的设计。

在课堂教学改革中，最为重要的是学生学习方式的变革，关注的核心应是学生的学习行为。基于课程标准的要求、苏科版初中物理教材的结构及我们的实践，我们认为"探究行为"是初中物理核心的学习行为，我对学生"探究行为"的界定是"初中物理学习中有目的的探查活动和体验行为，具体指有目的的实验、研讨或思维的交流活动"。基于这样的思考，我们围绕学生的"探究行为"开展了系列的实践研究。研究始于个人对提高探究教学效益的尝试，随着实践和学习的深化，逐渐着眼于学生的探究行为，从探究行为的评价入手，到课堂教学中探究行为的先行设计、有效导引、课堂组织和科学评价，逐步提出构建以"探究行为"为核心学习行为的初中物理课堂。同时对教师需要具备的学科教学能力也提出了要求，如教师需要具备的文本研读、载体设计、评价能力等。

1. 思考实验载体和科学探究流程的改进

2000 年，在李明先生的指导下，我参加江苏省优质课比赛，执教“比热容”，现在还清晰地记得开场白，先是出示一幅自绘的卡通画，然后说道：“炎炎夏日，烈日当空，当我们赤脚走在沙滩上，会有什么感觉？当我们跳进水里，会有什么感觉？”

当学生说出“沙子烫”和“海水凉”后，我引导学生开展物质吸热后温度变化的探究。教材提供的装置与图 2－2 基本一致，用这套装置给学生实验，存在着诸多不便，且操作上需要把握技巧。如沙子要干、加热时要慢慢搅拌；读数时，要等到温度计上升到 30 ℃ 以上，得出的数据、作出的图像才近似符合水和沙子升高的温度与加热时间成正比。于是尝试改进这个实验，李明先生的建议是“教材提供的是原理图，上课一定要根据实际需要”。他的这一想法也改变了我对教材的认识，一位好教师要懂得用教材，而不能仅仅是教教材。他提出了两点理由：一是作为学生探究实验，如果因为技术问题交待过多或学生不能很好地完成实验，则必然会影响学生对问题实质的探索；二是用酒精灯做热源，在那么多人听课的环境下，是不适合的。这也使我意识到探究是需要载体的，其中最重要的是实验载体，因为物理学是一门实验科学。实验改进的设想是尝试改变热源，采用电热或者其他热源，并设法减少热损失，于是选用了量热器，组装了如图 2－3 所示的探究装置，并经过实验取得了不错的效果。

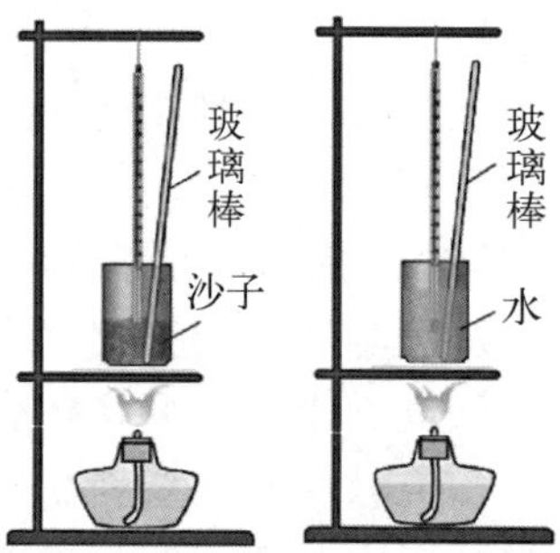

图 2－2

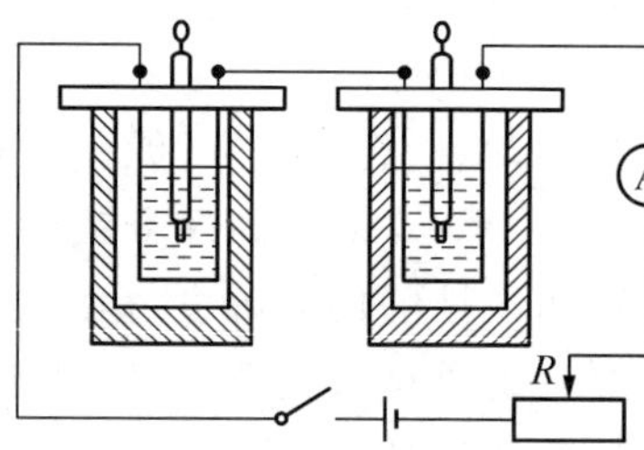

图 2－3

解决了实验载体后，必须要考虑如何构建科学的探究流程。当时的设想是需要体现物理的新课程理念“从生活走向物理，从物理走向社会”。于是设计了下面的授课思路。

案例 5 “比热容”的探究(一)

引入：（出示一张手绘卡通图片）炎炎夏日，烈日当空，当我们赤脚走在沙滩上，会有什么感觉？当我们跳进水中，会有什么感觉？

猜想：水和沙在太阳照射下升高了不同的温度，这一现象是否说明：不同物质吸收相同热量后升高的温度可能与物质种类有关？

实验设计：取质量相等的不同物质，如水、煤油，放在量热器中，通电加热相同时间，比较升高的温度。

进行实验与收集证据：

① 得到质量相同的水和煤油吸收相同热量后，水升温慢。

② 画出相等质量的水和煤油温度变化与吸收热量的图像(成正比)。

分析与论证：

① 推理得出质量相同的水和煤油升高相同温度，水需要吸收的热量更多；

② 依据图像经数学分析得到：一定质量的同种物质，吸收的热量与升高的温度成正比；质量相同的不同物质，吸收的热量与升高温度的比值是不相等的。

依此给出比热容的定义：单位质量的某种物质吸收的热量与升高的温度的比值。

并界定概念内涵：比热容反映物质吸收、放出热量的能力。

应用：海陆风的形成原因。

比赛结束后，在日常教学中执教“比热容”时，出现一个矛盾的问题，量热器由于是非常用器材，当全年级需要进行实验探究教学时，安排上出现较大困难。于是根据实际情况，对本课的教学进行了进一步的改进，基本的教学设计思想是：改进探究实验，在尊重编者所确立的“探究思想”的前提下建构“身边的物理”，采用更为科学的探究流程，让学生获得知识、技能、情感与态度等方面的发展，特别是获得能力发展和深层次的情感体验，获得解决问题的方法。

案例6　“比热容”的探究(二)

提出问题——科学探究的前提

问题引入：美丽的江南水乡——无锡已步入冬季，夜晚睡觉时，辛劳了一天的妈妈常给我们准备好热水袋。关于热水袋，你了解多少？

① 烧水时，水吸收的热量与水的质量有什么关系？与水温升高的多少有什么关系？

② 使用热水袋的目的是取暖，热水袋里装的是水，可以换成相同初温、质量的煤油或沙石吗？

从生活走向物理是课程的理念之一，学生能根据生活经验对问题做出合理的判断。

猜想——科学结论的先导

问题引入：由此你认为物质吸收(或放出)的热量的多少除了与物质的质量和温度的变化有关外，可能还与________有关。

学生能猜想到物质吸、放热可能与物质种类有关。

制定计划与设计实验——科学探究的具体化、程序化

从猜想中直接引出探究课题:物质的吸热与物质种类有关吗?

问题导引1:选择何种物质作为研究对象比较科学?在探究时,还应注意哪些问题?

师生共同讨论得出:选择水、干沙既可满足"不同物质",又可使探究对象更具普遍性,因为地球表面的主要组成物质是"水、土、沙";在探究时采用"控制变量法",使水、沙的质量相等,因为质量也是影响吸热的因素。

问题导引2:如何探究物质的吸热与物质种类有关(请提出两种方案)。

学生经讨论后提出:一是让质量相等的水、干沙吸收相等热量后,测量温度变化;二是让质量相等的水、干沙升高相同的温度,比较加热时间。

问题导引3:根据方案设计器材。

抽取方案中的共性后不难得出需要热源、温度计、质量相等的两种物质、天平等器材。

问题导引4:教材装置(图2-2)可否完成本次探究?本套装置有何缺陷?该如何改进?

学生基本能找到如下缺陷:酒精灯热源具有污染性和不稳定性,沙子升温不均匀等。

改进设想:一是用电热源或热水做热源,二是减少沙量增大沙的相对受热面积,使用搅拌棒,使沙的内部温度很快一致。得出本次操作可用如下器材取代:直径为20 mm、长为20 cm的试管两支,沙和水,带孔橡皮塞两个,温度计,一次性塑料杯一只,开水。

进行实验与收集数据——科学事实是进行科学分析的根据

实验步骤:用天平称出15 g沙,用量筒量出15 mL的水,分别装入试管中;用带孔的橡皮塞插上温度计插入沙和水中;在塑料杯中倒入适量热水,将两试管同时放入杯中同等深度(以热水浸没沙面为准)10 s,读出沙和水的温度。

表2-1 数据记录(摘选)

物质	质量/g	初温/℃	末温/℃	吸热时间/s
水	15	11	21	10
沙石	15	11	28	10

误差分析:水、沙的热传递方式不同,但水在形成对流前热传递的主要方式是传导,控制放入热水的时间是让水和沙吸热期间的传热方式相同。

实验反思:本实验所得数据能较好地反映问题,且操作简单,学生基本能独立完成;需要的物质量较少,干沙较易收集;操作时应注意使用温度较高的热水(80 ℃以上),使热水与待研究的物质有较大温差。

分析与论证——实验后的思考比实验本身更重要

问题导引1：若要使质量相同的水、沙石均升高相同的温度，该怎么办？

学生不难得出应对水加热更长的时间。

问题导引2：水和沙石谁的吸热能力强？

学生也不难得出相同质量的水吸热多，故而吸热能力强。

问题导引3：如何科学地比较不同物质的这种特性呢？

实际授课时会发现学生较难用物理语言组织，可以类比密度概念的建立进行启发：

① 出示两份表格。

表2-2

物质	体积	质量
水	相等	不等
铁		

表2-3

物质	质量	温度变化	吸热
水	相等	相等	不等
沙石			

② 得出：可采用比较单位质量、升高1℃的水和沙吸热多少来比较它们的吸热能力。

通过类比不仅可以建立比热容概念，同时可让学生意识到比热容同密度一样属于物质的基本属性。比热容的定义及常见物质的比热容，让学生自读课本相关内容进行解决。

应用——体现知识的价值

知识应用体现从物理走向社会，同时也渗透“科学是一把双刃剑”，培养辩证的科学观。

① 依据水的比热容较大的特性，举例说明它在工农业和日常生活中的应用。

② 太湖美，美就美在太湖水。无锡，一个充满温情和水的城市，“小桥流水人家”是记忆中的江南。资料显示：从70年代到90年代无锡的昼夜温差呈增大趋势，现在又有所减小。请在课后作进一步的调查，并分析为什么。

在对比热容的教学进行不断的改进后，个人认为，科学的探究流程需确保学生的探究经历，能切实培养学生的探究能力。

(1) 科学源自对生活的理解与感悟

杨振宁在与中国科技大学学生交流时曾说过这样一段耐人寻味的话：“科学原理是浅显易懂的……真正需要探寻的东西其实就在我们的身边，最伟大的发现往往来自最平凡的认知。”从这段文字中我们不难看出：科学源自对生活的理解与感悟。作为科学课程之一的物理学研究的是自然界最基本的运动规律；而自然界中的物理现象蕴藏着无穷奥秘。这两方面的客观存在与结果是建构初中物理新课程的关键，也是物理新课程设计的起点。这就要求教学的设计能设法让学生体会到“生活的物理，社会的物理”，总之一个有血有肉的活生生的物理，而并非“书本上的方块字”和实验室中“冷冰冰的仪器”。这种设计的理念与教材的内容体系并无多大关系，因为教材提供的只是值得借鉴的一种探究模式。关键是要联系学生实际，科学重组教材结构，再赋以新的理念。我在设计此课时“时已近冬，天气渐寒”，以“热水袋”作为探究起点则易激起学生思维，而“太湖”作为无锡的母亲湖养育着千千万万的太湖儿女，以“太湖美”作为课程设计的延伸点则体现了科学的价值，设计中关注了人性情感的渗透，如“辛劳的母亲”“小桥流水人家”的江南水乡，真正体现“生活即物理”。

(2) 探究源于对问题的发现和解决

原人教版初中物理教材主编张大昌先生曾说：“没有问题就没有探究的根本和必要。”爱因斯坦认为：“提出一个问题比解决一个问题更重要。”成功的“科学探究”要使学生既能学到科学概念，又能发展科学思维能力，需在课堂上保持学习者强烈的好奇心和旺盛的求知欲，具体操作时应遵循科学研究的基本规律——源于问题，解决问题。我在组织学生探究时先从现实生活中选择和确定研究主题——“热水袋里装的是水，可以换成相同初温、质量的煤油或沙石吗?”再以问题为导引，在教学中设法创设一种“类似于学术研究的情境”，并通过实验设计、操作、收集与处理信息、表达与交流等探究活动让学生自主、独立地发现问题和解决问题。

(3) 流程源自对实践的反思和改进

这里的反思有两层涵义：一是科学的探究流程的建构需要作为组织引导者的教师根据实践进行反思；二是科学结论的获得需要作为探究主体的学生进行反思。本课“制订计划与设计实验”环节之所以与书本有较大变动，原因是我在授课时发现，书中所提供的实验操作确实较为繁琐，而且所用的探究课题“比较不同物质的吸热能力”较为抽象，学生往往会回答“干沙的吸热能力强，因为干沙的温度比水的温度升得快”，这一问题若不解决势必影响科学的探究流程的构建，影响课堂教学的效果。所以我在授课时，一是让探究课题更为显性化；二是在探究中引导学生反思书本实验的缺陷，设计更为合理的探究实验，再利用探究后的结论引导学生比较“不同物质的吸热能力”。

2. 探寻提高探究教学的实施效度

2002 年，在广东省小榄镇参加全国物理新课程教学研讨会，在孙建生先生的指导下，执教“电阻”一课。当时，教材中的问题引入是采用横截面积和长度相等的铜丝、铁丝和小灯泡串联，通过观察灯泡的亮度来说明不同导体导电能力不一样，但实际效果是几乎看不出灯泡亮度的区别，在经过多次尝试后，选取不锈钢丝和铜丝并将它们固定在一块小木板上，制成简易的、可以让学生进行分组探究的比较装置，效果很好。为了让学生更好地理解滑动变阻器的原理、构造，自制了可拆解的滑动变阻器模型，和学生一起探究滑动变阻器的原理和改变电阻时的连接方法。后来这节课被录成光盘，附在教学参考书中发行。当时，人民教育出版社邀请时任江苏省锡山高级中学校长、特级教师朱世雄先生点评这节课，他在点评中指出："这节课很好地体现了新课程理念，渗透了探究思想，教师通过自制的系列实验器材，使得学生的探究真正发生。"这也再一次说明，探究教学中实验载体设计的重要性。

结合电阻的教学实施，我体会到，探究教学是学生在教师的组织、引导下，通过独立的探索和研究，创造性地解决问题，从而获得知识和发展能力的一种教学方法。鉴于初中学生的物理基础知识体系还不健全，他们的头脑中还存有许许多多不科学的前概念，因而在课堂教学中实施探究教学，若忽视物理基础知识的建构而谈能力的培养，则绝不亚于建造空中楼阁。最佳的做法应是将丰富多彩的科学方法渗透于具体的某一课题之中，以具体的物理知识为载体，以能力发展为目标，使得学生的探究真正发生，才能提高探究教学的效度。现结合"电阻"一课的教学稍作阐述。

(1) 课题的呈现——巧引

"电阻"一节的主体内容由"电阻""变阻器"组成，编者的实施建议是通过探究"导体对电流的阻碍作用"认识电阻，通过实践学会使用滑动变阻器改变电流、电压。为达成本课的教学目标，切实培养学生的实践能力和创新思维，我将课题定为"导体的奥秘"，实际授课时逐级呈现以下的四组问题(或任务)，引导探究。

第一环节：打开探究之门。组织学生收集、观察家用电线并提出思考：普通导线为什么多用铜制成？

第二环节：探究与发现。引导学生探究并发现导体对电流有阻碍作用，在完成"电阻"的知识建构过程中打开创新之门：如何利用导体制作可变电阻器件？

第三环节：创新与实践。重组教材内容，组织学生思考如何设计变阻器件并进行操作实践，变单一的技能培养为创新意识的建立与实践能力的培养。

第四环节：拓展与延伸。多维度构建课堂小结，并对下一步探究方向做出设想：电流、电压、电阻间究竟存在何种关系？使课堂得以延伸。

笔者认为，确立和完善课题时，教师要充分发挥组织、引导作用，实现学生"变学为思""变学为悟"，从而调动起学生探究的主动性、积极性。同时应考虑学生的物理基础，设置合理的问题进阶，较合适的做法是由教师根据教学内容，从学生已有的知识建构中逐步引出所要探究的课题。

(2) 课题的探究——换位

课题探究的过程主要安排如下。

环节二：探究与发现

① 探究粗细、长短都相同的铜丝、不锈钢丝的导电情况。

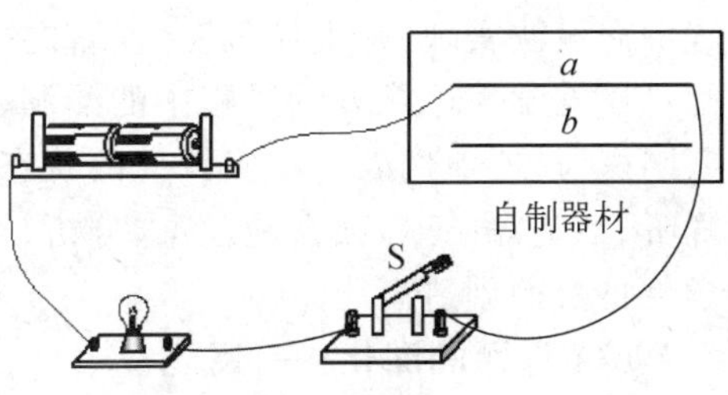

图 2-4

学生设计实验、选择器材并操作(图 2-4)，通过观察灯泡的明暗去推断电流强弱，并发表见解：粗细、长短都相同的金属丝导电能力跟导体的种类有关；不同导体的电阻可能不同。

课堂实效：学生通过实验、观察、比较、分析，确认导体对电流有阻碍作用，并会用实验的方法来比较导体电阻的大小，从而初步突破“电阻”这一教学重难点。

② 了解电阻

组织学生研读书中的“电阻”框（表 2－4），并积极鼓励合作探究和对有效信息进行收集。学生经过交流，对框表中所列的几种导体在一定条件下的阻值数据提出猜想：导体电阻除与材料有关外，还与导体的长度、横截面积及温度有关。

表 2－4　一些导线在 20 ℃时的电阻值(长 1 m,横截面 1 mm²)

导线材料	银	铜	铝	钨	铁	锰铜（铜、锰、镍的合金）	锰铜（铜、锰、镍的合金）
电阻/Ω	0.016	0.017	0.027	0.052	0.096	0.44	1.1

课堂实效：学生成功地进行了有关“电阻”的知识建构，并打开了新的探究之门。

③ 探究导体电阻的大小跟它的长度有什么关系？

学生设计实验、选择器材并操作（图 2－5），观察灯泡亮度的变化。学生发现：导体长度越长则电阻越大。教师组织讨论本次发现的意义：某段电路中的电阻可以改变，做法之一就是改变导体接入电路中的长度，可根据导体的这一特性制作“可变电阻器件”。

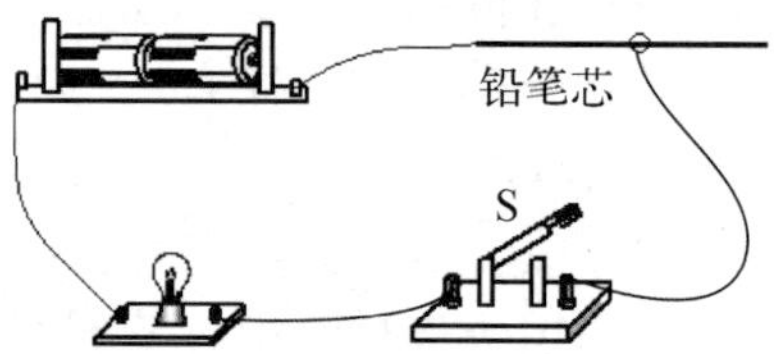

图 2－5

课堂实效：使课题得以深化并打开创新之门。

环节三：创新与实践

创新课题：设计一种可以改变电路中电阻大小的器件。

师生互动探讨材料选择，师生合作“制作”变阻器模型。

课堂实效：大部分学生学会了设计制作滑动变阻器，并为了解其他变阻设备的原理、进行滑动变阻器的连接打下了基础，领悟到“探究的意义在于发现与创新”。

探究教学的核心是探究，学生是探究的主体。依笔者的经验，要获得实效，探究过程中需设法实现“师生换位”。换言之，探究的主体过程应由学生完成，而不是教师。教师可根据学生思维展示过程中的漏洞、偏差并不失时机地加以点拨，同时启发其他学生共同探讨，使他们处于积极探究的状态之中，主动地动脑思、动手做、动口议、动眼看、动耳听、动笔写（算），独立地观察、分析、类比、联想、辨析、归纳等，以便最大限度地发挥出学生自身的创造潜能。

(3) 课题的深化——反思

笔者发现，由于学生个体的差异，总体探究完成后，学生或多或少地还存在着某些困惑。如:导体一定有电阻吗?有电阻就一定有负面影响吗?滑动变阻器的接法只能是“一上一下”吗?变阻的最佳方式一定是改变导体长度吗?此时,有些“聪明”的教师往往喜欢给出严密而科学的解释,孰不知这种“聪明”正在扼杀着“怀疑的种子”,扼杀着“创造的天才”。解释是“科学的”,但做法确实是极不科学的。数学家笛卡儿说:“怀疑本身就是方法”;爱因斯坦就是从怀疑牛顿的绝对时空观入手,才创立狭义相对论的;李政道、杨振宁通过怀疑宇称守恒定律的普遍性才着力研究弱相互作用下宇称不守恒并获得成功的。

依据笔者的实践经验,欲深化探究课题,惟真正尊重学生的主体地位,倡导“怀疑”,引导学生共同进行“反思与感悟”,才是一种行之有效的做法。现代教学论也认为,反思是督查、检测、调整的重要举措,感悟是实现知识迁移、能力内化的必由之路。

在做上述的实践研究期间,我是在无锡市石塘湾中学工作,学校生源为乡村学生,带班又多,又做教务工作,工作压力大,考试成绩又不能差。唯一的想法是学生能不能主动找我来问问题,这样,如何在课堂上吸引学生并提高学生对物理学习的兴趣自然就成了必须考虑的问题。于是精心设计每一节课的实验和问题,自制了很多教具,每一堂课均用一张小黑板写上这节课需要重点思考和解决的问题,引发学生的思维,组织探究活动。一张小黑板写不了多少问题,所以我必须考虑使问题尽可能地精准并具有关联性,后来回想,这些正是我对探究教学中关于如何设置“问题链”、避免课堂教学中填充式问答的最初思考雏形。

综上所述,在探究教学的前期研究中,我主要的研究是基于课程标准的理念,解读教材的结构,思考探究教学的流程设计及提高探究教学的效度,更为微观的思考是探究教学中“实验载体”的改进和“问题设计”。这些主要还是立足于教的思考,真正立足于学的思考,是自 2005 年 8 月以后的研究。但是,也正是立足于教的思考,让我对课程标准有了更加深入的实践认知,学会了如何围绕核心任务,将教材结构转变为学生可学的方式,在实验设计上有了基于实践的提升。而这些努力也为带领团队,围绕探究教学开展更为深入的研究打下了基础。

在这里,我要特别感谢已逝的原石塘湾天授初中的李金海先生。先生是自学成才的老一辈物理教师,对教育一腔热情,对学生的学习指导极其细致,对青年教师的成长也极为关心。教育本身是促进孩子成长的事业,面对的是个性化、有差异的生命个体,其实众多的教学理论,归根到底的研究都是“我应该知道我的学生教学起点并因此组织教学”,这就需要我们教育人对学生有细致的了解,包括知识基础和身心特点,因材施教的背后需要教育人的实践付出,这是无论哪本教学理论都不能给你的,只有自己去亲身实践。在新课程改革启动之初,李金海先生退休后借调到无锡市石塘湾中学,主持青年教师培养,他的努力正如熊川武先生所说:“利用探究的文化氛围使教师自觉自愿地进行研究性活动,把自己的教学实践变成分析性实践。如此日久，作为研究者的教师不仅肩负自己的职责，而且也审视自己，他们远离即时的冲突，三思而行，对正在发生的事情有更广阔的视野，这是从事教学改革的一线教师的实践之路。”

3. 学生科学探究行为的评价研究

2005 年 8 月，我调入江苏省锡山高级中学工作，感受到学校浓郁的教育科研氛围。2006 年 9 月，时任学校校长的唐江澎先生在全校开设“有关教学目标的叙写”学术讲座，全校上下投入到“有效教学”的系列课堂教学实践研究活动中。2010 年，学校又启动了百万百卷读书活动。唐校长说：“教师首先应该是一位学习者，起码应拥有丰富的学习体验”。也正是这样的研究、学习氛围使我对探究教学的实现路径开始系统思考。

我逐渐意识到“实验（情境）——问题——探究”的方式，符合初中物理的学习特点，即通过实验设计具体情境，提出问题，组织探究。初中物理对学生知识要求并不高，展现给学生的更多的是一种基于现象的分析和解决问题的思路，学生学习初中物理需要的是一种“探究行为”，并把“探究行为”界定为“初中物理学习中有目的的探查活动和体验行为，具体指有目的的实验、研讨或思维的交流活动”。

“探究行为”设计的效度如何，需要从经验走向科学。届时学校又开展了“以评价促进学习”的课堂教学改革，鼓励各教研组开展相关的课题研究。于是我们第一次组建课题组，申报了江苏省十一五教育科学规划课题“学生科学探究行为的评价研究”。

课题研究的目标是：通过评价指导学生规划、改进探究行为，促进教师改进探究行为的设计；形成“基于学生的探究行为设计和评价教学”的初中物理探究教学实施方案。课题研究的技术路径如图 2－6 所示。

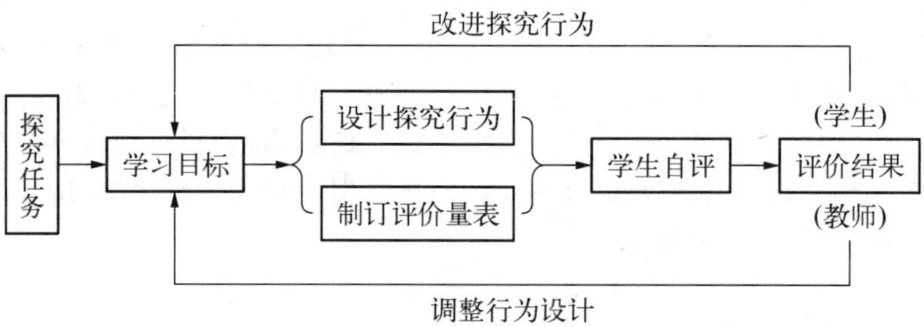

图 2－6

研究中，根据课程标准的要求和教材整体设计意图选定典型探究任务。依据课程标准及学情确定学习目标，依据学习目标设计探究行为并制定学生自评量表和教师观察量表，在教学过程中比对任务目标、完成目标达成效度和探究行为评价。学生通过自我评价发现自身学习上的问题，改进自身探究行为，教师利用评价结果来诊断学生学习中存在的问题，调整探究行为的设计。研究的关键点是任务目标的确定和针对任务的行为设计；重点是行为评价标准的制定，实施评价过程中真实、有效地获取学生行为表现的信息;研究效度的检测方式是同任务目标进行比较。需要说明的是,该路径具有循环性,意味着行为设计和评价具有生成性和需要不断优化。

研究过程中,我们始终聚焦初中物理课堂教学,秉持行动研究的程序与特质,以案例研修为主要推进方式,重点开展了下列研究。

(1) 依托课程标准,确定义务教育阶段物理探究能力培养的基本目标要求

我们对比分析初高中物理课程标准,重点考虑能以行为方式呈现的基本能力要求,并从高中物理学习需要的角度思考,提出能力发展方向(表 2-5)。

表 2-5 基础教育阶段学生科学探究能力发展方向分析表

科学探究要素	义务教育阶段对科学探究能力的基本要求	高中教育阶段对科学探究能力的基本要求	能力发展方向
提出问题	1. 能从日常生活、自然现象或实验观察中发现与物理学有关的问题。 2. 能书面或口头表述这些问题。	1. 能发现与物理学有关的问题。 2. 能从物理学的角度较明确地表述这些问题。	提出物理问题。
猜想与假设	1. 尝试根据经验和已有知识对问题的成因提出猜想。 2. 对探究的方向和可能出现的实验结果进行推测与假设。	1. 能对问题的答案提出假设。 2. 能对物理实验结果进行预测。	形成科学猜想与预测。
制订计划与设计实验	1. 明确探究目的和已有条件,经历制订计划与设计实验的过程。 2. 尝试选择科学探究的方法及所需要的器材。 3. 尝试考虑影响问题的主要因素,有控制变量的初步意识。	1. 明确实验目的和已有条件,制定实验方案。 2. 尝试选择实验方法及所需要的装置与器材。 3. 能确定实验自变量、因变量与无关变量。	制订实验方案、选择实验器材并能选择科学的研究方法。
进行实验与收集证据	1. 能通过观察和实验收集数据。 2. 能通过公共信息资源收集资料。 3. 尝试评估有关信息的科学性。 4. 会阅读简单仪器的说明书,能按书面说明操作。 5. 会使用简单的实验仪器,能正确记录实验数据。	1. 能用不同方式收集实验数据。 2. 能按说明书进行实验操作,会使用简单的实验仪器。 3. 如实记录实验数据,知道重复收集实验数据的意义。	获取重要的特征性信息。

续表

科学探究要素	义务教育阶段对科学探究能力的基本要求	高中教育阶段对科学探究能力的基本要求	能力发展方向
分析与论证	1. 能初步描述实验数据或有关信息。 2. 能对收集的信息进行简单的比较。 3. 能进行简单的因果推理。 4. 经历从物理现象和实验中归纳科学规律的过程。 5. 尝试对探究结果进行描述和解释。	1. 能对实验数据进行分析处理。 2. 尝试根据实验现象和数据得出结论。 3. 能对实验结果进行解释和描述。 4. 认识到对实验数据进行分析论证是必不可少的。	知道利用特征信息归纳物理规律，具有证据意识。
评估	1. 有评估探究过程和探究结果的意识。 2. 能注意假设与探究结果间的差异。 3. 能注意探究活动中未解决的矛盾，发现新的问题。 4. 尝试改进探究方案。	1. 能注意假设与探究结果间的差异。 2. 能注意探究活动中未解决的矛盾，发现新的问题。 3. 吸取经验教训，尝试改进探究方案。	有误差分析思想并能提出改进设想，具有角度性思维。
交流与合作	1. 能写出简单的探究报告。 2. 有准确表达自己观点的意识。 3. 在合作中注意既坚持原则又尊重他人。 4. 能思考别人的意见，改进自己的探究方案。 5. 有团队精神。认识科学探究中必须有合作精神。	1. 能写出实验探究报告。 2. 在合作中注意既坚持原则又尊重他人。 3. 有合作精神。 4. 认识到必须有交流与合作的精神。	寻求更有效的合作方式，乐于接受评估或参与评估。

综合分析上述结果，我们确定了义务教育阶段科学探究能力培养的六项基本的目标要求(以 A、B、C、D、E、F 表示)。

A. 观察与描述：能明确观察目的，简单描述所观察物理现象的主要特征。

B. 提问和猜想：能在观察物理现象或物理学习过程中发现一些有价值的问题，提出问题并做出合理的猜想。

C. 设计和操作：能正确拟订简单的科学探究计划和实验方案，独立或在老师指导下选择实验器材。认识科学研究方法的重要性，能利用控制变量法探究多变量问题；能独立或在老师指导下按照方案正确操作。

D. 信息收集和处理。能积极参与探究，并能利用不同渠道收集信息。掌握基本信息处理方法，会用图像处理数据信息。有对信息的有效性做出判断的意识。

E. 分析与概括。能从物理现象和实验信息中归纳简单的科学规律，能用已知的科学规律去解释某些具体问题。有初步的分析概括能力。

F. 评估与交流。能书面或口头用物理语言表述自己的观点，具有评估和听取反馈意见的意识。有初步的信息交流能力。

（2）基于学生学习，确定苏科版初中物理教材中典型探究任务及能力培养目标要求

我们系统梳理了苏科版初中物理教材中的探究活动，依据初中物理学习中科学探究能力的培养目标要求和构建初中物理知识体系必备的章节重点知识内容，基于学生学习情况调查。选定了教材中待研究的典型任务，其中八年级选定12项典型探究任务，九年级选定11项典型探究任务（表2-6）。

表2-6　苏科版初中物理教材中典型探究任务及能力培养目标要求列表

八年级		九年级	
任务	能力培养目标要求	任务	能力培养目标要求
声音的特性	A	杠杆	C、D、E、F
汽化	A、B、D	功	C、D、E、F
熔化和凝固	B、D	动能　势能　机械能	C、D、E、F
平面镜	B、C、D、E	物质的比热容	A、B、C、D、E、F
光的折射	A、B、C	电路连接的基本方式	B、C、D、E、F
探究凸透镜成像的规律	A、B、C、D、E	欧姆定律	A、B、C、D、E、F
物质的密度	C、D、E、F	综合实践活动：设计和制作一个模拟的调光灯	C、E
摩擦力	C、D、E、F	电功率	A、B、C、D、E、F
二力平衡	C、E	电热器　电流的热效应	A、B、C、E
牛顿第一定律	B、C、D、E	磁体与磁场	A、D、E、F
压强	B、C、D、E	电磁感应　发电机	A、B、C、D、E、F
浮力	A、B、C、D、E、F		

由上述列表可以看出，八、九年级探究能力培养的目标要求具有层进性质，其中八年级更加注重观察和描述、提问和猜想、操作与信息收集、交流与合作；九年级除继续关注前四项以外，逐步关注设计实验、信息处理、分析概括，提倡评估。

（3）制定适于学生自评和教师课堂观察的“科学探究行为评价量表”

针对上述典型探究任务，为促进学生学习目标的达成和评价学生的科学探究行为，我们在学生自评量表的制定上先后经历了“以探究要素定量表”和“以探究任务定量表”两种思路，我们在量表制定时尽可能使量表既能为学生自评使用，也可以作为教师课堂观察使用，从而在实施评价过程中真实、有效地获取学生行为表现的信息。

① 以探究要素定量表(表 2－7)

检测标准依据课程标准提出的“对科学探究能力的基本要求”而确定。评价采用等级制，不做总评，突出单项需要改进之处。

表 2－7　科学探究行为评价量表(样例)

课题：光的反射　年级：初二　班级：________　学生：________

<table>
<tr><th>要素</th><th>等级</th><th>检测标准</th><th>评价等级</th></tr>
<tr><td rowspan="3">提出问题</td><td>A</td><td>根据教师提供的情境提出探究的问题，如什么情况下反射光线和入射光线重合？反射角和入射角有什么关系？入射光线、反射光线是否在同一平面内？</td><td rowspan="3"></td></tr>
<tr><td>B</td><td>能提出一些问题，但不全面，或提出的问题针对性不强。</td></tr>
<tr><td>C</td><td>问题脱离了情境或者提不出问题。</td></tr>
<tr><td rowspan="3">猜想与假设</td><td>A</td><td>能作出与问题相关的猜想，且能说明猜想的依据。</td><td rowspan="2"></td></tr>
<tr><td>B</td><td>能作出猜想，但不能说明猜想的依据。</td></tr>
<tr><td>C</td><td>不能作出猜想。</td><td></td></tr>
<tr><td rowspan="3">制订计划与设计实验</td><td>A</td><td>能选取所需的器材；能制定探究的步骤；明确小组成员间的分工与合作；能明确探究过程中需要重点观察的现象和测量的数据。</td><td rowspan="3"></td></tr>
<tr><td>B</td><td>对所提出的部分猜想能设计实验方案，但不全面。</td></tr>
<tr><td>C</td><td>方案中有错误。</td></tr>
<tr><td rowspan="3">进行实验和收集数据</td><td>A</td><td>操作正确、熟练，现象明显，观察仔细，数据记录完整、规范。</td><td rowspan="3"></td></tr>
<tr><td>B</td><td>操作基本正确，现象不够明显，观察不够仔细，记录不完整。</td></tr>
<tr><td>C</td><td>操作有错误，观察不仔细，无记录。</td></tr>
<tr><td rowspan="3">分析与论证</td><td>A</td><td>能根据收集的证据归纳总结，得出正确结论。</td><td rowspan="3"></td></tr>
<tr><td>B</td><td>能根据部分现象或数据归纳结论，但归纳的结论不全面。</td></tr>
<tr><td>C</td><td>不会用普遍性、规律性的语言表述结论。</td></tr>
<tr><td rowspan="2">交流与合作</td><td>A</td><td>具有准确表达自己观点的意识，具有尝试改进探究方案的意识。</td><td rowspan="2"></td></tr>
<tr><td>B</td><td>缺乏交流与合作的意识，不会提出新的问题。</td></tr>
</table>

② 以探究任务定量表（表 2－8）

依据学习过程确定评价点，依据学习任务目标确定预设标准，评价时与“预设标准”相比较，确定达成度。

表 2－8　科学探究行为评价量表(样例)

课题：物质的比热容　年级：初三　班级：________　学生：________

探究行为	评价点与预设标准	能达成	不能达成
提出问题	能根据创设的情境提出问题：为什么水和水泥地面在相同的日照条件下、在同一时刻的温度不一样？		
猜想与假设	在教师的引导下提出猜想：可能是沙子吸热升温或放热降温都比水快的缘故。		
制订计划与设计实验	在教师的引导下通过讨论找到两类比较方案，一是加热相同时间比较沙子和水的温度变化；二是让沙子和水升高相同温度比较加热时间。		
	讨论得出需要热源、温度计、质量相等的沙子和水、天平等器材。		
	能在教师的引导下探讨书本提供的探究装置的改进，设计出实验具体方案。		
进行实验与收集证据	经历探究，获得数据，所得数据能体现出“沙子吸热升温比水快”。		
分析与论证	通过讨论知道“使质量相同的水、沙子均升高相同的温度，水吸收的热量多”。		
	在教师的引导下知道“采用比较单位质量、升高 1℃ 的水、沙子吸热多少来比较它们的吸热能力”。建立比热容的概念并能表述。		
评估与交流	能积极参与问题的讨论并乐于发表自己的见解。		

说明：1. 在“能达成”和“不能达成”预设标准栏目中画“√”；
　　　2. 若确定为不能达成，尽可能写明原因。

实践证明，第二类量表，依托任务更为显性地描述出具体的探究行为要求，且没有等次确定带来的繁琐，更利于学生自评，自评的结果便于学生发现自身存在的有待改进之处，让教师明确改进的方式。

(4) 开发通用评价量表，完善探究行为评价

上述量表针对具体任务，每节课都需要独立设计。所以我们考虑设计一种更为通用的科学探究行为评价量表，去评估学生的探究能力发展。针对这一问题，我们采用如下思路进行了量表研制：

① 依托课程标准，立足沪科版教材，初定评价权重

《课程标准》指出，在义务教育阶段物理课程的学习中，科学探究能力表现为“提出问题，猜想与假设，制订计划与设计实验，进行实验与收集证据，分析与论证，评估，交流与合作”七个要素，这七个方面的能力要求应当作为一级指标。为保障评价与课堂教学的适切性，初步确定各指标的权重，我们依据《课程标准》中明确指出的13个典型探究任务，统计分析了人教版、北师大版、沪科版、苏科版初中物理教材，梳理出七个科学探究要素的分布概率（表2-9）。

表2-9 各版本教材13个典型探究任务中探究要素的统计数据

探究要素 教材版本	提出问题	猜想与假设	制订计划与设计实验	进行实验与收集证据	分析与论证	评估	交流与合作
人教版	12	6	12	13	13	4	4
北师大版	10	6	6	13	13	3	5
沪科版	5	5	7	13	13	3	4
苏科版	5	9	5	13	13	1	4

说明：分析时分别做了八年级、九年级的教材分析，此处仅呈现综合分析结果。

由上表可见，人教版、北师大版分布概率基本接近，苏科版、沪科版分布概率基本接近。我们分析认为上海是新课改的排头兵，特别是“二期课改”将“研究（探究）型课程”列入主干课程结构以来，在探究教学上做出了导向性的尝试和开拓，最终确定以沪科版初中物理教材中的探究要素分布概率为主要标准，兼顾苏科版教材，将各要素的权重近似拟合如表2-10。

表2-10 初定的基本要素权重

探究要素 权重 学程	提出问题	猜想与假设	制订计划与设计实验	进行实验与收集证据	分析与论证	评估	交流与合作
八年级	0.15	0.05	0.10	0.30	0.30	0.05	0.05
九年级	0.05	0.10	0.20	0.20	0.25	0.10	0.10
通用	0.10	0.10	0.15	0.25	0.25	0.05	0.10

② 统计要素考查比例，修订一级指标权重

《标准》是一切教学活动的起点和归宿，教材是最核心的文字教学资源，中考（《说明》和《真题》）是最具导向作用的外部评价手段。尽管纸笔测验具有一定局限性，但因方便、成本低、评分者信度高等特点而被大规模采用。探析中考试题在评价科学探究能力方面的特点和规律，可以辅助修订一级指标的权重，同时细化行为评价的二级指标。

我们统计分析了上海市当时近五年中考真题(2006—2010 年),其中 2006 年上海实行分区命题,我们抽取浦东新区考题作为统计样本,2007—2010 年上海实行全市统一命题。结果显示,五年中考显性考查科学探究的试题共计 25 题 92 分,所占比重呈逐年增大的趋势。最显著的特点是 2009—2010 年中考出现了考查“能写出简单的探究报告”的新题型,直接指向标准中关于“交流与合作”科学探究能力目标。

统计发现,中考集中考查“制订计划与设计实验、进行实验与收集证据、分析与论证、评估”这 4 大要素,分值所占比重近 90%。而另外三要素很少考查,可能跟这三方面的行为表现难以或不宜通过书面考试的评价方式评价有关。

在依托标准、立足教材的前提下,适当考虑中考的评价导向,结合课堂实际操作,我们对一级指标权重做了简要修订并作为通用量表的权重(表 2-11)。

表 2-11 通用量表的权重

要素 权重	提出问题	猜想与假设	制订计划与设计实验	进行实验与收集证据	分析与论证	评估	交流与合作
初定权重	0.10	0.10	0.15	0.25	0.25	0.05	0.10
考查比例	0.02	0.02	0.20	0.17	0.37	0.13	0.09
终定权重	0.10	0.10	0.15	0.20	0.25	0.10	0.10

③ 微观分析“对科学探究能力的基本要求”,细化行为评价的二级指标

课程标准对 7 大探究要素的能力目标提出了更为细化的 35 条基本要求(后文用编码 1—35 简述)。微观分析对基本要求的考查,可以有针对性地提高行为设计的效度和中考复习的有效性,在我们的研究中其最直接的作用是显性出探究行为评价的二级指标。

深入分析五套试卷中与“分析与论证”有关的 11 道试题,我们发现,考查频率最高的三项基本要求依次是编码 21、20、22(图 2-7):经历从物理现象和实验中归纳科学规律的过程;能进行简单的因果推理;尝试对探究结果进行描述和解释。概而论之,可表述为“归纳探究结果,并表述和解释之”。证据的呈现形式以实验现象和实验数据为主,结论的呈现形式包括文字提炼和描点绘图。

做类似的统计,得知“制订计划与设计实验”主要考查设计实验的能力,如选择所需器材、根据条件设计电路图、注意控制变量等。“进行实验与收集数据”主要考查连接电路实物图、读取数据、安全操作等。“评估”集中考查改进探究方案、电路故障分析、测量误差分析。微观分析对科学探究能力的基本要求,再转化为外显的学生探究行为,即得行为评价二级指标,即“科学探究行为评价指标”,在此基础上制订出表 2-12。

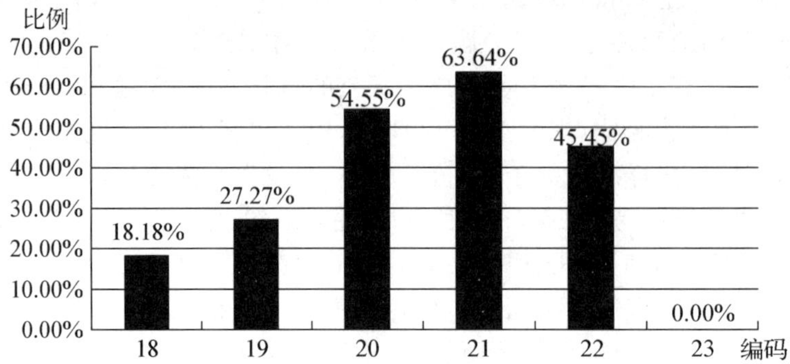

图 2－7 “分析与论证”考查的微观分析

表 2－12 初中物理课堂教学中学生科学探究行为评价量表

课题：________ 评价对象：________ 评价者：________ 时间：________

能力目标	分值	科学探究行为评价指标	评分	行为简录
A. 提出问题的能力	10	1. 提出与内容主题有关的、利于探究的问题。		
		2. 书面或口头清楚地表述问题。		
B. 猜想和假设的能力	10	3. 做出具有预见性的猜想，利于探究活动的进一步展开。		
		4. 做出具有支撑度的假设，建立在事实材料或科学知识基础之上。		
C. 制订实验方案的能力	15	5. 根据实验目的和已有条件，列出所需的材料和用具。		
		6. 积极参与设计实验方案、实验流程。		
		7. 设计的方案操作性强，能尝试考虑影响问题的主要因素，有控制变量的意识。		
D. 收集证据的能力	20	8. 用简单的实验仪器进行定性、定量的观察和实验。		
		9. 准确记录实验现象或实验数据。		
		10. 对现象或数据进行分析整理，评价数据的可靠性。		
		11. 操作规范、安全。		

续表

能力目标	分值	科学探究行为评价指标	评分	行为简录
E. 处理信息和逻辑推理能力	25	12. 根据收集的信息实事求是地描述现象。		
		13. 通过比较、计算、描点绘图等方式对收集的信息进行分析。		
		14. 进行简单的因果推理，归纳出较为科学的结论。		
		15. 对结论做出合理解释。		
		16. 结论反映了对假设的全面分析，假设与结论间有很好的逻辑联系。		
F. 反思与评估能力	10	17. 从比较中发现新问题并尝试改进探究方案。		
		18. 开展简单的故障分析或误差分析。		
G. 交流与创新能力	10	19. 填充或撰写简单的探究报告。		
		20. 在科学性的基础上，有自己的独到见解和独特的认识问题的方法。		
综合评价和建议				

说明：1. 行为简录从评价指标中挑选对应项，阐述成功之处和需要改进的地方。
2. “综合评价和建议”，学生从“总体学习效果”“学得最有效之处”“学习上要改进之处”“对老师提出的建议”几方面作出阐述。教师分析学生行为发生率和学生行为达成度，从课堂教学设计的不足和课堂生成两个方面分析原因，写出综合评价。

后来，我们将研制评价量表的具体过程整理成文，撰写的近 8000 字的《开发通用评价量表　完善探究行为评价》被《中学物理教与学》（人大复印资料）2011 年第 12 期转载；我根据课堂教学实践整理的典型案例《基于学生的探究行为设计和评价物理教学——以“欧姆定律”教学为例》转载于《中学物理教与学》（人大复印资料）2011 年第 6 期。我们对“探究行为”的定义也被写进人大复印资料的“2012 年度中学物理研究综述”。在团队中，研究工作比较突出的有骆波、彭夷老师，他们有多篇关于“探究行为”的设计及实践案例的文章发表在物理核心期刊上或被人大复印资料转载。

4. 构建以“探究行为”为核心学习行为的初中物理课堂

研究中，我们也逐步认识到，课堂教学所面临的诸多问题里面，最核心、最关键、最基础的问题就是如何改善、引导学生的学习行为，“探究行为”是初中物理核心的学习行为。

出于这样的考虑，我带领课题组围绕“探究行为”开展了江苏省教育科学十二五规划课题“初中物理‘行为课堂’的构建”研究，目的是构建以“探究行为”为核心学习行为的初中物理课堂，重点研究课堂教学中学生“探究行为”的先行设计、有效导引、课堂组织和科学评价等。具体路径如图 2－8 所示：

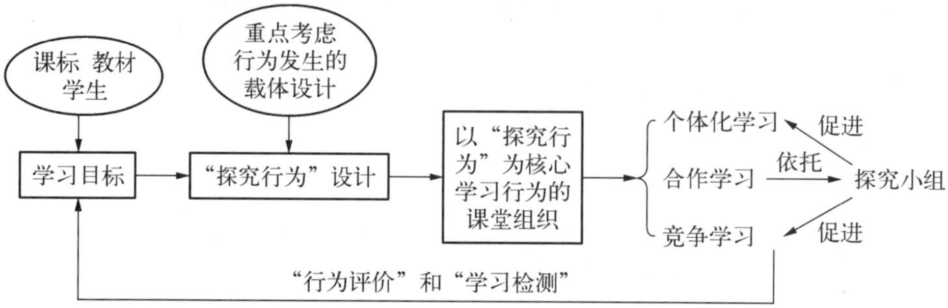

图 2－8

研究的关键点是学习目标的制订和目标导引下的“探究行为”设计，尤其是保障“探究行为”发生的“思维载体(问题)”和“资源载体(实验)”设计；重点是“以‘探究行为’为核心学习行为的课堂组织”，以及通过“行为评价”和“学习检测”真实、有效性地获取学生学习的信息；研究效度的检测方式是同学习目标进行比较。需要说明的是，该路径具有循环性，意味着“探究行为”的设计和“课堂组织”具有生成性和需要不断优化。

研究继续采用课例研修的方式进行(图 2－9)。在开展课题研究期间，我申报的“无锡市初中物理名师工作室”获得批准，后来又被聘为“无锡市乡村初中理化生骨干教师培育站”主持人，团队的研究力量进一步增强，样本学校进一步增加。通过研究，我们厘清了“探究行为”在初中物理学习中的重要性，获得了构建以“探究行为”为核心学习行为的初中物理课堂的策略和具体路径。

图 2－9

(1)“探究行为”是初中物理的核心学习行为

就初中物理学习而言，什么是学生核心的学习行为，厘清并围绕这一问题开展研究，才能凸显研究的价值。

《义务教育物理课程标准》指出，义务教育物理课程旨在提高学生的科学素养。国际上普遍将科学素养定义为一种三维建构物，具体包括：科学术语和科学概念的基本词汇；对科学过程的理解；知道科学和技术对个体及对社会的影响。与此一致，课程标准将"科学素养"归理为：终身发展必需的物理基础知识和方法以及良好的思维习惯；初步的科学探究能力和运用研究方法的意识；探索科学的兴趣与热情；振兴中华、将科学服务于人类的使命感与责任感。与此对应的具体的教学实施建议是"重视科学探究式"教学，重在让学生在经历探究中领悟科学方法、培养探究能力。就使用的教材而言，前文已述，刘炳昇先生主编的苏科版初中物理教科书注重把"探究活动"作为"构建物理基本知识结构、提高学生科学素养、体现课程理念"的主线。

北京教科院基础教育教学研究中心物理教研室主任陶昌宏先生结合自身几十年的教育教学实践和研究成果，提出了"物理教学的基本特征"，其核心内容是物理教学要坚持以创设问题情境为切入点，以观察实验（事实）为基础，以培养学生思维能力为核心，以提升学生探究能力为重点。

而课堂教学中要做到有效培养和提升学生的探究能力，首先是教师应把"科学探究"作为一种教育理念，使自己的教学行为、教学方式、教学评价发生改变；二是教师要有较强的问题意识，善于观察、形成并提出问题；三是要让学生经历探究过程，学生的探究能力体现在具体的学习过程中，在具体的行为中逐步提升。换言之，学生探究能力的培养不可能只通过理解就能实现，学生必须经历探究的过程，在这个过程中，学生要有相关的"探究行为"，某一方面的基本能力一定是和相关的行为联系在一起的。学习物理要动手、动脑，"探究行为"就是物理学习的外显，其内隐是学生思维和智慧的生长。因此构建以"探究行为"为核心学习行为的初中物理课堂对把握物理学科特质、优化课堂教学生态有积极意义。

所以，无论从课标要求、教材特点还是基于一线的研究，就初中物理而言，"探究行为"是学生核心的学习行为，要培养学生的探究能力，应注重学生探究行为的设计；要评价学生探究能力的发展，应着眼于学生探究行为的评价。

(2) 基于标准的文本研读策略

基于标准进行文本研读，是建立以《课程标准》为基准的课堂教学目标体系，并导引课堂学习活动和评价设计的需要。

课堂教学总是基于教材、教师、学生这三要素之间的交互作用而形成的。相应地，课堂教学研究要解决的三个问题是：教什么？怎么教？怎么学？从这个意义上讲，对课堂学习活动进行先行设计，是教师教学能力的具体体现，其重点体现在教师应如何将学科知识转化为学生可学的形式。除了要注意构建和谐的主体间性，促进学与教的互动，还要求教师具有科学解读教材文本的能力。

结合课题研究的课例研修活动，我们归纳了当前物理课堂普遍存在的不足，主要有以下几点：对课程标准的把握不清，依据经验改变教学内容；对教材构成和栏目价值不清，重难点把握偏差，课堂时间分配不合理；对章节物理知识建构特征不了解，活动设计和有效导引不到位。要克服这些问题，需要基于物理课程标准进行文本研读，这也是中学物理教师必须培养的学科教学知识。现以苏科版初中物理教材“力 弹力”一节为例介绍相关策略。

① 解构教材，整体设计“教学流程”

教学流程设计要建立在对教材的分析基础上。首先必须细致阅读本节教材主体内容，对照课程标准做好解读。不仅要明确知识结构和内容编排，还要关注知识展开的方式，明确物理研究的方法。同时还要关注本节教材的前伸性内容和拓展内容。根本目的是保证课堂教学的总体走向及时间划分。如苏科版物理教材的主要构成有三块，一是章节主体内容，二是课外实践与练习——是什么（WHAT）？为什么（WHY）？怎么做（HOW）？第三块是章末的反思与评价。如果是章首节，还要研读章首图。

案例 7 “力 弹力”教材分析与流程设计

本节教材由“力是什么”“形变和弹力”“力的测量”三个模块组成，课标要求是“通过常见事例或实验，了解弹力，认识力的作用效果；会测量力的大小”。可见，“形变和弹力”是本课的教学重点，“力是什么”是学习弹力的基础，“力的测量”是弹力概念的延伸和应用。

本节在知识结构及内容编排上，秉承了苏科版教材的风格，以体验或探究活动为主线。在研究方法上的最大特点是举例归纳，如通过“运动员举起杠铃、铲车举起重物”等多组实例说明物体间存在着相互作用；再通过“手压气球、压弹簧、拉橡皮筋”等实例归纳一种特征很典型的相互作用——弹力，给出弹力的产生条件并定性地给出弹簧测力计的原理，最后通过活动“练习使用弹簧测力计”学会测量力的大小。在“生活 · 物理 · 社会”中再通过举例说明“发生弹性形变的物体具有能量”。

其次，本节是本章的第一节，章首图信息“力——联系宇宙万物的纽带”，意在说明“世界万物是有联系的，联系的纽带之一就是相互间的作用——力”。

WWW 围绕本课重点，安排了 1 个小制作（制作弹簧测力计）、1 个实验设计（测量头发所能承受的最大拉力）和一个观察活动（哪些是利用弹力来工作的）。

章末的“反思与评价”内容是：“从举出的一些实例中找出某种共同的特征，再寻找更多事实，概括出具有普遍意义的本质特征，这种方法称为归纳法。想一想，我们是如何运用归纳法得出‘力是物体对物体的作用’和‘力的作用是相互的’这两个结论的？”所以本节重要的研究方法“归纳法”在授课时必须充分体现，对力的认识则重点要突出“相互作用”的本质特征。

紧扣课标，用好教材提供的素材，我们可以确定本课在课堂授课时的总体流程如图 2 - 10 所示：

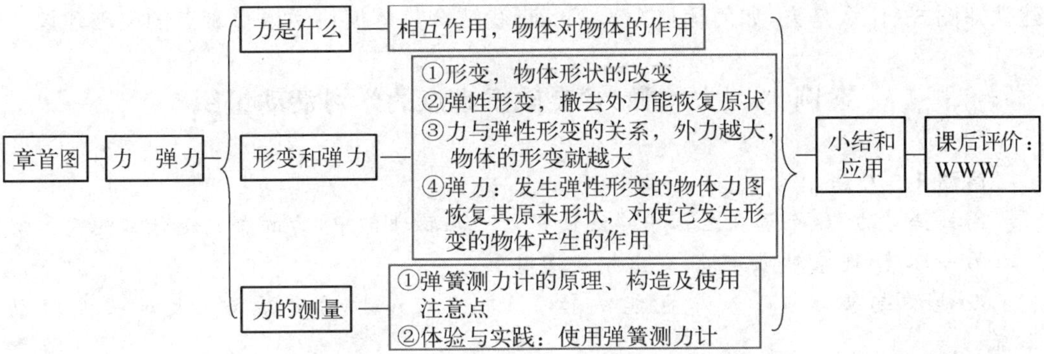

图 2-10　“力　弹力”教学流程图

② 基于标准，分知识模块设计“学习目标”

首先要明确课程标准的要求，把握教学的基本起点。更为重要的是要将课标与教材内容结合，思考学生的实际学习状况，明晰重、难点内容需要达到的具体效度以及实现途径。具体到课时学习目标，一般应该分模块考虑才能获得更加细致的要求。

案例 8　“力　弹力”课时学习目标设计

依据课程标准，本课教学的基本起点可以归结为“通过现象或实验，结合归纳法了解力、弹力”，学习内容由三个模块组成。

第一模块“力是什么”，学习过程中我们需要把握的关键是“物体间相互作用”的建立和认识，是对实际场景的分析，而不是对力的定义进行纠缠。所以，我们可以确定该模块的学习目标为：通过实例归纳，知道人与物体、动物与物体、物体与物体间均可以产生相互作用，了解物理学中的力是指“物体对物体的作用”并能举出类似事例加以说明。

第二模块“形变和弹力”，学习目标要求可以确定为：体验“手压气球、手压弹簧、手拉橡皮筋”，知道弹性形变；经历“探究弹性形变与外力关系”的活动，了解弹力及其产生条件。

第三模块“力的测量”的学习目标可以确定为：通过练习使用弹簧测力计和实际测量活动，知道弹簧测力计的原理、了解其构造、会测量力。

③ 把握物理知识建构特征，设计学习活动突破“教学重难点”

每个教学章节的重难点一般分为知识性和方法性的，知识性的较为显性，方法性的一般依托或蕴含于知识建构中，这就需要我们明晰每一章节典型的知识建构特征，然后依据认知过程设计学习活动。例如，本节的典型特征是充分体现物理认识论的观点，注重从感性上升到理性；再从理性回归到实践，符合物理知识建构的一般原则：形成认知表象（相互作用的普遍存在性）——获得认知技能（弹力和弹性形变、力的测量）——构建认知图式(什么是力,如何测量力)。下面,我结合具体模块说说重难点的突破建议。

案例9 “力 弹力”突破重难点的学习活动组织

活动1 力是什么

衔接语:“力”这个词在生活中广泛使用着。在物理学中,力的含义是什么呢?

第一环节:现象对比分析,突出相互作用

人能举起重物——铲车也能举起重物;狗可以拉动雪橇——火车头能拉动车厢。

小结:不仅是人和动物,只要条件合适,物体间均可以产生类似的举、拉、压、推等相互作用。

物理学中,把物体对物体的作用称为力。

第二环节:学生举例,说出力的产生条件

从举、拉、压、推等多角度举例,说出施力物体和受力物体,体会力是物体与物体的相互作用。

活动2 认识弹力

衔接语:物体间相互作用的方式很多,所形成的力的种类也很多,下面我们通过实验来体验一种特殊的作用:

第一环节:体验实验

学生:手压气球、手压弹簧、手拉橡皮筋

小结:力使气球、弹簧、橡皮筋发生了形变,撤去力物体恢复原状,物理学中把这种形变叫作弹性形变。

第二环节:探究弹性形变与外力的关系

学生:用手压塑料尺;用手拉弹簧。

问题:1. 物体形变与力的大小有什么关系?

2. 体验手的感觉,手受到力了吗?

小结:使物体发生弹性形变的力越大,物体的形变就越大;尺、弹簧在恢复形变的过程中对手有作用力——弹力。

活动3 力的测量

第一环节:了解弹簧测力计的原理、构造。

学生自学、讨论,组织操作与评估。(略)

第二环节:练习使用弹簧测力计。

1. 测手的拉力;

2. 测量一个钩码所造成的拉力;

3. 思考书本 WWW 中题2:测量一根头发所能承受的拉力。

小结:知识——什么是力;弹力的产生条件;力的测量。方法——归纳法。

活动4　用体验性探究突破“对弹性势能的认识”

准备一根弹簧、一块橡皮泥、一只乒乓球。

1. 将乒乓球水平挤压在橡皮泥上，松手。

橡皮泥形变是因为受到了力的作用；松手后，由于橡皮泥形变不能恢复，所以不能对乒乓球产生弹力。

2. 将乒乓球水平挤压在弹簧上，松手。

弹簧发生形变是因为受到了力的作用；松手后，发生弹性形变的弹簧要恢复原状，给乒乓球施加了一个弹力，乒乓球被弹出，说明发生弹性形变的物体具有能量。

综上所述，基于标准进行文本研读，是建立以课程标准为基准的课堂教学目标体系，并导引课堂学习活动和评价设计的需要。实际授课时提倡适当创新，但是创新一定要围绕教材内容，否则容易陷入有无价值的争议中。就本节而言，一是可以考虑对原有实例或实验的评估和迁移，这是课堂中很实际的创新点，如学习弹簧测力计时可以请学生演示，组织评估；二是可以考虑在实验或者活动上有无创新的可能，以增强学生的体验，如上述最后的“对弹性势能的认识”探究设计。

(3) 构建以“探究行为”为核心学习行为的初中物理课堂

在研究中，我们一直在不断探索如何构建以“探究行为”为核心学习行为的初中物理课堂。经过“探究行为”设计和评价同步进行的系列课堂实践，我们归纳了基本的操作要点并获得了顶层设计思路。

① 把握课标，研读文本，基于学情，确定探究活动及评价标准。

教材是课堂学习的载体，是课程标准的具体体现，体现方式一般表现为具体的学习任务。为构建以“探究行为”为核心学习行为的物理课堂，必须准确把握课标要求，解读教材，将教材内容转换为学生可学的方式，以探究活动的方式设计学习任务，并明晰学习任务目标，作为评价依据。

案例10　“光的折射”探究任务及学习目标设计

【课标要求】

探究并了解光的折射现象及其特点。

【教材解读】

教材在编排上采用“人们从岸上所见的游泳池水的深度和实际深度的差异导致的危险”作为探究问题提出的情境；以“观察光从空气射入水中时的折射情况、探究光通过玻璃砖时的折射特点”两组系列活动作为任务达成的基础；以“太阳变形、三日同辉等太阳奇观”阅读材料作为任务引申点。

【设计理念】

实际授课时，为提高探究教学的有效性，遵循“从生活走向物理”的基本理念，吸收教材中活动设计的优点，丰富活动设计内容，理顺活动设计上的逻辑结构，注重任务设计、目标评价相结合，思考呈现清晰现象的有效手段。在第一组活动中突出“观察”，重点形成对光的折射现象的认识；在第二组活动中突出“探究”，构建清晰的光路图，描述光的折射特点。学习模块如图 2－11 所示。

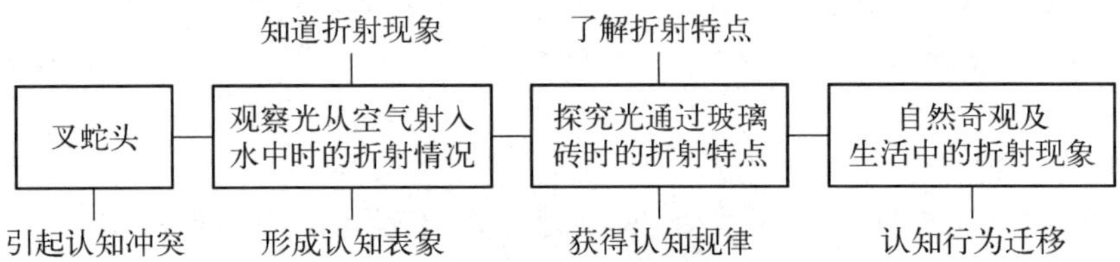

图 2－11　光的折射教学流程图

【学习目标】

围绕课程标准确定的目标要求，遵循学习模块的探究活动设计，具体达成的学习目标（或学习评价标准）如下：

1. 通过完成“叉蛇头”“观察光从空气射入水中时的折射情况”等任务，知道光从空气斜射入水中会发生折射，知道入射光线、折射光线、法线在同一平面内；能画出简单的折射光路图，借助图例理解“入射光线、折射光线、法线、入射角、折射角”并说明上述现象。

2. 通过完成“探究光通过玻璃砖时的折射特点”，根据探究结果画出光路图；结合前述探究，能归纳出折射光线、入射光线及法线的位置关系，光折射时的角度变化及光路的可逆性等折射特点。

3. 通过观看“三日同辉——幻日、沙漠中的海市蜃楼”视频及自主任务的选择，积极拓宽视野，了解光的折射现象的普遍性；能尝试对知识进行有效应用，用光的折射特点解释“池水变浅”等问题。

4. 体验光学实验的精细化要求，再次领悟“光路”物理模型的作用。

② 关注学生思维发展，注重学生“探究行为”的设计。

教学组织上要通过创设丰富的情境或有效的实验增强学生体验，注重探究的有效导引，让探究行为自然发生。

案例 11　“光的折射”教学实录

活动 1　叉蛇头

要求：用直细铁丝叉蛇头，叉的时候为了保证方向不变，需要通过玻璃管（图 2－12）。

操作：先用眼睛通过玻璃管瞄准蛇头，再用直细铁丝通过玻璃管叉蛇头。
学生叉不着；教师用激光笔沿着直细铁丝射向蛇头，能射着。
引思：说明了什么？
点拨：说明光从空气射入水中发生了偏折。我们把这种现象叫作光的折射。
（教师）光在折射时有什么样的特点呢？让我们进一步探究。
（设计目的：激起认知冲突，引入研究课题"光的折射"，明确研究任务。）

图 2-12

活动 2 观察光从空气斜射入水中时的折射情况
教师：介绍器材（如图 2-13）、激光电筒（面光源）。

图 2-13

学生操作：
1. 不倒水，用激光电筒贴着白色光屏斜射，要求在光屏上呈现清晰的光路；
2. 倒水，观察光线斜射入水中的情况。
学生操作并归纳看到的现象。
引思：在哪个位置发生偏折？用光路图描述"如何偏折"。
教师引导学生作图（如图 2-14）：
1. 明确界面及界面上下方的介质。
2. 明确入射光线、折射光线、法线、入射角、折射角的概念。
引思：入射光线、折射光线、法线会在同一平面上吗？

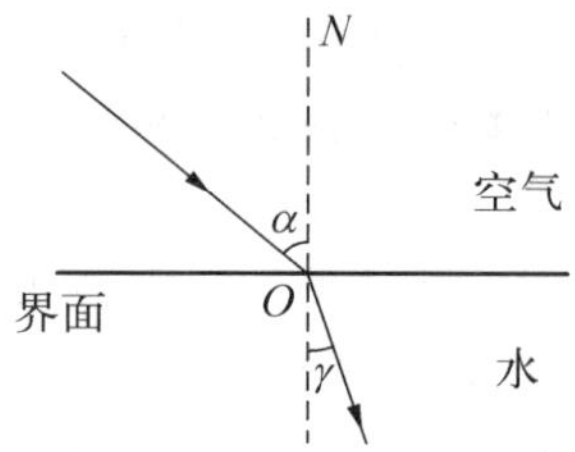

图 2－14

教师演示：按照图 2－15 甲照射，让学生观察；将左下的 1/4 板向后拉动，如图 2－15 乙，让学生观察。

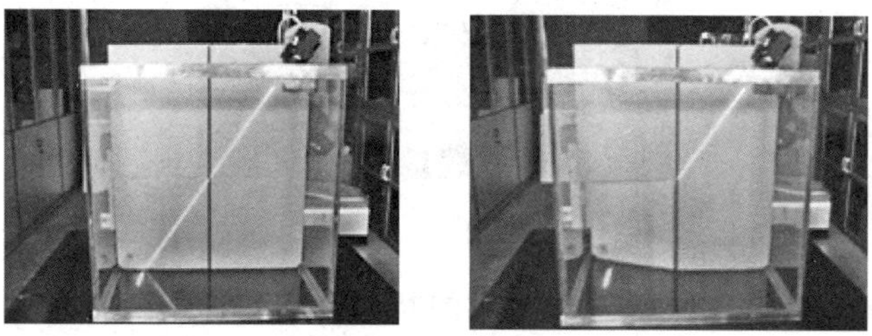

甲　　　　乙

图 2－15

师生做研究小结：光从空气斜射入水中时将发生折射。具有如下特点：

1. 折射光线与入射光线、法线在同一平面内，折射光线、入射光线分居在法线两侧。

2. 光从空气斜射入水中时，折射角小于入射角。

（本环节突出"现象观察"，通过观察：一是明确光的折射现象；二是懂得描述现象所用的物理概念。本环节在设计时取消了书本中所设计的"光斑位置"的变化，同时直接点明"斜射"，一来避免和活动一的重复，二来突出观察重点，使任务设计主题更加明晰。）

活动 3　探究光通过玻璃砖时的折射特点

（教师）严格意义上说，上述研究还是停留在观察的基础上，我们的图像也只是一种粗略的描述，因为我们并没有真实地记录下光的路径。下面我们以玻璃砖代替水再次探究（图 2－16）。

探究步骤设计一：

1. 贴着玻璃砖的边缘画出界面；

2. 用激光笔（可用面光源）发出的光贴着白纸垂直射入玻璃砖中，用描点法记下光的路径；

3. 用激光笔发出的光贴着白纸斜射入玻璃砖中，用描点法记下光的路径；

4. 改变入射角，用描点法记下光的路径；

学生结合记录结果，描述光的折射特点。

引思：在反射中，我们知道光路是可逆的，在折射中呢？

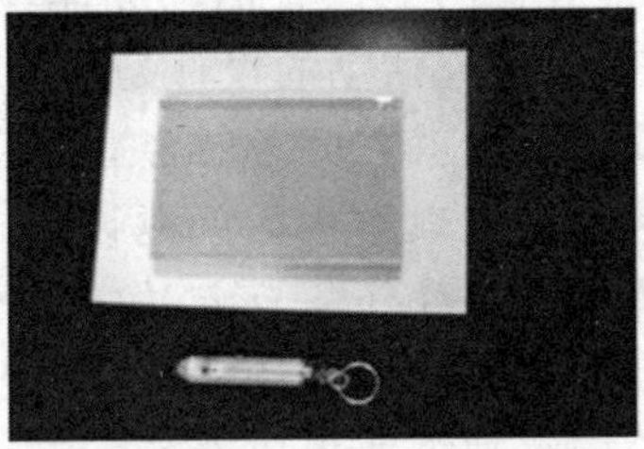

图 2-16

探究步骤设计二：

用激光笔发出的光贴着白纸斜射入玻璃砖中，再用另一支激光笔逆着原光路回射。

师生共同归纳光的折射特点：

条件：当光从一种介质射入另一种介质时，光发生折射。

特点：

1. 当光斜射时，折射光线、入射光线和法线在同一平面内；折射光线和入射光线分别位于法线两侧。

2. 入射角增大时，折射角也增大。光垂直入射时，折射角等于零。

3. 在光的折射现象中，光路也是可逆的。

（教师）今天，我们只是粗略地研究了光的折射特点，如果我们记录关于入射角和折射角更多的变化结果，或许我们就能发现折射遵循的普遍规律，从而准确确定折射光线位置。

（设计目的：本环节突出"探究"，通过完善书本提示的探究手段，以明晰的探究步骤设计逐层展开，强调在真实的探究结果的基础上让学生获得体验和认知。通过探究进一步明确光的折射特点。）

活动 4　观看"三日同辉、沙漠中的海市蜃楼"视频

（教师）光在传播过程中，因为有了折射，自然界多了一道美丽的风景。

播放"三日同辉、沙漠中的海市蜃楼"视频。

（教师）因为有了折射，生活多了几份精彩，课后请大家继续探究教材"WWW"中的问题，并用光的折射知识解释本节开篇图例中"池水变浅"问题。

（设计目的：拓宽学生视野，了解光的折射现象的普遍性及价值；尝试对知识进行有效应用，实现认知迁移。）

学生探究能力的提升应具体表现为对符合学习目标的探究任务能否顺利完成。基于前述对“探究行为”的界定，要实施对学习的评价，可以依据本课目标，以具体的探究任务为依托，让学生在解决探究任务的过程中进一步提升探究能力。

③ 设计“探究行为”时要注重考虑探究行为发生的载体设计

探究行为是指“科学探究中有目的的探查活动和体验行为，具体指有目的的实验、研讨或思维的交流活动”。我们做探究活动的设计是为保障学生探究行为的充分发生，实质是对学生探究行为的预设。这里就需要考虑合适的载体，经研究，我们把载体分为两类，一类是“思维载体”，指课堂探究教学中的问题设计，这是引导探究行为发生的关键；二是“资源载体”，此类载体依据探究任务而定，如果是理论探究，则需要有合适的模型建构材料，例如，我们要学生探讨电功和焦耳定律问题，就需要提供合适的家用电器，分析能量转化，进行探讨；实验探究则需要提供合适的实验器材，以保障学生经历相关的实验过程。关于两类载体设计，也有基本的策略可供把握。下面以课题组骆波老师在江苏省教研室组织的“教学新时空 · 名师课堂”中展示的课例“动能　势能　机械能”为例加以说明。

一是设计思维载体——以“问题链”引动探究行为

思维载体的设计重点就是“有价值的问题”，为使思维活动既连贯又不乏跃迁，应将问题整合成具有内在逻辑的问题链。

案例12　“动能　势能　机械能”问题链设计

问题链1：概念建构（探究活动的准备）

① 下列物体是否具有能量？你是如何感受到的？

运动的锤子将铁钉钉入木板（动能）

拉长的橡皮筋能将子弹射出（弹性势能）

被举高的砖块能使小桌陷入沙子中（重力势能）

② 流动的水或空气是否有能量？你如何证实？

教师演示：吹风车（如图2－17所示）。

问题链2：提出猜想、设计实验（探究行为的设计）

① 以小车为研究对象，怎样让它运动起来？

② 如何显示小车的动能大小？

③ 根据生活经验，动能大小可能与哪些因素有关？

④ 怎样研究上述因素对动能大小的影响？

问题链3：应用（探究结论的应用）

① 为什么要规定汽车行驶的最大速度？为什么卡车限速要低一些？

② 为什么建造水电站时要建造拦河大坝将水位抬高？

图 2－17

问题链要围绕“探究行为”系统地设计，要利于“探究行为”广泛、有效地发生。以上问题链与“探究行为”的关联如图 2－18 所示。

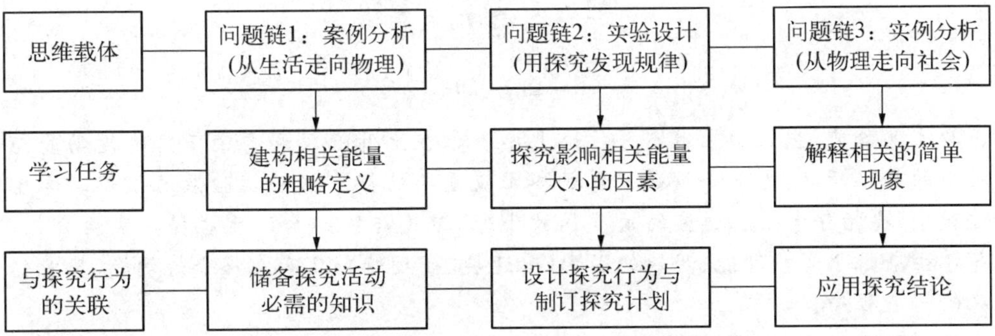

图 2－18　思维载体与探究行为的内在关联

二是设计资源载体的——以“实验”体现探究行为

物理课程的实践性很强，我们倡导把实验作为核心的课程资源，成为体现学生探究行为和提升学生科学素养的重要途径。

案例 13　“动能　势能　机械能”的部分实验设计

学生分组实验 1：探究动能大小与哪些因素有关(图 2－19)

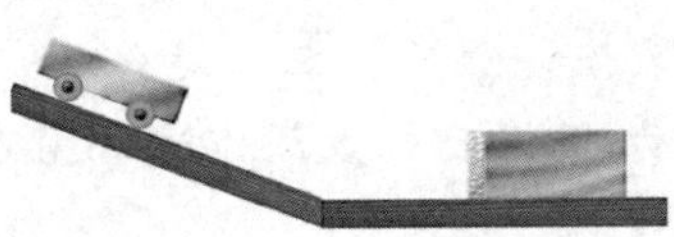

图 2－19

本实验研究对象是小车，而观察的对象是木块被撞击后移动的距离，因此需要引导学生认识到木块移动的距离越大，小车撞击前的动能越大，但不必深究在撞击过程中能量转化的过程。为了让学生接受“质量不等的小车从同一个斜坡的同一高度释放，运动到水平面时，它们的速度大小相等”这一信息，教师可增加一个演示实验：去掉木块，让两个质量不等的小车同时从同一高度滑下，可以发现两个小车的运动情况是一样的。为了提高实验效果，建议在木块的撞击面上垫一层泡沫塑料。

学生分组实验2：观察摆球动能和重力势能的转化(图2-20)

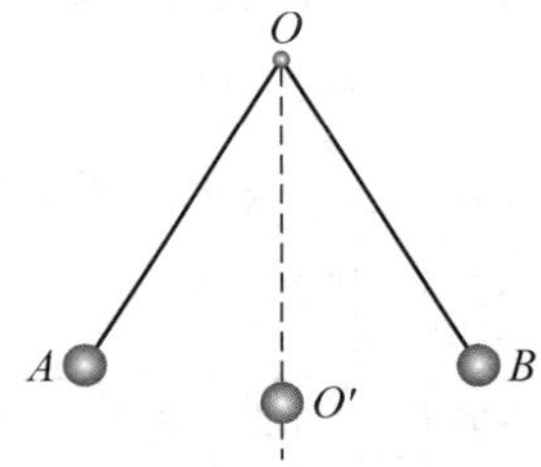

图2-20

学生实验前，先让学生观察并讨论上抛小球在上升阶段和自由下落阶段动能与势能之间的转化情况，为下一步过渡到观察比较复杂的摆球摆动实验做好铺垫。学生实验过程中，要指导学生在适宜的角度释放小球，避免与铁架台发生碰撞。实验分析时，引导学生着眼于影响动能、势能的因素(如速度、高度等)，从而掌握分析动能、势能转化情况的一般程序。

教师演示实验：魔罐(图2-21)

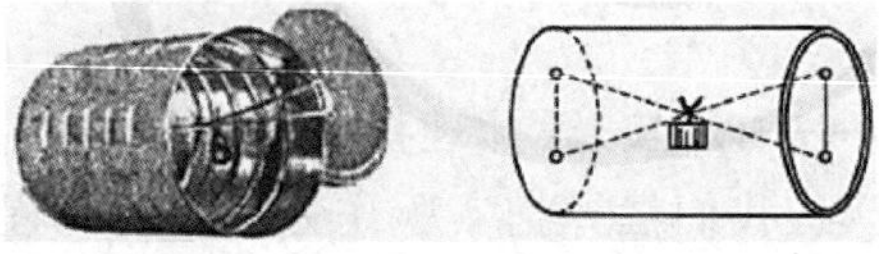

图2-21　自动回转的魔罐

本课魔罐的身影共出现三次。一为激趣(图2-22)：课堂伊始，从倾角较小的斜面释放魔罐，观察到魔罐滚下斜面，然后自动返回，又冲上斜面，与学生已有生活经验形成强烈冲突，激发探究兴趣。二为释疑：在观察与分析动能、势能相互转化的若干实例后，撕掉魔罐外表面包裹的纸张，观察到魔罐内有钩码和橡皮筋，发现滚动过程中橡皮筋会扭曲(弹性形变)、返回过程中又恢复原状。三为延伸(图2-23)：课堂小结后，再演示魔罐实验，观察到魔罐往复滚动，且滚动幅度逐渐减小直至最终停止，引导学生课后思考机械能守恒的粗略条件。

图 2-22

图 2-23

综上所述,构建以"探究行为"为核心学习行为的初中物理课堂,在操作要点上要考虑如何设计课堂中的"探究活动",为保障学生"探究行为"的充分发生,需要的载体设计。(如图 2-24 所示)

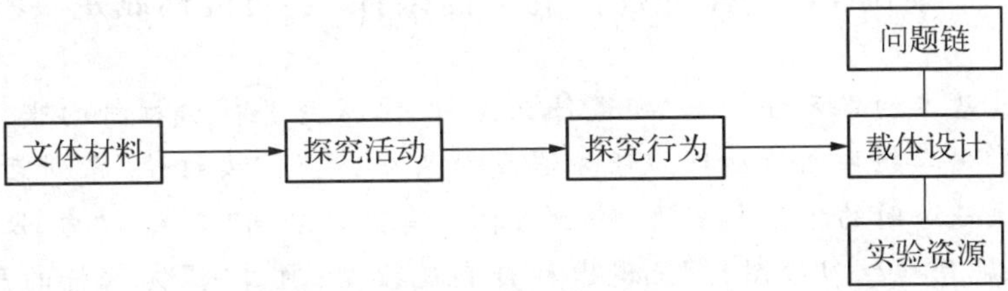

图 2-24　以"探究行为"为核心学习行为的物理课堂操作要点

就更为顶层的思考而言,首先,要明晰课程标准的要求;其次,解读教材,把教材结构转换为学生可学的方式;再者,着眼于学生"探究行为"的设计,设计时要考虑学生"认知的前概念"和"思维可视化"的手段,以明确我们的教学起点,凸显学生的探究行为,指向学生探究能力和科学思维的培养。教学策略上要以实验为基础、以思维为中心、以行为为主线、以变式为手段,重视学生自身的思维冲突和深入思考,在概念或规律的重新建构中养成良好的思维习惯,顶层设计思路如图 2-25 所示。

也正是基于"初中物理'行为课堂'的构建"研究,围绕"构建以'探究行为'为核心学习行为的初中物理课堂"的系列实践,使我们明晰了初中物理探究教学的顶层设计思路,以及物理探究教学的设计原则及内涵把握(详见第一章第三节)。

④ 基于"探究行为"的课堂评价设计

课堂评价有三个关键要素,即清晰的学习目标是前提,科学的评价标准是杠杆,适时的反馈与指导是保障。换言之,教师首先要有"课程标准"的意识,要把课程标准中规定的"内容标准"转化为教学中的"质量标准",转化的途径是依据课程标准、解读教材文

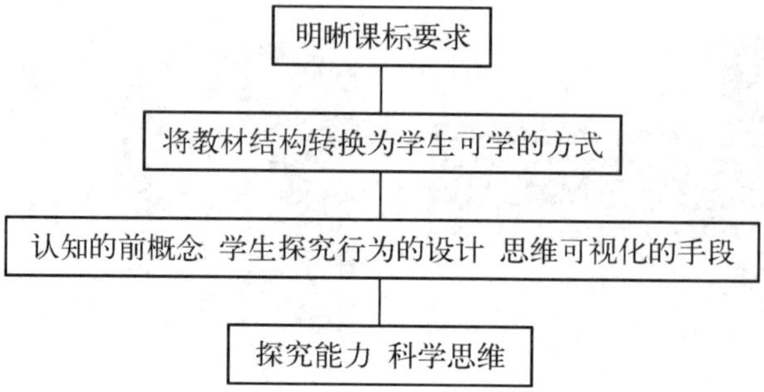

图 2－25 构建以“探究行为”为核心学习行为的初中物理课堂顶层设计思路

本，确定清晰的、可测量、可界定、可评价的课时学习目标。没有课程标准参照的教学无异于失舵的船，没有学习目标参照的评价更像是没有刻度的仪表盘。下面我以苏科版初中物理教材中“探究杠杆的平衡条件”学习目标制定为例说明。

案例 14 “探究杠杆的平衡条件”学习目标制定

本节课最基本的学习任务是“知道什么是杠杆，探究并得出杠杆的平衡条件”。教材在编排上采用二组系列活动作为任务达成的基础：通过“拔钉子”系列活动了解生活中用杠杆解决任务时的方便和省力，给出与杠杆有关的名词“支点、动力、阻力、动力臂、阻力臂”，并以“用螺丝刀撬图钉”呈现出杠杆直观模型；通过“探究杠杆的平衡条件”专题活动，分析“动力”与“阻力、动力臂、阻力臂”的关系并得出杠杆的平衡条件。但是，要科学地理解“杠杆平衡条件”，学生在认知上必须达到两个层次的要求：一是知道杠杆中力的作用效果是使杠杆转动；二是理解影响转动效果的重要因素“力臂”。教材对其中的第二点采用的是“给出”，学生缺乏对力臂概念的思维建构过程，会为以后在利用杠杆平衡条件解决复杂任务时造成认知障碍。

实际授课时遵循“从生活走向物理”的基本理念，吸收教材中活动设计的优点，重组教材结构，以构建杠杆的模型为主线，以探究杠杆的平衡条件为中心，按照学生的认知规律设计探究活动，在应用中寻找探究的需要，在探究中获得科学的规律，在评价中完善模型的建立。先以“用弹簧测力计称象”创设探究背景，通过探究称象时测力计的示数与哪些因素有关，得出杠杆平衡条件的初步结论。再通过对上述实验操作的特殊性与结论推广的评价和再探究，建立力臂的概念，得到“杠杆平衡条件”。教学流程如图 2－26 所示。

依据上述分析，我们可以确定本课的学习目标如下：

1. 通过完成具体的任务，了解杠杆的作用，能归纳出“杠杆是在力的作用下绕一固定点转动的硬棒”，能说出杠杆的“支点、动力、阻力”；

2. 经历探究杠杆平衡条件的过程，通过测量建立力臂概念，并归纳出杠杆的平衡条件“动力×动力臂＝阻力×阻力臂”；

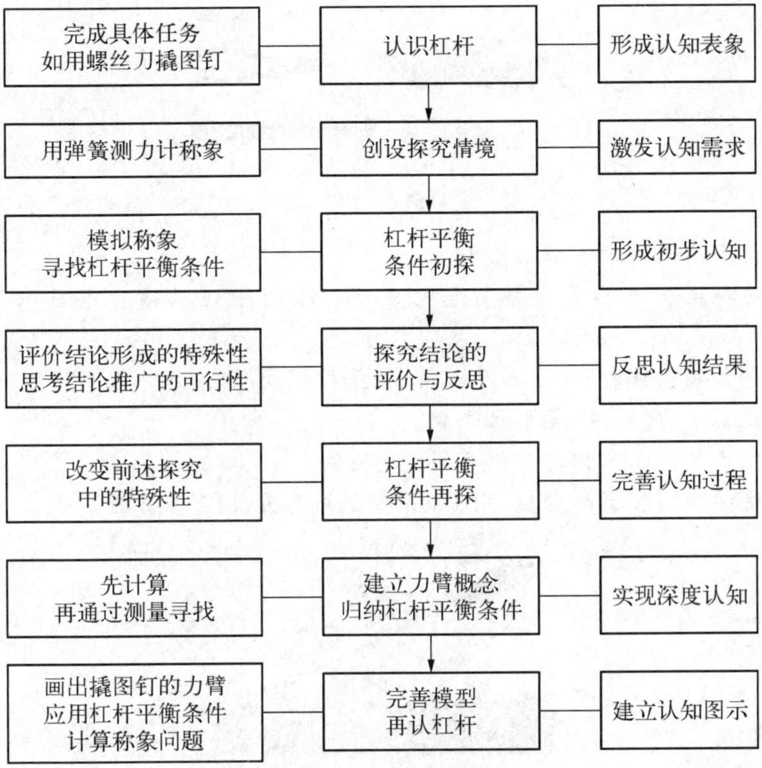

图 2－26

3. 会画出杠杆中的动力臂和阻力臂，能用杠杆平衡条件解决具体问题；

4. 在杠杆的模型建构中领悟物理模型建构的方法：选择样例——建立初步图示——图示改进——建立模型。

课堂学习评价的展开应随着探究任务的展开而同步进行，目的是以评价促进学习，实现教、学、评的一致。鉴于课堂中阶段性目标要求和整体性目标要求，评价应该由与学习过程相伴的“基于学习目标”的及时性评价和“基于标准”的测量共同组成。

案例 15　“探究杠杆的平衡条件”探究行为与评价实施

一、认识杠杆

活动 1　拔图钉

(教师)木板上钉了一枚图钉，请把它拔出来(图 2－27)。

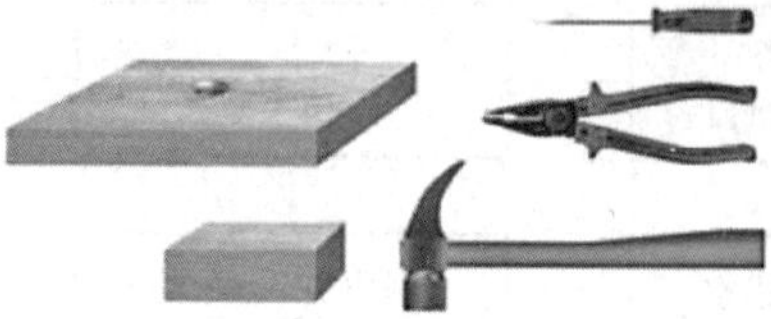

图 2－27

（学生）使用不同的方法拔出图钉。

（教师）懂得使用工具是一种智慧的表现。生活中还很多任务是采用工具来完成的。

（视频）羊角锤拔铁钉、开瓶器开瓶盖、扳手拧螺丝。

（动画）撬石头、跷跷板、抽水机手柄。

（教师）以上工具在工作时有何共同的特点？

（教师）待学生回答出转动后，用 flash 演示并说明（图 2－28）：

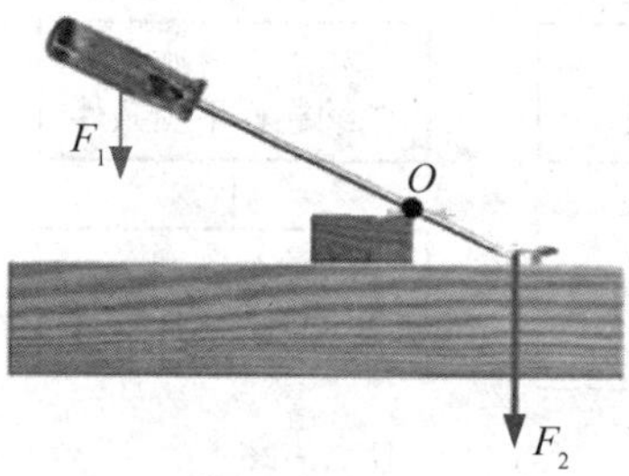

图 2－28

1. 在物理学中，将一根在力的作用下可绕一固定点转动的硬棒称作杠杆（lever）。

2. 支点：杠杆绕着转动的点，即图中的 O 点。动力：使杠杆转动的力，即图中的 F_1。阻力：阻碍杠杆转动的力，即图中的 F_2。

活动 2　寻找身体中的杠杆

（学生）寻找并用动作表达出来。如“昂首向天、提起足跟、手提重物”。

（教师）点评：骨骼、肌肉和关节构成了人体的运动系统，尽管人体的各种运动相当复杂，但最基本的运动都是由骨骼绕关节转动产生的，其模型就是杠杆。

（本环节采用二层次的活动设计，通过解决任务来认识杠杆；通过评价任务“寻找身体上的杠杆”来体会杠杆，形成对杠杆模型的正确认知，达成学习目标 1。）

二、探究杠杆的平衡条件

甲

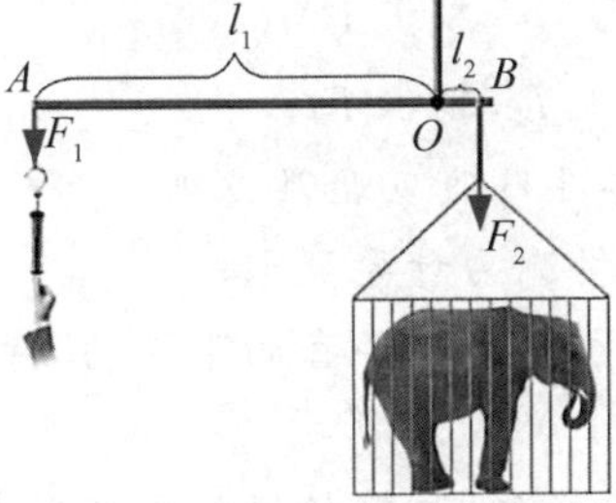

乙

图 2－29

（教师）出示探究背景：2001 年 6 月 22 日，杭州的一位物理老师用一只弹簧测力计并借助杠杆“称”出了一头质量约为 3 t 的大象的质量（图 2－29）。

【探究问题】

称象时，杠杆处于水平平衡状态时，弹簧测力计的示数 F_1 的大小与 F_2、l_1、l_2 有何关系？

【设计实验】

（教师）你能利用桌上的器材设计出合适的实验装置吗？

（学生）模仿称象过程，选择器材，设计实验。实验器材（图 2－30）：实验中将弹簧测力计的拉力记作 F_1，钩码的拉力记作 F_2，OA 记作 l_1、OB 记作 l_2。

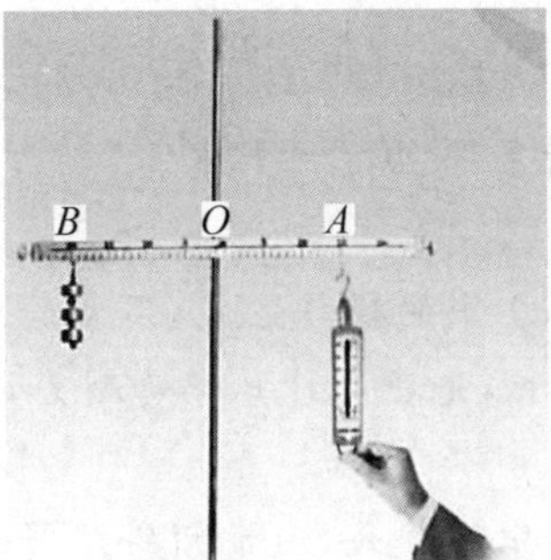

图 2－30

（师生）探讨步骤设计并确定实验记录表格。

设计思想：控制变量法。

步骤一：调节平衡螺母，使杠杆处于水平平衡状态（注意：实验过程中不再调节平衡螺母）；

步骤二：取 $F_2=1\ \text{N}$，$l_2=15\ \text{cm}$，$l_1=10\ \text{cm}$，测出杠杆处于水平平衡状态时 F_1 的大小；

步骤三：l_1、l_2 不变，增大 F_2，测出 F_1；

步骤四：再增大 l_1，测出 F_1；

步骤五：再增大 l_2，测出 F_1。

（教师）引导学生明晰实验注意点。

注意点一：弹簧测力计要调零；

注意点二：弹簧测力计竖直向下拉动，待杠杆处于水平平衡状态时读数。

【进行实验】

学生进行实验操作，并将数据记录在下表中（参考数据）。

测量序号	F_2/N	l_2/cm	l_1/cm	F_1/N
①	1	20	10	2
②	1.5	20	10	3
③	1.5	20	15	2
④	1.5	25	15	2.5

【分析与论证】

组织学生讨论并给出分析结论。

1. 比较①和②，说明：l_1、l_2 不变，增大 F_2，则 F_1 增大；

比较②和③，说明：F_2、l_2 不变，增大 l_1，则 F_1 减小；

比较③和④，说明：F_2、l_1 不变，增大 l_2，则 F_1 增大。

2. 综合比较①②③④，用 F_2、l_1、l_2 表达出 $F_1=\frac{F_2 l_2}{l_1}$。

3. 经过推理可得杠杆平衡条件：$F_1 l_1=F_2 l_2$。

【评价与反思】

1. 教师请学生采用图 2－31 甲的操作方式，用实验验证上述结论的正确性。如取 $F_2=1.5\ \text{N}$，$l_2=10\ \text{cm}$；$l_1=15\ \text{cm}$，先理论计算弹簧测力计示数为 1 N 时，杠杆处于水平平衡。再通过实验验证。

2. 请学生仍采用图 2－31 甲的方式，逐步倾斜弹簧测力计至如图 2－31 乙所示的虚线位置，学生发现弹簧测力计的示数变化。

（教师）似乎我们的结论还不完善。弹簧测力计倾斜后究竟什么发生了变化引起了示数变化？

3. 引导学生排除是 F_2、l_2 后，将问题的焦点集中于 l_1。请学生操作，让 F_1 为 1.5 N 时杠杆处于水平平衡，先理论计算出 l_1 为 10 cm，寻找 l_1。学生通过测量发现 l_1 为支点 O 到力的作用线的距离（图 2－31 丙）。

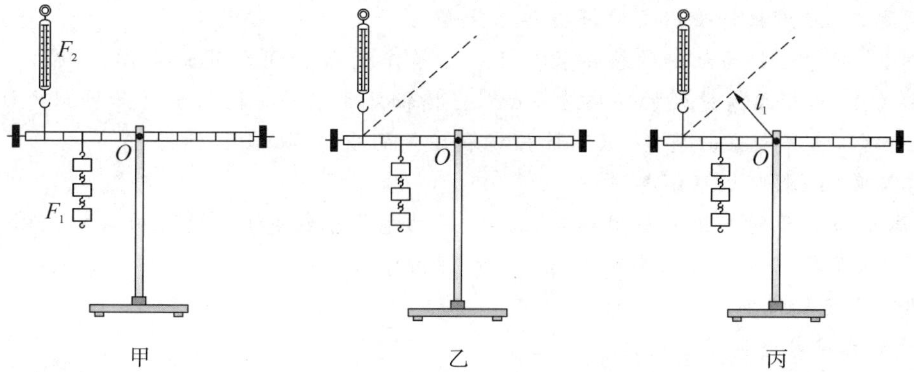

图 2－31

（教师）在杠杆使用中，我们把支点到力的作用线的垂直距离称作"力臂"。

教师点明开始探究时结论成立的原因并引导归纳杠杆的平衡条件：动力×动力臂＝阻力×阻力臂。

【探究感悟】

当年，阿基米道德在总结出了"杠杆的平衡条件后说，只要给我一个支点，我就可以移动地球"。对此，你有何感想？

（教师）尽管我们有着古老的文明，早在春秋战国时期，我们就有了使用杆秤的记录，也有着与杠杆平衡条件表述极为相似的"杆秤制作方法"，但是我们却与"杠杆的平衡条件"擦肩而过。从今天的探究中，我们能够得到的启发是"科学的发现往往需要我们向前再迈一步"。

（本环节是本课的中心，在本课重点的突破上采用了三步走：先是创设情境引起学生探究欲望，通过模拟称象进行探究，得出杠杆平衡条件的初步结论；其次通过对探究结论的评价与反思明确再探方向；最后利用再探究建立杠杆力臂的概念，在化解力臂认知难点的同时得出杠杆的平衡条件，达成学习目标 2 和 4。）

三、杠杆平衡条件的应用

问题一：理解杠杆模型

① 标出图 2－32 甲杠杆中的力 F_1、F_2 的力臂；

② 若图 2－32 乙中，F_1 的作用点在 A，请画出撬图钉时所需要的最小的力。

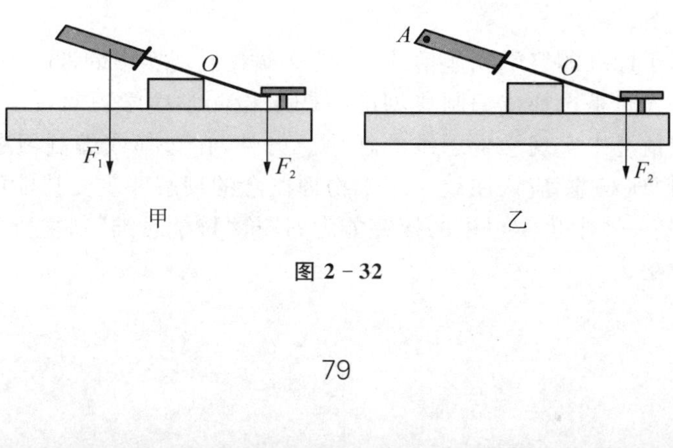

图 2－32

问题二：应用杠杆平衡条件解决实际问题

图 2－29 中，作为杠杆的槽钢长为 10 m，吊车的吊钩固定处距系弹簧测力计一端的距离为 9 m，距系铁笼处的距离为 7 cm，当槽钢处于水平平衡状态时弹簧测力计的示数为 200 N，估算大象的质量。(不计槽钢和铁笼的重，g 取 10 N/kg)

学生解答，教师板书解答过程。

(本环节属于对知识的应用环节，通过“画力臂”完善对杠杆模型的认知，通过解决具体问题，了解杠杆平衡条件的应用。达成评价学习目标 3。)

四、小结和作业

师生共同完成本课小结：

1. 结合杠杆模型回顾“支点、动力、阻力、动力臂、阻力臂”。

2. 杠杆平衡条件：$F_1 l_1 = F_2 l_2$。

作业：请制作一个简易杆秤，说明制作的原理、过程并展示实际制作产品。

(本环节属于对知识的归纳和应用，突出本课所学重点，并通过实践性作业评价学习目标的达成。)

基于“探究行为”的课堂评价，可以依托具体的探究任务展开。在实施课堂教学时，要能够构建“以‘探究行为’为核心学习行为”的课堂生态，以问题作为指引，然后再设计一定的情境，组织学生通过有目的的实验、研讨或思维的交流活动，解决所设置的问题，如上述“力臂”概念的建立过程。在学习结束后，我们考虑到学生通过学习不仅要知道如何“探究杠杆的平衡条件”，而且要会用“杠杆平衡条件解决”实际问题。这里不仅有知识上的要求，同时也有操作技能上的要求。而要评价这两点，我们可以请学生制作一个简易杆秤，说明制作的原理、过程并展示实际制作产品来进行评价，以显化学生的探究行为，评价学生的探究能力。

我们研究认为，学习目标和评价标准是课堂评价的核心元素，制定学习目标和评价标准更是教师教学能力的核心体现。具体评价的策略基本有两类：

一类是关注过程的形成性评价策略。此点可以采用问题链的方式，在解决问题的过程中逐步形成“学科思维”，这是一种“作为学习”的评价，同时也是对认知过程的一种“评估”。是否有效，关键看问题设置是否与标准的要求一致，问题的解答方式是否是基于学生的学习需要。

另一类是基于标准的终端测量模式，此模式就我们现实中的课堂教学操作而言，我们熟悉的一种方式就是选择或编制典型的习题来检测学生学习状况。但是，其主要目的应该定位在新情境中实现学生思维的迁移。另外，在选择或编制习题时需要把握层次要求。评价“物理双基”应该注重对所学物理概念的理解和主要技能的掌握；评价“科学探究”则主要是关注学生学习中的探究能力；评价“科学思维”则主要关注的是解决问题的学科思维方法。

随着研究的深入，我们逐步厘清了初中物理“行为课堂”架构模型，具体如图2－33。

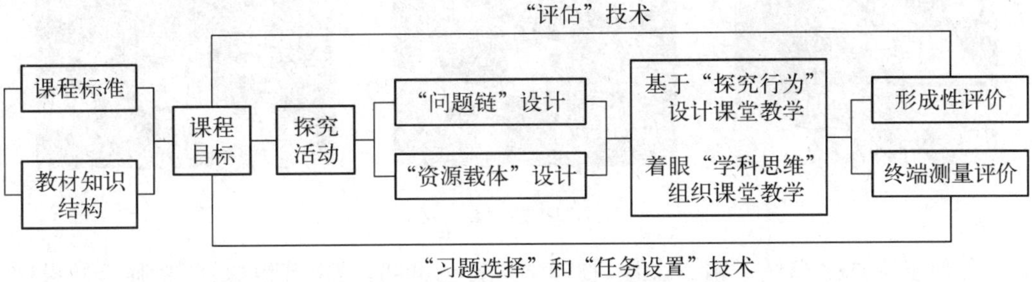

图 2－33　初中物理“行为课堂”架构模型图

由模型图可知，实现“构建以‘探究行为’为核心学习行为的初中物理课堂”，共分三个环节。首先，是对课程标准的分析以及文本研读，在此基础上结合学情确定课时学习目标；其次，是“探究行为”的先行设计，依据课时目标，设计“探究活动”，将教材知识结构转换为学生可学的方式，重点考虑保障学生“探究行为”发生的“思维载体（问题链）”和“资源载体（实验）”的设计；再则，是“着眼学科思维”的培养，以“探究行为”为核心学习行为设计和组织课堂学习。构建中需要确立“基于标准的课堂评价”思想，一是利用“评估”技术建立随问题而生的形成性评价；二是利用“习题选择”和“任务设置”技术，对照课时学习目标进行终端测量评价。需要说明的是，“行为课堂”的构建路径具有循环性，意味着“探究行为”的设计和“课堂组织”具有生成性和需要不断优化。

第二节　初中物理探究教学的实施现状研究

在研究中，我们注重基于实证分析探究教学的实施现状，为进一步的研究找准方向。分析时，我们关注学生，因为探究教学的实施主体是学生；我们关注实验教学的状况，因为实验是探究教学的重要载体和路径；我们关注教师的素养提升，因为探究教学离不开教师的指导。2016 年 9 月，我调到无锡市教育科学研究院工作，负责初中物理的教学研究指导。日常的听课调研，使我更为广泛地近距离观察初中物理课堂；组织教研活动、指导选手参加初中物理基本功比赛，和教师们一起学习交流，对区域内探究教学的现状有了更为清晰的了解。同时，参与江苏省义务教育初中物理学业水平的测试工作，使我对全省初中物理实验开设及探究教学状况也有了更为客观的认识。

1. 优质的探究教学还未成为课堂常态

观察今天的初中物理课堂，我们的教师实际上是可以很好地组织探究教学，这是 2018 年无锡市初中物理优质课比赛的课堂教学场景（图 2－34）。

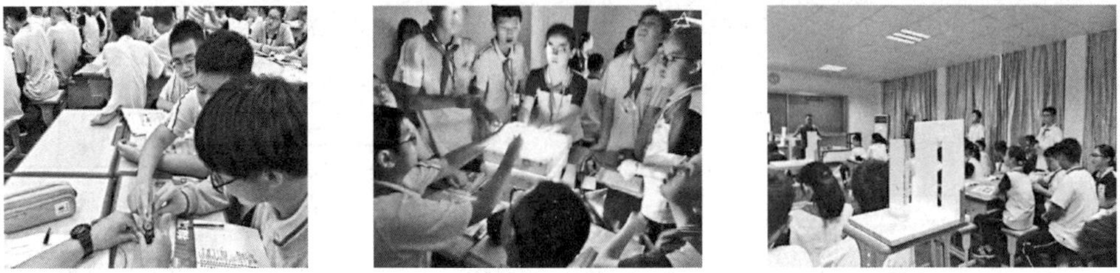

图 2－34

各位参赛选手都做了精心设计，物理学科特色鲜明，学生分组探究，教师巧妙设问，师生互动问答。在那次比赛中，特别指出的是宜兴市周铁中学的陆占余老师，他们学校只有五位物理教师，但是他通过自己的努力，自制了许多实验器材，包括赛课时所用的光的色散器材，可以使学生近距离观察到非常明显的现象，学生通过实验均能描述光的色散，学习目标达成度高，被评为一等奖的第一名。陆老师是一位真正的物理教师，物理教学不能只是黑板上的粉笔字和那一张张缄默的学案，而应该是可视化的实验操作和师生思维的碰撞，这就需要物理教师能够提供合适的实验载体，包括能够动手自制实验器材。课后，陆老师谈教学设计时，展示了他为了上好物理课，多年来自制的许多实验器材。“巧妇难为无米之炊”“工欲善其事，必先利其器”，这些浅显的道理大家都懂。优质的探究教学之所以难以成为常态，实验资源不足是其中原因之一。教育是传承和积累，如果一个物理组能够切实围绕探究教学，不断积累实验资源，优质的探究教学也就具备了成为常态的条件。

2018 年，我调研听课、观摩省市级评优课、指导乡村骨干教师培育站听课共 142 节。除省、市级评优课外，在常态教学中，探究教学的实施确实存在着诸多需要改进之处，除上述提到的实验载体不足，用视频代替探究、变探究为讲解仍是较为普遍的现象。每次听完课，我都会和任课教师交流这样几个问题：一是这堂课典型的探究任务是什么？二是实验室的器材够用吗？三是如何组织探究才更为有效？对于第一个问题，大部分教师都能较为准确地说出；对于第二个问题，大部分的学校基本有条件做到，但要获得更好的探究教学效果，需要根据实际改进实验资源，这需要教师的付出；对于第三个问题，教师的回答囿于经验的居多，对于组织是否有效，由于缺乏对探究教学设计路径及评价方式的思考，实际呈现的效果也确实不如人意。

我时常在想，为什么只有优质课比赛及骨干教师的展示课，我们才去设法创设这样的具有物理味道的优质课堂？老师们常说的理由是考试压力太大，没有时间开展探究教学，平时只能去训练、讲授，以至于忽视物理学科之所以诞生的最初本源。基于课例的分析和调查，个人认为，上述所说只是浅层原因，这里的主要问题是：物理教师对初中物理探究教学的价值认同和技术路径的设计问题，以及为探究教学的开展而做出的努力不足。

2. 学生实验开设低于课程标准要求

每两年，江苏省对全省义务教育阶段部分年级和学科进行一次质量监测，以了解全省义务教育学生学业水平，并提出教育改革的指导性意见。2018 年江苏省组织了第七轮全省义务教育质量监测，在本轮监测的实施过程中，物理学科专家组研制了相关测试工具及调查问卷，在对八年级学生进行物理学业水平测试的同时，重点关注学生实验探究能力的检测，同时对全省物理实验教学的相关问题进行了问卷调查。基于测试数据和问卷结果对全省初中物理实验教学现状作出评估并提出改进建议。

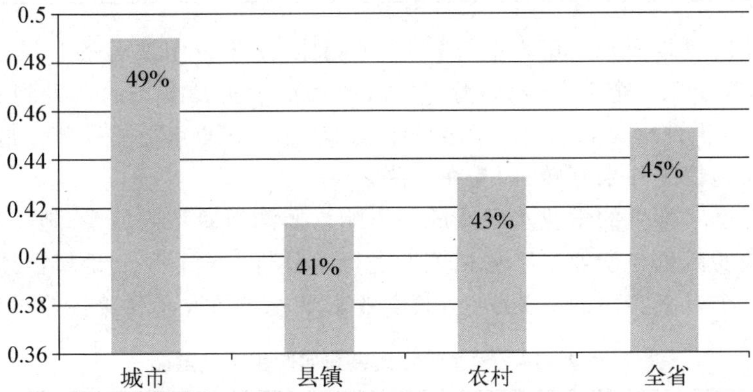

图 2－35

本次监测共收集教师问卷 3489 份，学生问卷 47178 份，学生测试卷 120482 份。数据显示，2016—2018 年，全省初中对课程标准规定的学生必做分组实验开设率情况如图 2－35 所示，在调查的 11 个学生分组实验中，全省平均开设率仅为 45%，为历史新低，其中县镇、农村开设率更低。监测组选取了其中的 3 组实验，与 2016 年监测情况进行对比，结果如表 2－13。

表 2－13　2016 年与 2018 年 3 个学生分组实验比较

实验名称	问卷时间	选项内容			
		没听说过	只听老师讲过	只看老师演示过	自己动手做过
探究水沸腾时温度变化规律	2016 年	1.3	26	41.7	30.9
	2018 年	1.7	20.6	38.3	39.4
探究凸透镜成像规律	2016 年	0.9	12.8	30.6	55.7
	2018 年	1.9	13.5	33.9	50.7

续表

实验名称	问卷时间	选项内容			
		没听说过	只听老师讲过	只看老师演示过	自己动手做过
用天平测物体的质量	2016 年	0.8	7.5	30.3	61.4
	2018 年	1.5	11.5	34.5	52.5
平均	2016 年	1.0	15.4	34.2	49.3
	2018 年	1.7	15.2	35.5	47.5

从统计情况可以看出，2018 年与 2016 年相比，学生分组实验的开设率，由 49.3% 降到 47.5%，降了 1.8 个百分点；将分组实验改为演示实验由 34.2%升到 35.5%，升了 1.3 个百分点。由此可见，2018 年学生分组实验要比 2016 年更差一些。这就说明探究教学的实际实施情况并未好转，而是在下降。

这种下降已对学生的学业水平造成了影响。监测组对不同城乡、地域学生中，学生完成分组实验的数量与学业水平的相关性进行了分析。全省不同地域群体中做 8 个以上实验和做 2 个以下实验的两类学生，其学业水平差异情况及显著性检验如表 2 - 14。

表 2 - 14　学生学业成绩与实验相关性监测

学生必做实验	全省	城乡			不同区域			学校性质	
		城市	乡镇	农村	苏南	苏中	苏北	公办	民办
做过 8 个及以上	532	541	522	508	543	539	515	526	568
做过 2 个及以下	473	485	464	445	486	497	459	467	511
差值	59	56	58	63	57	42	56	59	57
差异显著性检验	***	***	***	***	***	***	***	***	***

注：*** 表示置信区间 P＜0.001；** 表示置信区间 P＜0.01；* 表示置信区间 P＜0.05。表格中的分值为依据实际成绩计算的标准分，下同。

从表中数据可以看出，做过 8 个以上实验学生群体的学业水平明显地高于做过 2 个以下实验学生群体的学业水平，而且学业水平上存在显著性差异。从总体上来看，无论城乡、地域、学校性质等的差异，学生完成分组实验的数量均与学生物理学业水平呈现出显著性正相关，即学生完成分组实验多的群体，其学业成绩明显高于完成分组实验少的群体。因此，充分进行学生的分组实验有助于提高学生的学业成绩。

通过学科测试卷，依据义务教育物理学科关键能力表现水平，我们可以把学生的物理学业水平由高到低划分为 A(优秀)、B(良好)、C(合格)、D(待提高)四个层次。全省各层次水平的学生中，做8个以上实验和做2个以下实验的两类学生，其学业水平差异情况及显著性检验如表2-15。

表2-15　不同层次学生学业成绩与实验相关性监测

学生完成实验情况	A层次学生	B层次学生	C层次学生	D层次学生
做过8个及以上	607	499	403	301
做过2个及以下	596	494	399	296
差值	11	5	4	5
差异显著性检验	***	***	***	**

从表中数据可以看出，各层次学生群体的物理学业水平均与学生分组实验完成的情况呈现出正相关，且A层次上学生的学业差异最大，各层次中学生的学业水平均存在显著性差异。这一证据也充分驳斥了当前有些教师认为学生水平差而开展学生分组实验活动无效（无需过多开展学生分组实验活动）的错误认识。那么，影响实验开设率的主要因素是什么？监测组分析以后得到表2-16。

表2-16　全省学校学生分组实验开设率与相关因素的分析①

研究因素	相关因素	实验室配置10∶3及以上	专职实验员2人及以上	实验器材配置能基本满足	教师对实验认识正确率
全省实验开设率	相关系数	0.046	0.001	0.179	0.214
	密切程度	3	4	2	1

注：密切程度是相比较而言，分别用1、2、3、4表示差异，其中1表示密切程度最高，依次减小。

数据表明，在全省范围内，专用实验室配置、专职物理实验员、实验器材配置和教师对学生分组实验的认识都影响学生分组实验的开设率。从密切程度讲，教师对学生分组实验的正确认识密切程度最高，这说明制约学生分组实验开设的首要因素是教师。也就是说，即使有专用实验室，有实验器材，有专职实验员，学生分组实验也可能因为教师的原因没有开设。密切程度第二的是实验器材是否能满足需要，这说明没有实验器材，即使有专用实验室或有专职实验员也无用。从硬件上讲，实验器材更重要。密切程度第三、第四的分别是专用实验室和专职实验员，这说明，从全省范围内讲，只极少数学校可能因为没有专用实验室，或没有专职实验员，影响了学生分组实验开设，所以其相关程度较低。

就演示实验而言，监测显示，教师用现代技术手段取代实际的物理实验操作的比例

① 图表中的数据均是摘自2018年江苏省义务教育学生学业质量分析报告（八年级物理）。

较高(图 2－36),说明教师自身对实验操作的研究也在弱化。

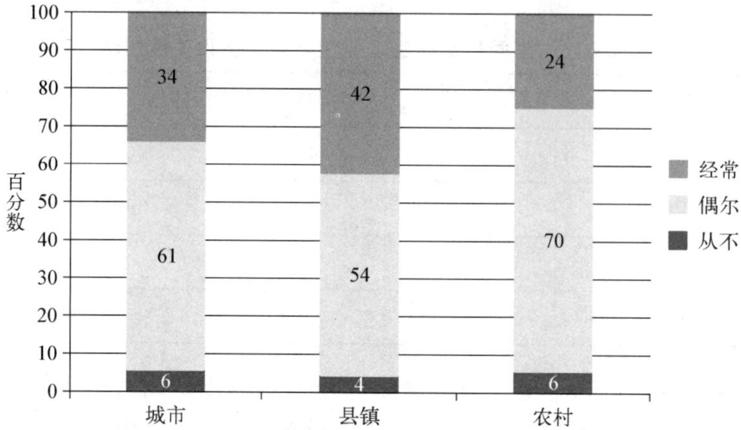

图 2－36　城乡学校老师使用多媒体或仿真实验室代替演示实验教学的状况

苏科版初中物理中的物理综合实践活动是基于单元设计的研究性学习项目,用以培养学生科学探究和实践应用能力,八年级物理共设置 5 个综合实践活动。监测结果显示,5.5%的老师没有开展综合实践活动,8%的老师仅做了 1 个,20.1%的老师仅做了 2 个(图 2－37)。

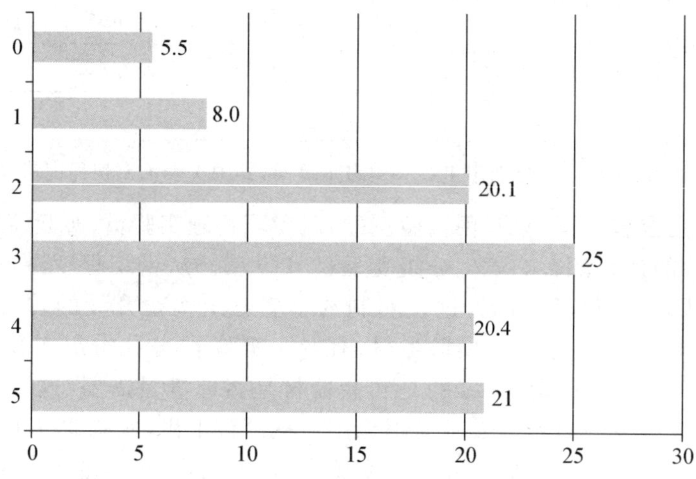

图 2－37　综合实践活动全省开设率

综上所述,当前实验教学形势严峻,课标规定的学生实验开设率过低,教师动手演示实验少,与物理是一门实验科学理念相悖。确实要引起高度重视,采取有效措施,引导实验教学的有效开展。要提高教师对实验教学的价值认识,推进探究教学研究。

3. 学生的实验操作和设计能力均需加强

对学生的探究能力进行评价，在日常的教学活动中，我们可以依托具体的探究任务来进行。鉴于大面积的评价需要，纸笔测验仍是普遍采用的方式，为使得评价更具客观性，我们在做江苏省义务教育学生学业质量监测时，采用情境化命题的策略，以评价学生的探究能力。由于该项监测是在学生自然学习状态下的测试，不同于中考的高利害性评价，且采用分层赋分，从某种程度上而言，能较为真实地反映学生的实际水平。下面我们选择其中的一道试题进行分析。

案例 16　2018 年江苏省义务教育学生学业质量监测典型试题分析①

如图 2－38 所示，实验室里同学们用托盘天平测量橡皮泥的质量。

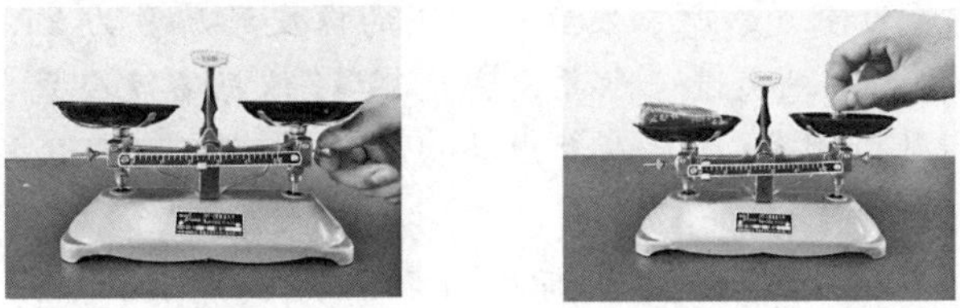

甲　　　　乙

图 2－38

（1）图 2－38 甲是小华正在调节天平平衡，图 2－38 乙是小明正在用天平测量橡皮泥的质量，请分别指出他们在操作中的错误。

小华：＿＿＿＿＿＿＿＿＿＿＿＿＿＿＿＿＿＿＿＿＿＿＿＿＿＿＿＿；

小明：＿＿＿＿＿＿＿＿＿＿＿＿＿＿＿＿＿＿＿＿＿＿＿＿＿＿＿＿。

（2）小红按照正确的方式操作，在托盘中加入如图 2－39 甲的砝码后，指针静止时的位置如图 2－44 乙所示，她发现砝码盒中最小的砝码只有 5 g，接下来她的操作应该是＿＿＿＿＿＿；待天平平衡后，游码指示的示数如图 2－39 丙所示，则小红所测的橡皮泥的质量为＿＿＿＿g。

（3）若接下来需测量橡皮泥的密度，应添加的实验器材是＿＿＿＿。

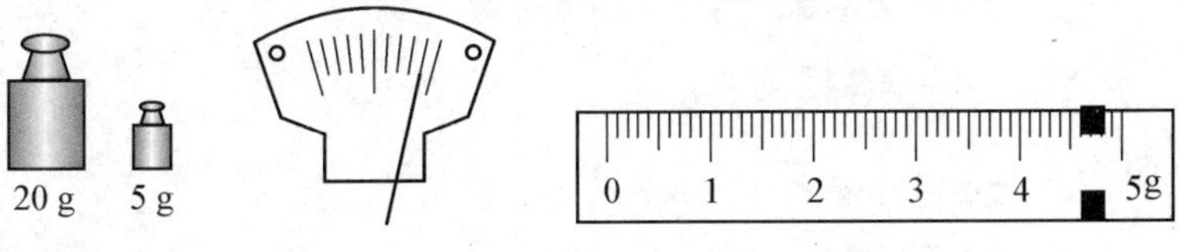

甲　　　　乙　　　　丙

图 2－39

① 摘自 2018 年江苏省义务教育学生学业质量分析报告（八年级物理），由作者本人撰写。

考查内容:(1) 托盘天平的使用;(2) 用天平测量物体的质量;(3) 密度测量设计。

得分率:60.6%。

试题分析:此题考查内容涉及课程标准规定的两个学生必做实验项目“用天平测量物体的质量”和“测量固体的密度”。涉及天平的调节、用天平称量质量时所遵循的操作规范,测量物体质量并正确读数,通过选择器材考查对密度测量的设计。

解答第(1)问,需要知道天平在使用时要放置在水平台面上,调节天平时,应先将游码移至标尺左端的“0”刻度线处,再调节横梁上的平衡螺母。测量质量时,应将物体放在天平的左盘,然后用镊子向右盘中加减砝码。在解答第(2)问时,首先通过图 2-39 甲分析右盘中已加砝码的质量为 25 g,再由分度盘上指针的位置判断是右盘中砝码质量过大,考虑到最小砝码只有 5 g,而游码所在标尺的最大质量示数也为 5 g,所以接下来的操作应是取下 5 g 砝码,移动游码使天平平衡。此时,天平右盘中砝码质量只有 20 g,游码所示的质量为 4.6 g,所以左盘中所测的橡皮泥质量为 24.6 g。第(3)问是在已经测得橡皮泥的质量基础上进一步考虑密度测量,依据密度公式,还需要测量橡皮泥的体积,可以考虑用量筒测量,也可以考虑将橡皮泥捏成规则形状,用刻度尺测量并计算出体积。

由上述分析可知,这三组问题设计考查的素养指向为“实验探究”维度中的“设计与操作”能力。第(1)问的要求为 C(容易)水平,要求学生能利用实验器材进行实验操作;第(2)问的要求为 B(中等)水平,要求学生能规范使用器材进行实验操作并收集证据;第(3)问考查的是器材选择,可以反映学生运用物理知识设计简单的实验方案的能力,其要求达到 B(中等)水平。

学生答案根据水平的高低分为几类,结果如下表:

编号	回答	得分率
16(1)	较高水平的回答(2 分)	72.2
21	示例: 小华:调节天平平衡时,未将游码移到标尺左端的“0”刻度线(1 分) 小明:用手拿砝码(1 分) 例 1:(1) 没有将游码移至左端零刻度线处 用手触摸砝码 例 2:(1) 游码未移至“0”刻度线处 用手拿砝码 例 3:(1) 应将游码移动归零 不能用手拿砝码	

续表

编号	回答	得分率
	中等水平的回答(1 分)	21.2
11	上述回答中有一空正确 例 1:(1) 游码没有调至"0"刻度线处. 物体和砝码位置放反了. 例 2:(1) 在测量过程中调节平衡螺母. 直接用手拿[crossed out]砝码. 例 3:(1) 没有将指针调到零刻度处. 用手直接拿砝码	
	错误回答(0 分)	6.6
91	有表述,内容错误 例 1:(1) 应先将平衡螺母归到0刻度线 用天平测量应是左码右物 例 2:(1) 平衡螺母没有调到零 砝码与被测物体位置放好 例 3:(1) 先调节平衡螺母再去移动指针 先调节平衡螺母再放物品	
99	空白	

学生答案对应的水平层次:

答案为第一层次的学生(代码为 21)占 72.2%。这一层次的学生知道托盘天平的调节方法及天平中关键部件的名称,知道托盘天平的测量规范。操作技能达到"实验探究"中"设计与操作"的水平 C,即能使用基本的测量工具。

答案为第二层次的学生(代码为 11)占 21.1%。表述小华在操作中的错误时,出现的典型错误是对托盘天平的构造不清晰,或者不知道该步骤属于托盘天平测量前的调节。表述小明在操作中的错误时,出现的典型错误是误认为物体和砝码的位置放反了。此类学生的操作技能不能达到"设计与操作"的水平 C。

答案为第三层次的学生(代码为 91、99)占 6.6%。这部分学生表现为不了解托盘天平的构造,不能独立、规范地完成质量测量的操作,或者是虽知道一些操作步骤,但不清楚这些操作步骤的目的。此类学生的操作技能为“实验探究”中“设计与操作”的水平D，属于不会使用基本的测量工具。

代码	回答	得分率
16(2)	较高水平的回答(2 分)	27.6
21	取下 5 g 砝码，再向右移动游码(1 分)；24.6(1 分)。 例 1： (2) 拿下5g砝码，将游码向右~~调节~~移 24.6 例 2： (2) 取下最小砝码，移动游码使其平衡 24.6g	
	中等水平的回答(1 分)	12.7
11	上述回答中有一空正确 例 1： (2) 取下最小砝码，移动游码直至天平平衡 4.6 例 2：(2) 移动游码 24.6 例 3： (2) 拿起5克的砝码，移动游码 24.8	
	错误回答(0 分)	59.7
91	有表述，内容错误，或回答内容与问题无关。 例 1：(2) 调节游码直至天平平衡 29.6 例 2：(2) [illegible] 移动游码. 4.6 例 3：(2) 调节平衡螺母 29.6 例 4： (2) 观察砝码 5	
99	空白	

学生答案对应的水平层次：

答案为第一层次的学生（代码为21）占27.6%。这一层次的学生能根据题目信息，判断出右盘砝码质量过大，根据规则应取下最小砝码（图2-39甲中5 g砝码），再移动游码使天平平衡。读数时知道右盘中还有砝码20 g，游码指示的示数为4.6 g，所以橡皮泥总质量为24.6 g。这一层次的学生操作技能达到"实验探究"中"设计与操作"的B水平，能独立使用天平测量物体的质量并记录实验数据。

答案为第二层次的学生（代码为11）占12.7%。主要错误之处在于质量读数错误，一类是只读游码示数；一类是游码读数错误。同时也有操作叙述不完整。操作技能达到"实验探究"中"设计与操作"的C水平，只能在他人的协助下进行实验操作并记录实验数据。

答案为第三层次的学生（代码为91、99）占59.7%。这部分学生主要表现为不知道此时质量的测量操作如何进行，所以在质量读数时将图2-44甲中砝码质量和游码示数直接相加，或者直接读成游码示数。这一层次的学生，不会使用天平测量物体质量，实验数据记录错误。操作技能为"实验探究"中"设计与操作"的D水平。

代码	回答	得分率
16(3)	较高水平的回答（1分）	69.8
11	量筒、水（或刻度尺） 例1： (3) 一个量筒 和一个装满水的烧杯 例2： (3) 量筒 例3： (3) 尺.	
	错误回答（0分）	30.2
91	有表述，内容错误，或回答内容与问题无关。 例1： (3) [illegible]烧杯、 例2： (3) 弹簧测力计 例3： (3) 秒表、温度计	
99	空白	

学生答案对应的水平层次：

答案为第一层次的学生(代码为 11)占 69.8%。这一层次的学生知道密度的测量原理，在已有质量测量工具的情况下，给出测量体积的工具，主要是量筒和刻度尺。这一层次的学生操作技能达到“实验探究”中“设计与操作”的 B 水平，能运用物理知识设计简单的实验方案，并会选择合适的实验器材。

答案为第二层次的学生(代码为 91、99)占 30.2%。此类错误主要有两种，一种是知道测量原理，会设计方案，但不清楚实验器材的功能，在器材选择上出现错误，如选择烧杯作为测量体积的工具；另一种是不清楚实验原理，所选器材不符合需要，如选择弹簧测力计。或选择的器材与实验设计无关，如选择秒表、温度计。此类学生，能力水平为“实验探究”中“设计与操作”的 D 水平。

综合分析学生实际做答情况，我们可以获得如下结论：

一是学生的实验操作技能需要培养。课程标准强调，应重视评价学生的实验技能，例如，能否正确使用本标准要求的实验仪器和测量工具；能否正确记录和处理实验数据等。实验技能是实验探究的关键能力之一，也是衡量学生是否达到课程标准规定的学业质量水平的评价要素。课程标准列出的 20 个学生必做实验中，10 个属于测量性实验。测量工具的学习，最佳的方式是结合学生的日常实验探究进行，这说明学生的实际经历不足。

二是学生实验方案的设计能力需要培养。实验方案设计是指学生为达成实验目的，能依据实验原理，选择实验器材、设计实验步骤，是实验探究的关键能力之一，同时体现学生的知识结构化程度。本题所考查的密度测量工具的选择，是实验方案设计能力的评价方式之一。

4. 物理教师学科素养培养的重点

探究教学离不开教师的指导，在探究教学中，目标的把握、典型探究任务的选择、问题设计及载体设计的关键是教师，这就需要教师具备相应的学科素养。

(1) 实验技能：物理教师学科素养培养的基点

2016 年 10 月，在江苏省第二届基础教育青年教师基本功大赛(初中物理)中，其中的“实验操作”设计了三个问题，完成时间是 30 分钟，具体要求如下。

题 1　探究杠杆的平衡条件

器材：杠杆，铁支架(附十字夹)，钩码(50 g)5 只，弹簧测力计 1 个。

要求：将钩码悬挂在杠杆上一侧，用弹簧测力计在杠杆另一侧施力，通过实验，探究杠杆的平衡条件，测量数据，并记录在自己设计的表格中。

题 2　测定小灯泡的额定功率

器材：干电池 2 节(附电池盒)，直流电流表 1 只，直流电压表 1 只，开关 1 个，滑动变阻器 1 个，小灯泡(2.5 V)及灯座 1 个，导线 7 根。

要求：画出电路图，连接电路，进行实验，测量小灯泡的额定功率。

题 3　估测薯条的热值[水的比热容为 4.2×10^3 J/(kg·℃)]

器材：薯条 2 根，5 角硬币（$m=4.5$ g）1 个，烧杯（装有水）1 个，试管 1 个，量筒 1 个，温度计 1 支，塑料刻度尺 1 把，圆柱形铅笔 1 支，钢针 1 根（插在橡皮块上），打火机 1 个，铁架台（附烧杯座，铁夹）1 个。

要求：实验估测薯条的热值，记录下测量的数据（规定说明：塑料刻度尺的两端贴有纸片，专供放置薯条和硬币用）。

在题 1 中，弹簧测力计所测拉力是向下的，所以需要倒置后调零。按照要求，这是一个探究性实验，包涵的设计思想应该是分别改变阻力、阻力臂、动力臂来研究动力变化，在此基础上得出杠杆的平衡条件。选手操作时的主要错误之一是不知道弹簧测力计倒置后如何调零，错误之二是把本实验看成验证性实验，直接采用挂钩码的方法使杠杆平衡。初中物理学习中，学生需要掌握刻度尺、弹簧测力计、天平、电压表、电流表的使用，按照规范要求，测量时均需要考虑校正“0”点；而验证性实验与探究实验的本质区别在于结果已知还是未知，从而采用的方法不同。选手出现错误的根本原因是平时教学时对测量工具使用规范的忽略和探究意识的缺乏。

题 2 中设有一个“陷阱”，当选手连接完电路后，闭合开关发现灯泡不亮，两表也没有示数。但是，按照比赛规则，只有选手向评委提出电路由于器材原因存在断路问题无法实验时，评委才会再拿出一根导线给选手，并告知选手“所给导线也不知道是不是好的，你先设计实验检测一下”，当检测发现所给导线是好的，选手需要再次检测电路故障所在。在检测故障时，只有少数选手直接用电压表和导线快速检测出故障所在，而大部分选手做该实验则是失败的。“测量小灯泡的电功率”是课程标准要求的学生必做实验，实验中学生碰到的实际问题往往是电路不通，而此时教师应该教会学生如何利用电压表和导线采用逐段检测的方法快速排除电路故障。赛后，选手交流时，他们也表示平时在实验中主要关注的是数据分析和得出结论，而较少考虑必需的实验技能培养。

要完成题 3 的实验，关键是需要选手用刻度尺自制一个天平测出薯条的质量。正确的操作方式之一是先把刻度尺放在铅笔上，调整位置使之平衡，找到刻度尺的重心位置并根据刻度计算出刻度尺的自重。然后再以插在橡皮上的钢针作为支撑点，支撑在刻度尺的中间位置，用硬币做砝码，测量出薯条的质量，测量时必须排除刻度尺自重的影响。而选手大多因为在自制天平时没有首先想到需要算出刻度尺的质量，从而不能正确测出薯条质量。其实，利用刻度尺自制天平的习题倒是屡屡出现在试卷中，教师在解题时一般不会有问题，过多的习题训练已经使我们的物理教学变成了“纸上谈兵”。

实验设计与操作题满分 20 分，参赛选手能得到 12 分以上的寥寥无几。尽管参赛的选手是各市选拔出来的一群优秀的物理教师，处于比赛环境下，紧张不可避免，但是排除客观原因，其中暴露的系列问题的实质是物理教师实验设计与操作技能的不足。笔者在听课调研中也发现，一些学校的物理教师在上课时喜欢用讲实验代替做实验，稍微好点的物理老师是采用视频播放实验操作，这些与现实教育中存在的功利思想和视频资料技术的日臻完善有很大关系。如果不改，物理教学终将会失去其诞生之初的意义，从一门实践性学科而蜕变为一个用文字描述的虚拟世界和用习题编写的数字计算，对学生物理核心素养的形成是非常有害的。

实验之于物理就像骨骼之于人体，它是系列物理核心概念建立的基础。例如，没有伽利略理想实验就没有惯性概念的提出，不去比较压力的作用效果就没有压强，没有欧姆的实验探究就没有欧姆定律。作为一名物理教师，需要将实验设计和操作技能作为物理学科素养培养的基点。

(2) 单元设计：物理教师学科素养培养的链环

也是在江苏省第二届基础教育青年教师基本功大赛中，教师的授课课题是苏科版初中物理教材八下第九章“力与运动”的章后小结和八下第十章“压强和浮力”的章后小结。命题者刘炳昇先生希望通过交流进一步探讨复习课的改革问题，基本的命题指导思想是如何用“物理的核心素养”引领物理一章后的复习课的设计与实施，课题有很大的自由度和创造空间，有助于评价老师较深层次的知识与能力的积淀。

以“力与运动”为例，教材共由“二力平衡”“牛顿第一定律”“力与运动的关系”三节内容组成。实际授课时，有的选手着重分析了“探究二力平衡的条件”“探究阻力对物体运动的影响”二组实验探究，给人的感觉似乎是在上新课；有的选手则着重分析了本章知识的应用，给人的感觉似乎是在讲习题。当然，其中也不乏精彩课例，现整理一位优秀选手的授课流程如下。

案例 17 “力与运动”授课流程(部分)

引入：(实验演示，如图 2-40)让小球从斜面上某点由静止滚下，最后停在粗糙水平面上的 B 点。

图 2-40

问题：从 A 点到 B 点的过程中，小球做什么运动？原因是什么？

模块一 唤醒记忆——核心概念的再现

问题：同学们已经学习过力与运动的相关知识了，请结合实例谈谈对“力”“惯性”这两个概念的认识。

学生活动：先分小组讨论，再汇报自己的认识，互相补充，不断完善。

教师参与，适度追问。

模块二 知识的重构——知识的结构化

问题：本章重点介绍了“力与运动”，你能把本章所学知识梳理一下吗？

教师简单介绍知识整理的方法：提纲形式、表格形式、树形结构、网状结构等。

学生建构自己的小结，教师收集两位学生的整理结果投影并组织评估。

模块三 评价与反思——运用知识解释现象

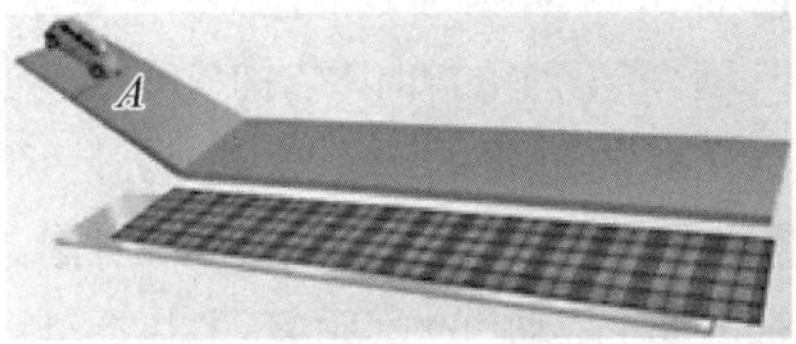

图 2-41

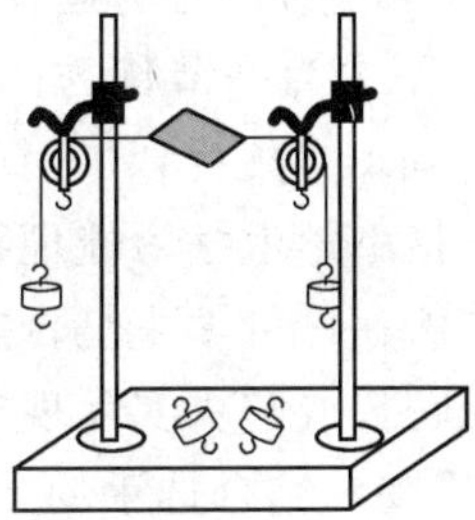

图 2-42

活动 1 反思“阻力对物体运动的影响”的探究(配演示实验，如图 2-41)

问题：实验时每次都要让小车从斜面上的同一点开始下滑，这样做的目的是什么？分别选用棉布、木板和玻璃进行实验，这样做的目的是什么？牛顿第一定律是由实验直接得来的吗？有什么价值？

活动 2 反思“二力平衡的条件”的探究(配演示实验，如图 2-42)

问题：小纸片受力吗？为什么能静止？要破坏这种平衡，你有哪些做法？

活动 3 知识应用

1. 反思“测量摩擦力的大小”实验

在上一章“探究影响滑动摩擦力大小的因素”实验中，是用弹簧测力计沿水平方向匀速拉动木块来测量摩擦力大小的。现在，你知道为什么要用这种方法吗？

实际操作中，弹簧测力计的示数时大时小，这是什么原因造成的？

2. 如图 2-43 甲所示，一物体在大小为 10 N 的力 F 作用下沿着水平桌面匀速滑动。

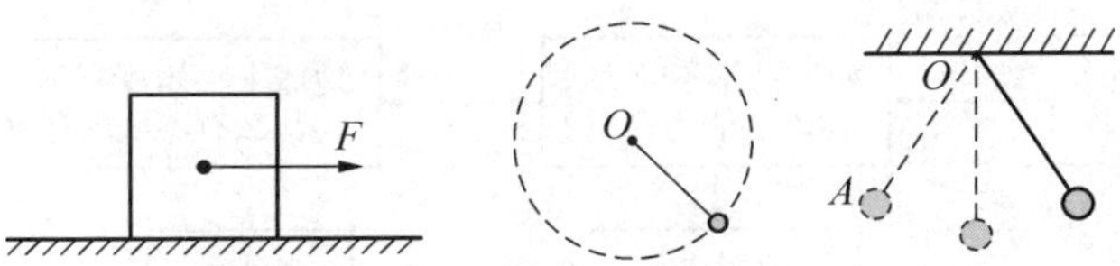

甲　　乙

图 2-43

(1) 请指出物体所受摩擦力的大小和方向。

(2) 如果要使物体向左做匀速直线运动，那么应该再给物体加一个多大的力？方向如何？请写出必要的分析过程(可以画图说明)。

3. 对如图 2 - 43 乙所示的在光滑的水平桌面上做匀速圆周运动和竖直方向上摆动的小球进行“力和运动关系”的分析。

该课最大的特点是在深入解读教材的基础上，没有纠缠于每节的具体细节，而是把思维集中于核心概念和“力与运动”关系的思辨分析上，帮助学生重构起知识网络并了解其中的方法，不失为一节优秀的章末复习课。

在评课时，刘炳昇先生谈了对复习课的看法。他认为现代复习观要求我们重点考虑的问题是：如何指引学生学习梳理物理知识，形成有序的知识结构？如何从回顾探究过程中，提升科学方法？评价学生是否撼动已经存在的重要的前科学概念、是否领会重要知识的得来过程、在解释或解决实际现象和问题中是如何思考问题的？如何渗透人文精神、关注物理文化的熏陶？结合选手的上课，他对“力与运动”的章后复习主要建议如下：

① “力与运动”章后复习要有灵魂。许多老师复习时，按教材章节的顺序，逐点回忆知识，逐一再现或讨论做过的实验，并进行概念、规律应用的练习，还对这一章的知识结构进行了梳理。总的感觉是知识点多，注意点细，缺少一条思想的主线，即“灵魂”。

② 力与运动的关系，是人类对自然世界认识史上的重大课题。为什么亚里士多德的观点维持了数千年之久？因为他有经验的证据，许多人们生活的经验是支持他的观点的，直至今日，还有很多人都还不自觉地支持他的观点。他之所以错，是因为没有揭示事物的本质。伽利略、牛顿等人经过艰苦卓绝的探究，才揭露了他的观点的错误，改变了人类对自然世界中这一重大问题的认识。复习“力与运动”不能不提及物理学史上的这一智力苦斗的辉煌历程。

③ 本章复习应按这一主线展开(图 2 - 44)。在新的思路下，原来看似独立的三节(二力平衡、牛顿第一定律、力与运动)转变为探究力与运动关系的三个组成部分。为回答物体运动的原因，排除力的影响，得到了牛顿第一定律，解释了现实世界中的惯性现象，同时也认识了力是物体运动状态改变的原因，解释了现实世界中物体受力时产生的各种运动现象。从而使思路更简洁，内在联系更强。

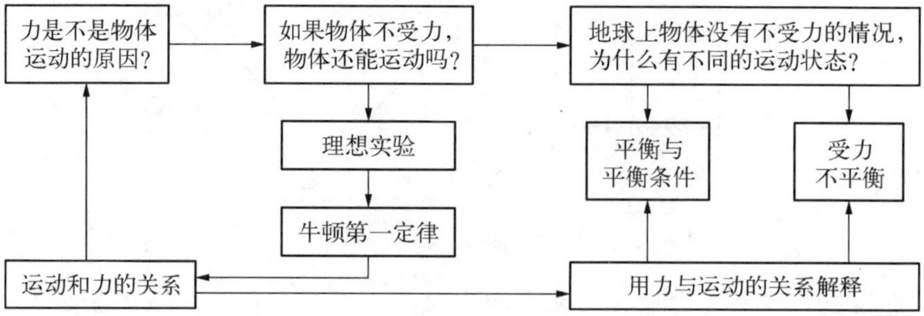

图 2 - 44

从教学设计的角度而言，刘教授的建议渗透了“单元设计”的思想，提倡我们在授课时要依据课程标准，解读教材结构，整体架构教学网络。围绕核心概念的建立，设计探究任务，发展以问题链为主的思维载体设计技术，开发以实验为主的资源载体，实施基于课程标准的学生学习评价。

(3) 问题和证据意识：物理教师学科素养培养的关键

为评估教师的实验教学组织能力，2016 年 12 月，我们曾组织无锡市初中物理教师实验教学比赛和研讨活动，所选课题为苏科版初中物理第六章第二节“测量物体的质量”，本节主体内容是用天平测量“一枚回形针的质量”和“测量瓶中水的质量”。老师们都做了精心准备，课堂也精彩纷呈。其中，有的老师组织学生当堂自制天平，有的老师准备了橘子既作为被测物体，也作为奖品奖励给学生，有的老师为了说明对轻小物体的测量需要采用“测多算少”的方法来减小误差，特意准备了质量小于天平最小分度值的塑料回形针。但是，给听课老师的感觉总是好像少了点什么。突然，其中一节课让大家眼睛一亮，其基本的授课流程如下。

案例 18　“测量物体的质量”授课流程(部分)

第一模块　复习天平的使用规则

1. 请学生观察天平并说出天平的最大称量和最小分度值。

2. 请学生先估计、再测量一样学习用品的质量，抓拍学生测量瞬间(主要是不规范或错误之处)直接投影到屏幕上，组织学生评估纠错。

第二模块　测量一枚回形针的质量

1. 不限方法，让学生测量并汇报数据。

学生汇报结果：

1 枚：0.6 g；

20 枚：10 g，每枚 0.5 g；

40 枚：19.2 g，每枚 0.48 g。

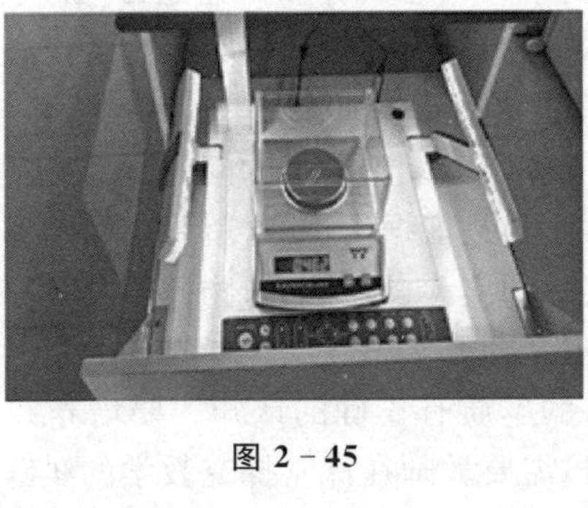

图 2 - 45

2. 数据分析:你认为哪一组误差小?

当学生回答"测 40 枚的误差小"时,教师反问:"证据呢?"。

教师拿出"电子天平"直接称量 1 枚回形针,显示是"0.462 g",说明确实是测量 40 枚的误差小(图 2-45)。

教师接着问:"我们应该选用多少枚比较合适呢?"

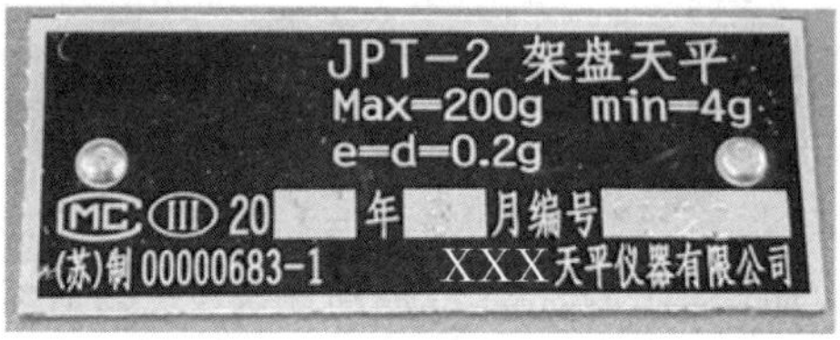

图 2-46

请学生注意观察铭牌(图 2-46)并思考。学生注意到铭牌上有一个 min=4 g,教师解释此数值的涵义,该天平测量质量小于 4 g 的物体时,误差比较大。并且指出很多测量仪表当所测值过小时,误差都比较大,如家庭生活中的水表、以后要学习的电能表等。

本节课中,授课老师没有重复介绍天平使用的注意点,而是组织学生实测,并把测量中所捕捉到的问题直接呈现,学生在真实的问题评估中掌握正确的使用方法。在测量回形针的质量时,授课老师也没有直接说明采用哪种测量方法,因为实际测量时一枚金属回形针的质量是可以测出来的,而是让学生自由选择方法进行测量,测量结束后也没有急于肯定哪一种方法误差更小,而是用更精密的电子天平测出回形针的质量,作为比较的依据,在基于证据的比较下确定最佳测量方案。难能可贵的是,老师对天平铭牌的分析很透彻,使得学生了解到更多的测量知识。物理学的根本任务是探索自然的奥秘,它是基于问题驱动的一门科学,是需要证据支撑的一门科学,与此相对应,物理教学的根本任务之一就是培养学生的问题意识和证据意识,这是探究教学的要义。

综上所述,要培养学生的学科核心素养和探究能力,必须要提升教师的学科素养。从课堂教学的角度解析,物理观念的形成依托于核心概念的建立,这就要求教师首先需要对物理知识结构有清晰的认识,要梳理单元设计的思路;学生科学思维的形成与教师教学时的思维方式密切相关,教师应该善于设置清晰的问题链引导学生建构知识网络、领悟物理方法;科学探究离不开问题,尤其是证据意识,这就要求教师本身应具备相应的探究能力,尤其是实验载体的设计和实际的实验操作能力;物理本身是一门实践性学科,也更是在实践中不断发展的学科,实事求是的科学态度决定了物理的良性发展,这就要求物理教师在教学中应该能够对物理学科的本质有正确的认知。要培养并形成上述的素养,需要教师自身在专业领域的不断钻研,需要教师在课堂探究教学的实践中不断积累。

分析目前的初中物理探究教学现状，从学生的角度而言，需要我们考虑实验载体的设计，做好日常的实验探究教学，开展综合实践活动；从教师的角度而言，要培养单元设计意识，提高自身的物理学科素养。当然，我这儿提供的只是现状，我也相信，随着教学改革的推进，优质的课堂探究教学是会成为常态的。

第三节　单元视域下的探究教学研究

教学不是简单的重复，对于教师个人来说，应该是不断学习新知并设法使学生理解的过程；对于教师团队而言，是随着社会发展及人才的培养需要，在吸收已有的学科研究成果基础上不断解决发展中的问题的过程。为了做好教学研究指导，无锡市教育科学研究院提出“主题性教研”的要求，即思考并围绕本门学科的核心问题，确定研究主题，指导区域教研活动，提升教师专业素质。

2016 年，学科核心素养已经提出，学科核心素养是学科教育对全面贯彻党的教育方针、落实立德树人根本任务、发展素质教育的独特贡献，是学科育人价值的集中体现，是学生通过学科学习而逐步形成的关键能力、必备品格与价值观念。同时，基于听课、调研和对初中物理探究教学中存在问题的反思与实践，基于物理学科的实验特质，初中物理确定以“指向物理核心素养的单元设计”为研究主题，开展主题性的教学研究，指导各区域开展专业化的教研活动，以期提升初中物理探究教学的实效，找到物理学科核心素养的落地途径。期间，我先后承担了两期“省级乡村初中物理骨干教师培育站”工作，和他们走进课堂，深入实践。

1. 探寻物理学科核心素养的落地途径

2016 年 4 月 15 日，我们“江苏人民教育家培养工程”第三期理科组的培养对象，在徐州市第一中学集中学习研讨。期间，导师组崔允漷教授开设讲座“基于核心素养的课程标准修订”，阐述了普通高中课程设计路线图，并提出“任务群”及“单元模块”的课程设计理念。

期间又阅读了李艺、钟柏昌的文章，两位学者提出了“基于核心素养的课堂教学三层架构图”（图 2－47），倡导课堂教学须有三种指向。就物理学科而言，其中“双基”指向，是以基础知识和基本技能为核心，它是开展探究、形成物理观念的基础；“问题解决”指向，以解决问题过程中所获得的基本方法为核心，它是形成“学科思维”的基础；“学科思维”指向，指在系统的物理学习中通过体验、认识及内化等过程逐步形成的相对稳定的思考问题、解决问题的思维方式和价值观，实质上是初步得到物理学科特定的认识世界和改造世界的世界观和方法论，加

图 2－47

深对物理学科研究的本质方法“实验论证和数学逻辑思维”的理解。林钦提出“核心素养导向的物理教学要求重视物理核心概念教学、注重科学研究方法的应用、关注学生真实的情感体验、借助原始物理问题培养学生解决实际问题的能力和意识”。

黄恕伯先生对高中物理学科核心素养做了进一步的梳理(图 2－48),为基于学科核心素养的教学设计梳理了顶层设计思路。物理学科核心素养是学生通过物理学习内化的带有物理学科特性的品质,从顶层设计的角度而言,物理学科核心素养是三维目标的集中表达和具体要求。它要求学生在经历物理学习后形成有关物质、运动与相互作用、能量等正确的“物理观念”;培养模型建构、科学推理、科学论证、质疑创新等“科学思维”;掌握“科学探究”的方法,具有问题意识、证据意识,具有解释和交流的能力;形成科学态度与责任。从学习程序的角度而言,初中物理的学习应注重采用“科学探究”的方式培养学生的“科学思维”,培养科学的品质,最终形成正确的“物理观念”,即理解物理概念或规律,并懂得用它来解决实际问题。

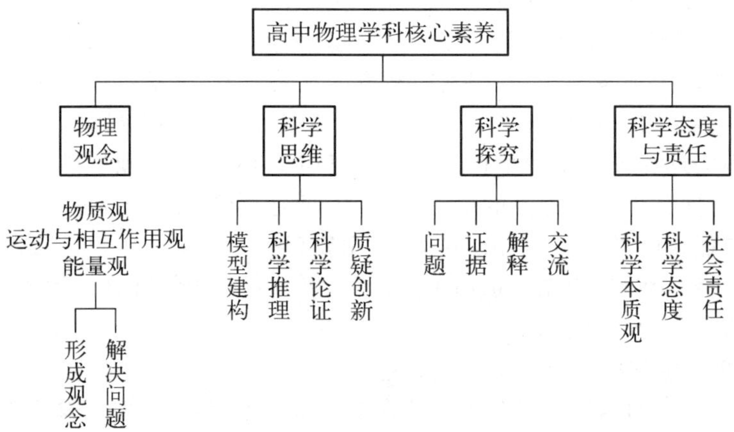

图 2－48

物理观念的形成并非易事,在中学教育阶段,个人认为,只能是一种不断逼近的追求。例如,我们知道,当一个人双脚和地面做好绝缘处理,那么他就可以手摸火线,进行带电状况下的线路维修,但是我们在课堂上又能看到多少老师这样做呢?物理观念的形成离不开探究,离不开实践。所以指向物理学科核心素养的初中物理教学,其核心的学习方式仍是“探究教学”,核心的学习行为仍是“探究行为”。

如何让学科核心素养落地,辛涛等人认为“核心素养”是解决“培养什么样的人”的教育问题,学科的《课程标准》解决的则是“如何教”的教育问题。所以,具体地说,培养学生的学科核心素养,有效的途径仍然是落实课程标准的教学要求,但是需要考虑学生能力培养的连续性、观念形成的层递性、认知结构完善的系统性。我们在教学时就需要考虑防止碎片化的课时教学,而要把“单课”设计成为具有主题的“课群”。钟启泉先生着眼于“核心素养”界定的世界趋势及我国“新课程改革”实施中产生的若干盲点，提出“基于核心素养的课程发展意味着，无论是课程开发者抑或一线教师都需要在‘核心素养—课程标准（学科素养/跨学科素养）—单元设计—学习评价’这一连串环环相扣的链环中聚焦核心素养展开运作”。他认为“单元设计”将是撬动课堂转型的一个支点，离开单元设计，就失去了“学科”“课程”的基础，就会纠缠于“课时主义”，就会聚焦碎片化的“知识点”教学，导致“三维目标”的无法融合。所以，我们需要考虑单元设计视域下的初中物理探究教学。

2016 年 5 月至 2017 年 5 月期间，我担任“无锡市乡村初中理化生骨干教师培育站”的主持人，培养对象均为区级以上教学骨干，在校均承担有教学示范和教研引领任务。经导师组反复商榷，并和学员共同讨论决定，考虑物理、化学、生物学科共性，确定研修主题为“基于学科核心素养的课堂教学架构”，研修主要方式为课例研修，基本目标是明晰本门学科核心素养要素，把握本门学科的课堂教学特质，培养研读课标、研读教材、制定教学目标的能力；培养基于课时的学习目标，设置教学载体，组织课堂教学的能力；研究课堂教学中的评价技术，以期形成“核心素养—课程标准—单元设计—学习评价”教学链环。在研修中，我们倡导“单元设计”应该成为集体备课的中心议题，强调梳理课程标准界定的单元目标，探讨从课程标准到课时目标的分解技术，形成单元计划和学习评价的规约，以实验操作能力助推学业成绩，以深度学习触及知识内核，从而推动课堂教学的转型，为核心素养的落地提供实践路径，获得了初步的实践经验。

2. 指向物理核心素养的单元设计研究路径

归纳前期的学习和研究实践，为探寻物理学科核心素养的落地途径，我对探究教学需要开展的进一步研究做出了如下的思考：

一是要强调探究教学的整体性和目标的指向性。探究教学要注重学生物理观念的建立、科学方法的习得和科学思维形成的连续性。

二是基于探究教学现状的实践分析。探究教学要注重学生物理实验操作和设计能力的培养，注重提高学生的知识结构化程度、物理建模能力。因为这些能力是学生经历初中物理学习后需要具备的持续学习物理的能力，是初中物理的关键能力。

三是高中物理学科核心素养的提出规约了中学阶段物理教育的方向和方法。物理教育要能帮助学生建立正确的物理观念，培养科学的思维，掌握科学探究的方式，具有科学的态度和责任。这需要我们探寻更为适切的教学方式和指导学生学习的方法。

物理学科核心素养主要由“物理观念”“科学思维”“科学探究”“科学态度与责任”四个方面的要素构成，用物理核心素养引领新一轮的物理课程、教材和教学改革，标志着我国物理课程目标进入一个新的发展阶段。物理核心素养集中体现了物理学科的教育价值，是三维目标的整合、提炼与发展，其中既有继承又有创新。要在“知识与技能”的学习中建立物理核心概念，从而形成科学的物理观念；在“过程与方法”中培养科学思维和科学探究能力；在“情感态度价值观”中强调“科学态度与责任”。

就初中物理的学习而言，义务教育物理课程以提高全体学生科学素养为宗旨，基础性的要求是能形成关于“物质”“运动和相互作用”“能量”等正确的物理观念，实践性的要求是具有科学探究能力并能应用物理知识解释现象和解决实际问题。所以，就学习设计而言，“探究行为”依然是核心的学习行为。同时，需要考虑学生科学思维培养的连续性和物理观念建立的层递性，需要我们考虑大概念下的学习设计，需要考虑追求理解的学习设计，需要考虑深度学习思维的培养，需将“探究行为”置于单元设计视域下考虑，置于实际情境中进行分析。物理教学要从知识的学习走向能力的形成，要从微观的课时学习走向中观的单元设计，以利于培养学生的物理核心素养，即真实学力和关键能力的形成。

因此，我们启动了江苏省教育科学十三五规划课题“指向物理核心素养的单元设计”研究，研究立足初中物理和高中物理必修课程的课堂教学，探讨从“核心素养——课程标准——单元设计——学习评价”的教学设计链环，重点研究“单元”的确定以及“单元设计”的关键技术。具体路径如图 2－49 所示。

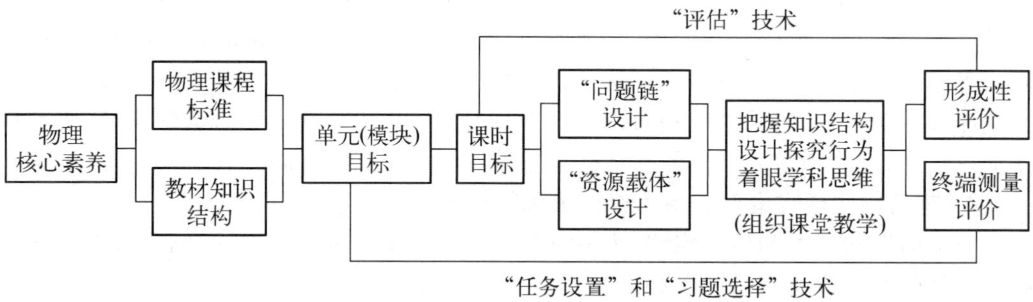

图 2－49 “指向物理核心素养的单元设计”研究路径

我们把研究的关键环节确定为三个方面：一是指向物理核心素养，基于课程标准，结合学习内容确定单元，制定单元教学目标分解制定课时目标，为物理探究教学的课时目标制定提供依据；二是把握物理探究教学的基本特质，设计“思维载体——问题链”及“资源载体——实验”，组织探究教学；三是利用评价的研究成果，以评价促进学习，在课堂教学过程中，以课时目标为参照，注意采用“评估”技术，采用“形成性评价”和“诊断性评价”相结合的策略；单元模块结束后，依据单元目标，考虑采用“任务设置”的方式进行表现性评价或选择“典型习题”进行终端测量。在这里，我有必要说明几个核心的概念。

一是“单元”。这里的单元不是指单纯的学习内容单位，是课程单位和学习单位，应包涵“学习内容、学习目标、学习方法、学习评价”等，如“物质”不能视作一个单元，“物质学习怎么设计”才能视作一个单元。因为指导教学的课程标准是上位的内容标准和探究能力的要求标准，实施教学的教材是以具体任务编制的，任务的选择一般依据学生的认知基础，基于学生的认知特点来设计的，而评价又是依据课程标准。所以单元设计需要将三者融合，以达成基于标准的学习。因此，这里的“单元”不是指教材中依据任务选择而组织的素材，而是具体的学习过程或者是围绕主题的微课程。

二是“单元设计”。单元设计既是课程开发的基础单位，也是课时计划的背景条件，是课时计划的指引，是“核心素养——课程标准——单元设计——学习评价”链环的中观层面的设计，其决定性的环节是指向核心素养，整合不同的教学方略。设计的重点是“目标的设计（明晰教学目标）、方法的设计（聚焦知识建构）与评价的设计（有效反馈信息）”。

3. 单元设计的关键技术

我们采用课例研修的方式，稳步推进“指向物理核心素养的单元设计”研究，归纳了单元设计的关键技术，从而为单元设计视域下的探究教学提供了实施路径。

(1) 目标设计：基于大概念的物理学习进阶设计

物理观念的形成具有层递性，科学思维的培养具有连续性，这些特征决定了物理教学需要围绕大概念及核心任务设置，为避免学习重点的偏移，目标的设计至关重要。

在单元设计中，目标的设计应是基于大概念的物理学习进阶设计。郭玉英认为的学习进阶是“对学生在一个时间跨度内学习和探究某一主题时，依次进阶、逐级深化的思维方式的描述”，其实质，是在为学科核心素养各组成要素的发展脉络建构模型。从初中物理学习的角度而言，它包括物质、运动和相互作用、能量在内的科学核心概念的学习进阶和包括解释、建模在内的科学实践能力的学习进阶。现以初中物理教学中的“电磁能”单元为例，结合教材（下列案例中所提教材均为苏科版义务教育教科书《物理》），阐述目标的设计过程。

案例19　“电磁能”单元目标设计框架

1. 依据课程标准进行目标分解

教材在内容呈现上分为“电路初探”“欧姆定律”“电功和电热”三章内容，依据课程标准的目标分解如表2－17。

表2－17　“电磁能”单元目标分解

章节内容	依据课程标准的目标分解		
	认知性目标	技能性目标	体验性目标
第十三章 电路初探	1. 说出生产、生活中采用简单串联或并联电路的实例。 2. 了解串、并联电路电流和电压的特点。	1. 会看、会画简单的电路图。 2. 会连接简单的串联电路和并联电路。 3. 会使用电流表和电压表。	

续表

章节内容	依据课程标准的目标分解		
	认知性目标	技能性目标	体验性目标
第十四章 欧姆定律	1. 知道电压、电流和电阻。 2. 理解欧姆定律。		通过实验，探究电流与电压、电阻的关系。
第十五章 电功和电热	1. 从能量转化的角度认识电源和用电器的作用。 2. 结合实例理解电功和电功率。 3. 知道用电器的额定功率和实际功率。 4. 用焦耳定律说明生产、生活中的一些现象。 5. 了解家庭电路。		1. 通过实验，探究并了解焦耳定律。 2. 有安全用电和节约用电的意识。

物理核心素养与教学目标的对应分析：物理观念是从认识结果的角度对物理核心素养的描述，科学思维是从认识方式和过程的角度对学生关键能力做出说明，科学探究关注实验和实践。对应表 2－17 中课程标准的目标分解，“认知性目标”描述的是物理观念要求，“技能性目标”和“体验性目标”描述的是科学实践能力要求，包括科学思维和科学探究能力。

2. 依据大概念进阶设计表现性评价任务及核心学习任务

由表 2－18 可知，本单元在物理核心概念的建构上，涉及“欧姆定律、电功、电功率”三个理解层次的目标；在实践能力上则经历“电路识别、画电路图、连接电路、测量电流及电压、欧姆定律探究及焦耳定律探究”。大概念的进阶分三个层级：第一层级是“电路的结构和连接方式”；第二层级是“电路工作遵循相关的规律（欧姆定律）”；第三层级是“从能量的角度认识电源和用电器（电功、电功率）”。现结合教材提供的资源说明该单元的大概念进阶及任务设计。

表 2－18 《电磁能》单元大概念进阶及任务设计

大概念进阶	表现性评价任务	核心学习任务
电路的结构和连接方式	综合实践活动：设计简单电路（① 设计并制作病房呼叫电路模型；② 拓展研究：设计并制作选答器模型、楼道开关电路模型、交通信号灯模拟电路）。	1. 怎样使一个小灯泡亮起来。 2. 怎样使两个小灯泡亮起来。 3. 学习使用电流表、电压表。 4. 探究串、并联电路电流和电压特点。

续表

大概念进阶	表现性评价任务	核心学习任务
电路工作遵循相关的规律(欧姆定律)	1. 测量定值电阻的阻值。 2. 综合实践活动:设计和制作一个模拟调光灯(选择合适的器材,设计和制作一个亮度能够连续调节的调光灯)。	1. 尝试改变电路中电流的大小。 2. 探究影响导体电阻大小的因素。 3. 用铅笔芯改变电路中的电流。 4. 学习使用滑动变阻器。 5. 探究通过导体的电流与电压、电阻的关系。
从能量的角度认识电源和用电器(电功、电功率)	综合实践活动:对家庭用电的调查研究(① 调查家庭用电线路;② 估测各用电器的实际功率;③ 拓展研究:节能灯和白炽灯耗能情况比较研究;电视机、空调等用电器处于待机状态时的耗能情况研究;夏天,将空调的制冷温度调高 2 ℃对耗能的影响)。	1. 比较两个灯泡的亮暗。 2. 测量小灯泡的功率。 3. 探究影响电流热效应的因素。 4. 观察三线插头与三线插座;练习使用测电笔;探究熔丝熔断的原因。

大概念既是各种条理清晰的关系的核心,又是使事实更容易理解和有用的一个概念锚点,具体由物理核心概念和实践能力要求组成,“大概念进阶”是对教学目标核心内涵的说明和外延界定。“表现性评价任务”是对预期结果的评估,注重综合实践活动是苏科版教材的特色之一,每章提供的综合实践活动可以给学习进阶提供具体的表现性评价任务。在设计单元核心学习任务之前,我们要求设计者在制定目标后思考以下问题:什么可以用来证明学习目标的达成?达到这些目标的证据是什么?教与学所指向的、构成评估的表现性行为是什么样的?只有回答了这些问题,我们才能在逻辑上导出合适的教学和学习体验,从而使学生成功地完成学习任务,达到内容标准的要求。格兰特·威金斯认为:在“为理解而教时”,我们必须把握的观点是“我们是在培养学生用表现展示理解能力的指导者,而不是将自己的理解告知学生的讲述者”。

(2) 方法设计:围绕核心学习任务设计问题链和实验载体

在明晰了单元目标及核心学习任务之后,接下来,我们需要思考的就是如何完成知识的建构,并在此过程中培养科学思维,形成物理观念。我们从一节具体的课例“光的色彩　颜色”的教学设计谈起。

案例 20　“光的色彩　颜色”教学设计

1. 基于课程标准的目标分析

该节隶属“声和光”单元。大概念进阶要求是:通过实验观察,探究颜色之谜。具体的学习目标是“通过实验，了解白光的组成和不同色光混合的现象”；为了观察色光混合现象，课程标准提供的参考样例是“观察两只手电筒分别射出的红光与蓝光在白墙上重叠部分的颜色”。

2. 分析教材资源，设定核心任务及问题链

教材资源由一组生活现象及四组物理探究活动组成。可由现象观察提出引导性问题，四组探究活动为本节核心任务，可围绕探究活动设置四个基本问题，构成问题链。流程如图 2－50 所示。

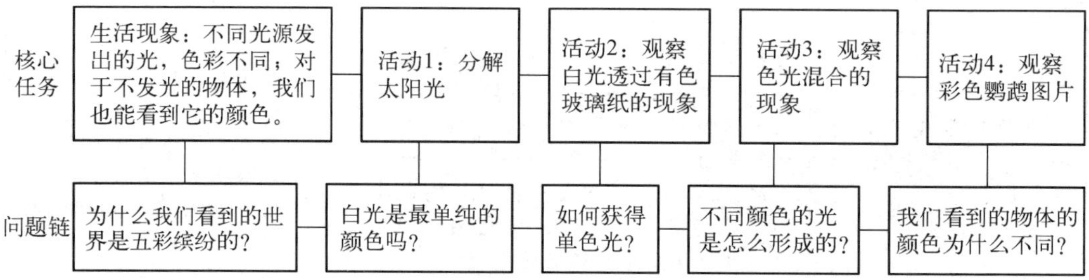

图 2－50

3. 实验载体设计(部分)

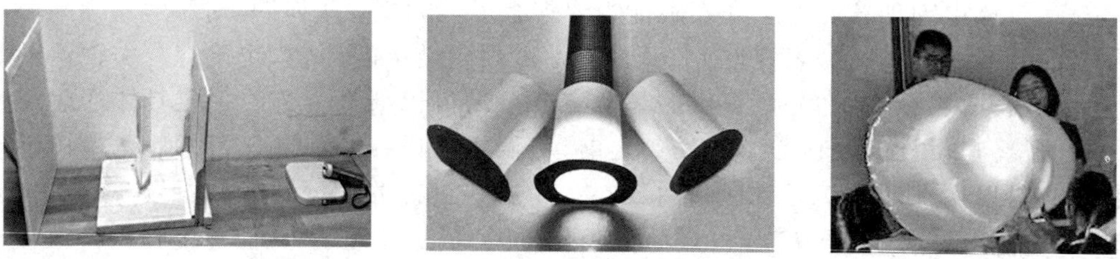

甲　　乙　　丙

图 2－51

图 2－51 甲：强光电筒、带有夹缝的木板、三棱镜、光屏，可以安排学生实验，探究“分解太阳光”。

图 2－51 乙：强光电筒、摄影滤色纸，可以获得红、绿、蓝三种单色光。

图 2－51 丙：课堂实际场景。在透明充气圆柱中充入白色烟雾，用图 2－51 甲的器材和三棱镜，让白光透过三棱镜后射入圆柱中，观察色散现象；用图 2－51 乙器材获得单色光后，射入圆柱中观察色光的混合现象。所有现象均可在空间呈现。

上述三种实验载体均为自制，已经过课堂实践，可以呈现清晰的光现象，利于学生进行观察和描述。

牛顿在《光学》一书中提到“我的计划不是用假设来解释光的性质，而是用推理和实验来提出并证明这些性质”。刘炳昇先生提出“在物理教学中，如何培养和发展学生核心素养？其中一个十分重要的问题，就是如何对待物理实验”。在初中物理的学习中，正是一次次的实验、实践、体验，潜移默化地提高了学生的证据意识、探究能力，培养了实事求是、坚持真理的品格。

任何物理学习单元，会同时涉及许多教育目标，如观念、思维、技能、应用等。如果我们的目标是帮助学生充分感知和运用所学的知识，那么我们的教学设计必须明确地专注于那些连接所有离散事实和技能并给他们带来意义的大概念，利用基本问题来架构目标，形成问题链，渗透评价先行的理念，开展有目的、有层次的探究，完成知识建构。单元设计避免零散的知识、技能点教育，这一意识需在每一节课中渗透。

(3) 评价设计：从评价的视角架构“综合实践活动”和“物理复习课”教学

评价既是对预期目标的检测，更是学习的一种方式。日常的单元检测主要对学生的学业水平进行评价，是基于认知理论的测量，是“对学习的评价”，“作为学习的评价”则更多的是发生在日常课堂教学中。因此，我们专门在每一单元学习结束后，研究如何从评价的视角架构教材中“综合实践活动”和“物理复习课”的教学。下面举一例说明。

案例 21　“综合实践活动：设计简单电路”教学实录(部分)

该课是案例 19 中提到的“电路初探”一章的表现性评价任务，可以评价学生对“电路的结构和连接方式”的了解。授课教师在构思本堂课时一直在思考如何将物理中的电路设计和生活中的应用联系起来。设计了一堂“基于 STEAM 理念的综合实践活动”，从而鼓励学生像科学家一样思考问题，像工程师一样解决问题。围绕着三件项目作品：医院呼叫系统、抢答器、楼道灯展开学习。先是小组讨论选题，再利用节假日、课外活动，引导学生创作，包括去医院实地考察，关注作品的创意和深度。本节课以展示作品、展示设计为载体，电路设计为主线，请学生围绕着三件项目作品，分组展示，提出自己的想法，让不同观点发生碰撞，促使他们不断修正方案，从而达到更深层次的理解。课堂实录(部分)如下。

教师：设计只有一张病床的呼叫电路，指示灯和电铃如何连接？请画出电路图。

学生 1：将设计的电路图(指示灯和电铃串联)通过平板上传给教师，教师展现在投影幕上，请学生评价。

学生 2：我觉得并联更好，这样即使一个用电器坏了，另一个还能正常工作，因为并联电路互不影响。

教师：设计有两张病床的呼叫电路。

学生将设计的电路图通过平板上传给教师，教师展现在投影幕上，请学生评价。

学生1:我们组设计的是一床指示灯,先和电铃串联,再和病床前的开关串联,再用同样的方法接好二床,最后再并联到一个电路中。

学生2:我们组觉得要将两盏灯并联后再与电铃串联,两个开关分别与两盏灯串联。这样的设计比较合理,可以节省一个电铃的成本。

学生3:医院比较安静,如果接太多电铃,会太吵,不符合实际。

教师:大家对电路设计有了合理的判断,我们请承担此项设计任务的小组上台展示他们的作品,并谈谈有没有进一步改进的想法,可以让作品更好地应用于实际。

主创1:我们去医院考察过现实的呼叫系统,我们的作品还存在一些问题,比如,病人呼叫时,自己并不知道能否呼叫成功,可以在病房区再装一个指示灯;当护士到达病房,应该自动结束呼叫。

主创2:还有一些病人由于各种病情的不同,有时不能自己呼叫,所以为了更方便病人,我们想设计一种可穿戴的呼叫系统,比如心脏病患者,当仪器检测到病人的心脏跳动异常,就会立刻启动呼叫。

主创3:护士听到铃声要跑去护士站才能看到几床呼叫。可以在走廊安装提示器,或者用移动互联技术,实时发信息给护士,不管护士在什么位置都能随时随地接收到呼叫信号。

教师:这一组同学的设计非常棒,对作品还有很多进一步改进的想法,为了完成设计他们还搭建了一个模拟医院场景(图2-52),通过这个实际场景设计出了较为合理的电路,感谢同学们的作品分享。

图2-52

刘炳昇先生认为:物理综合实践活动不仅能为那些笔试理论成绩好的学生提供培养实践能力的机会,而且也为那些理论成绩稍差的学生提供发展的可能,有利于学生个性的发展。开发综合实践活动课的评价功能,使学生用物理的眼光去认识和处理周围的事物,将生活事实转化为物理关系,在解决问题的实践中潜移默化,形成物理观念、培养实验技能。

在复习课设计时，我们可以围绕生活中的原始问题，通过设置物理问题，感知研究对象所经历的物理过程及其关键的状态，以及与过程和状态相关联的物理量的变化特点，构建恰当的物理模型，分析物理过程所遵循的规律、关键状态间的关系，在问题解决中培养科学思维。复习课要更加注重以基本问题组成问题链实施教学，其理念就是采用评价先于教学的设计，可以提供有效的形成性评价路径。

在指向物理核心素养的单元设计中，单元目标的设计要能提供大概念进阶、表现性评价任务及核心学习任务；课时学习要利用基本问题架构目标、设计问题链及实验载体；注重“作为学习的评价”设计，新课教学以问题链为导引，做好学习评估，要从评价的视角设计综合实践活动及复习课教学。

归纳个人及团队对探究教学的研究脉络，起于对初中物理探究教学课程文化的思考，这是对课程理念、课程标准及教材实施的思考，旨在构建适合探究教学的课程文化生态，倡导探究教学的实施是理念指导下的文化认同过程，此点至关重要，也正是这种文化的认同使我对探究教学的研究保持了正确的价值观念。

探究教学需要实验载体和科学的流程设计。我对此项的研究，目的是使得学生切实、有效地经历探究过程，在经历中达成对物理研究方法的掌握和认识物理学科的实验价值，获得物理知识和能力的同步发展。

教学研究的目的是为了促进学生的学习。所以思考并围绕初中物理核心的学习行为开展研究，才能把握研究的关键。也正是基于学生“探究行为”的研究，使我认识到探究教学实施的关键是构建以“探究行为”为核心学习行为的课堂。作为教师要围绕探究任务，对学生的探究行为进行先行设计，课堂教学中要能够对学生的探究行为进行有效导引，组织好学生的探究活动，这里的关键是“问题链”和“实验资源”载体的设计。探究教学需要评价，基于课堂实践的需要，我们系统研制了课堂探究行为的评价量表，给出了多种评价方式。

培养学生的物理学科核心素养，是探究教学需要实现的目标。基于素养培养的需要，探究教学要考虑概念建构的层递性、能力培养的连续性、知识体系的结构化，以指向物理观念的形成。这里就需要基于单元设计探究教学，初中物理探究教学是实现初中物理课程价值的模式，所以，基于单元视域下的探究教学设计路径就是我认为的初中物理探究教学设计路径。

在研究中，我们一直坚持基于证据分析探究教学的实施现状，其目的是使得我们的研究具有针对性和提高研究的效度。我们之所以在现状分析中关注学生实验开设率、教师对实验教学的组织、综合实践活动的开展和教师的教学素养，这是基于学生的学和教师的教而考虑的，是实现探究教学的必需条件。教学是随着教学目标和学生实际而不断改进的过程，所以我们的研究也仍在继续。

在探究教学的研究过程中，我们一直坚持采用主题性课例研修，使授课者明确自己的设计思想，使观课者明确自己的研究方向，使研究群体有交流的载体，发挥自己的研究特长进行思想的碰撞，使专家引领更有针对性，提出矫正和改进建议。主题性课例研修使得参与研究者对课堂的实际情境有深刻的体会和反思，是行动研究，这样的研究就是真研究。

2018 年 10 月 19 日，我们的团队在无锡市新安中学开展课例研修活动，这次活动和无锡市新吴区乡村初中物理骨干教师培育站联合举行，我们留下了这张合影（图 2－53）。合影上方有一行大字“每一个人都很重要”。

图 2－53

我时常凝视这张照片，教育不是一个人的事，真正支撑基础教育的正是这样的一群人，他们朴实无华，甚至默默无闻，但教育真正发生的地方也正是他们所在的岗位——课堂，而有价值的教育研究也必须是面对他们的学生，使学生获得有用的知识。在这里，每个人都很重要，包括老师和学生。2016 年 12 月，我应邀参加江苏省的“教海探航”活动，进行课堂展示和讲座。那一次活动的主题是“先生回来”，基本的要义是：复兴始于教师，教育大计教师为本。当前的价值困惑使教师离先生似乎渐行渐远。当前的价值困惑使“学者”遍天下，而教师阙如。只有真正的教师才是真正的学者。

因此，我想再强调一下我们的观点。要培养学生的物理学科核心素养，必须要培养教师的学科教学素养。课堂教学素养的培养离不开教育的实践，我们需要坚守对教育的信仰，做一名真正的教师，只有真正的教师才是真正的研究者。

在这里，我要感谢无锡市教育科学研究院给一线教师提供的学习平台。为提升无锡市初中物理教师的实验教学素养，在教科院的支持下，2016 年 11 月，我们第一次组织无锡市所有初中物理教研组长 150 人，到苏科版初中物理教材研究基地——南京师范大学物理学院，邀请了物理教材主编团队刘炳昇先生、钟扣庄教授等给老师们做专题实验教学引领和实验培训。近八十高龄的刘炳昇教授在讲座中亲自动手做了系列实验（图 2－54），他指出，苏科版初中物理教材体现了“物理教学以实验为基础”的理念，关注实验才能真正关注学生学习的过程，才能通过实验探究过程实现对知识的渐进建构，逐步提升物理的核心素养。2019 年 12 月，我们又组织无锡市所有初中学校（每校 1

人)物理骨干教师共155人,再次来到南京师范大学,进行实验教学培训,教师的学习精神令人感动,夜晚他们还在实验室里研究(图2-55),这些学习为物理教师专业素养的提升提供了切实的帮助。

图2-54

图2-55

第三章　初中物理探究教学的设计策略

二十年间，我和我的团队一直坚持立足于初中物理课堂教学，秉持行动研究的特质和程序，开展主题引领下的课例研修，重心是初中物理的课堂探究教学。我们所关注的是学生在学习初中物理过程中，最为核心的学习行为——探究行为。我们围绕“探究行为”开展了评价研究，以推进基于课程标准的教学并为探究行为的设计提供依据；我们从课堂的整体架构入手，开展了“探究行为”的先行设计、有效导引、课堂组织和科学评价的研究，倡导构建以“探究行为”为核心学习行为的初中物理课堂，为初中物理探究教学提供课时设计路径；我们思考物理学科的课程目标，为培养学生的物理学科核心素养，提出单元视域下的探究教学设计脉络，即探究教学设计应遵循“核心素养——课程标准——单元设计——学习评价”链环，目的是为初中物理探究教学提供设计和实施路径。

归理研究，我们认为，从课程建设的视角看，探究教学设计可以丰富初中物理课程文化的内涵。作为一种学习样态，初中物理探究教学应围绕学生的“探究行为”设计。作为一种教学模式，初中物理探究教学应遵循单元设计理念，提供物理学科核心素养的落地路径。

第一节　构建“自主·探究·合作”的课程文化

基础教育课程改革本质上就是一次课程文化创新的过程。课程文化是文化在学校范围内具体实现的物质载体和精神表征。在课程文化中，由于“人的本质的实现，很大程度上取决于人的文化创造，尤其是精神文化的创造更能凸显并表征人的本质的重要和灵性与智性的可贵”，所以课程物质文化和制度文化是课程文化的物质基础和规范保障，而课程精神文化是课程文化的精髓和内核。课程文化主要体现为师生在交往关系中为了、通过和基于人的意识、社会习性和语言进行精神文化建构的过程与结果。概言之，课程文化的本质属性是课程文化具有的人本性和自觉性。更彻底地讲，只有将课程文化的基点回归到人的意识，尤其是意向性及其交互建构的特性，才能充分体现课程文化的人本性、自觉性、自主性和自由性。

《义务教育物理课程标准》倡导科学探究，从课程标准到课堂的教学实施，是一个理念转化的过程。要把课程理念变成教学素养，成为一种行为的自觉，光有对这种理念的认同是远远不够的，还需要对这种理念有进一步的感悟，而这种感悟只有在实践中才是最有效的。一线教师所具备的优势，也正是具有实践的空间，立足课堂，不断思考，总能在实践中探寻到适合学生发展的路径，这是一种课程文化认同的过程。接下来，我将阐述自身对课程理念的理解、对物理教材结构变化的认识以及探究教学的实践案例，以倡导在探究教学的设计中，构建“自主・探究・合作”的课程文化。

1. 新课程的基本理念——课程文化的精神表征

新课程(这里指按照《义务教育课程标准》编写的课程)与旧课程的本质区别是不同的“课程观”，课程观是课程建构的基础，是课程文化的精神表征。旧课程观认为课程是知识，教师是知识的传授者，因而教师是中心，学生处于从属和被动的地位。而新课程观认为课程不仅是知识，同时也是经验、活动。课程不仅是文本课程，更是体验课程，是教师和学生共同探求新知识的过程，学生获取知识的过程是自我建构的过程。旧课程观认为课程就是教材，教材又是知识的载体，因而教材是中心。而新课程观认为课程是教材、教师、学生、环境四因素的整合。教师与学生都是课程资源的开发者，共创共生，形成“学习共同体”。每个学生都带着自己的经验背景，带着自己独特的想法，来到课堂进行交流。这本身就是课程建设。

新课程的核心理念是“为了每一位学生的发展”，这是课程文化的价值取向定位问题。这里包含着三层含义：一是课程要着眼于学生的发展。课程改革的目标指向学生发展，指向以能力和个性为核心的发展。课程改革要培养学生的信息收集和整理的能力、发现问题和思考问题的能力、分析问题和解决问题的能力、终生学习和创新的能力以及生存和发展的能力；课程改革要培养学生的良好个性品质。二是课程要面向每一位学生。基础教育是国民的奠基工程，课程目标所确定的是我国国民的最基本素质。因此，在新课程实施中，必须面向全体学生，认清每个学生的优势，开发其潜能，培养其特长，使每位学生都具备一技之长，使全体学生各自走上不同的成才之路，成长为不同层次、不同规格的有用人才。三是关注学生全面、和谐的发展。学生是一个完整的人，不能把学生仅仅看成是知识的容器。素质教育所关心的是整个的人，而不只是作为产品的人，是富有创造性的生活，而不只是物质生产的生活。学生的发展不是某一方面的发展，而是全面、和谐的发展。所以新课程提出了知识与技能、过程与方法、情感・态度・价值观三个维度的教学目标，以期通过课程学习，使学生达到知识习得、思维训练、人格健全的协同，实现在促进人的发展目标上的融合。

2. 新教材的主要变化——课程文化的物质基础

物理学是研究自然现象的，起源于我们对周围这个世界理解的努力，物理学家是用思想去理解世界、认识世界、创造生活。按照曹则贤先生的说法，物理学的研究对象是“每件事”，物理学是一种什么都想理解的渴望，或曰野心。在达成理解的基础上，凭借物理学我们去创造。当你理解了物理学的真谛以后，“一切皆有可能”。在21世纪，物理学知识应该是受过教育人的标配。所以，你怎么可以不懂物理？按照这样的逻辑推理，我们更加容易理解《义务教育物理课程标准》(2011 年版)所阐述的课程理念：面向全体学生，提高学生科学素养。

基于课程标准而编制的初中物理教材，提供了课程文化的物质基础。在内容选择上也重点关注学生的可接受程度及知识的价值，关注学生作为认知主体的知识建构的基础和多元性。以难度相对较高的电磁能中“电功率”的学习为例，归纳几种不同版本的教材，其内容结构如图 3－1 所示。而图 3－2 则是以前用的老教材的内容结构。

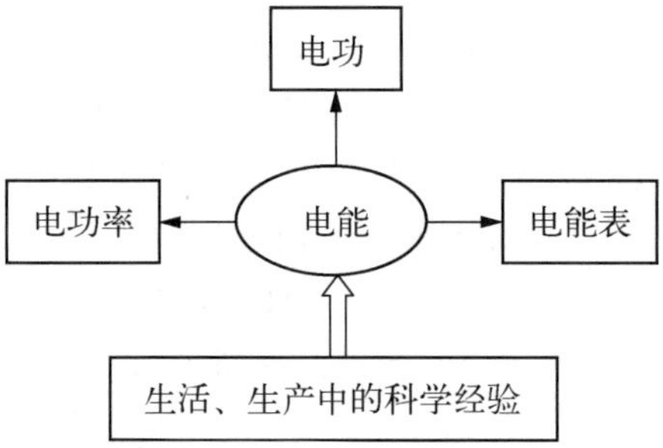

图 3－1

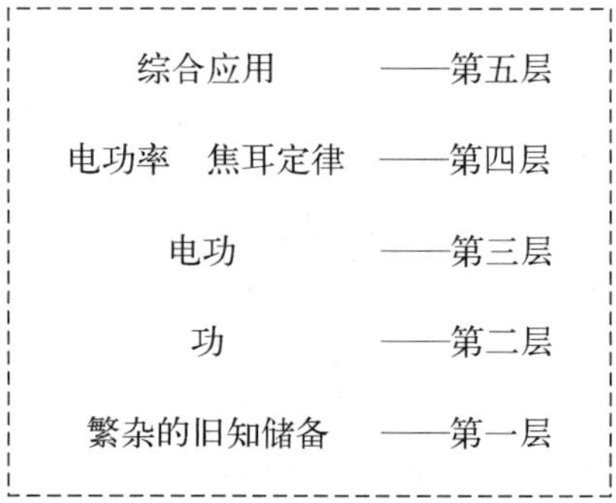

图 3－2

由两张图的对比分析我们可以看出，“电功率”已从老教材中“电学塔尖位置”调整为学生认识电磁能的一个环节，并且是紧密联系学生生活实际及生产实际、利于开发学生创新思维、实现多元发展的一个环节。

具体地说，图 3－1 的新教材重在构筑“有意义的知识建构”，并且从多元角度构建学生的认知基础，在学生初步了解了电路知识的基础上，通过电能、电能表引入电功和电功率的概念，并逐步完善知识建构。整章教材的结构是围绕“电能”(学生已有的生活经验)概念展开并发散。图 3－2 老教材中的电功率内容是建立在功率、简单的串并联电路、欧姆定律、功等知识的基础上的，内容展开又是以“电功”(学生较难理解的概念)为核心，且单一能力要求较高，除实验能力、联系实际的应用能力外，还有普遍令学生头疼的“灵活地运用数学工具解决物理问题的能力”。物理学习需要数学思维，但就如曹则贤先生所说，如果仅把物理看成数学符号的表达，那么目前从事技术研究的人 80％都不懂物理。何况刚开始学习物理的初中学生。

图 3－2 的阶梯式知识结构的分布作为一种选拔功能有它传统意义上的优越性，而作为它的教育功能，似乎有些不尽人意之处，大部分学生只能望顶兴叹。试想当我们在旅游登山时，如果汗流浃背还不能登上山顶，那我们个人的感觉是什么呢？一种是扫兴；另一种则是无可奈何。同样的道理，把这种知识结构的内容引入到物理学科教育，尤其是起始阶段，其效果是可想而知的。但是，可惜的是，即使时至今日，课程改革已经

历多年，一些教师仍然基于传统的观念在组织着电功率的教学，注重阶梯达成，而没有意识到知识建构；注重数学应用而没有意识到实践应用的重要性。归根结底，还是没有理解建立新课程文化的规范保障——注重有意义的知识建构。

新课程强调知识建构，建构式的科学教育更加强调的是思维，而不仅是记忆，注重在情境中理解，而不仅是获得些许信息。具体而言，理解本章内容的记忆储备已大大减少，思维要求也有所调整。而且各种版本的新教材，并不过分强调知识的系统性和概念、规律的严密性，知识性的要求有所降低。如：焦耳定律，只要求了解“在电流相同的情况下，电能转化成热时的功率跟导体的电阻成正比”，且各纽带间更多地需要个人的经验和实践能力作为支撑，作为学生个体基本可以有一定的达成度，作为群体又可以在交流与合作中批判与吸收兼顾，可以进一步提高学习效度。至于“灵活地运用数学工具解决物理问题的能力”的要求已改为“有一定的数学思维能力”。按传统的认知理论，旧知停靠点越多，新知的吸收越容易。如果说老教材中的“电功率”旨在构筑“知识宝塔”，则新教材旨在建构“认知花园”。“知识宝塔”有它的存在价值，在一定程度上能始终激励着莘莘学子更上一层楼，但毕竟教育对象有着差异，故而所能登上的楼层高度也有着不同。相比之下，“认知花园”则更易被学生接受，毕竟“人人都有机会闻到花香”。这一特点在新教材的内容选择上，尤其是综合性的内容选择上得以很好的体现，如压强、浮力等。教材结构的这种变化，要求我们的教学方式也要发生相应的改变，这就是采用建构式的科学教育，更加强调的是探究问题，而不仅是了解问题的答案，因为没有过程就谈不上建构。并且新教材中提供的探究形式是多样的，对探究能力的培养是有序、科学的，成熟的探究过程是逐步形成的，这是一种在建构过程中完成的再建构，总之，新教材对“探究过程”的关注远远超过了以前。

3. 自主·探究·合作的课程文化——物理新课程的本质属性

课程理念和教材内容结构的变化，提示我们在初中物理的课堂教学中，不要人为加深纯粹的知识和技能学习的难度，教学的主要目的是：力促学生学习方式的转变，整合知识与技能、过程与方法和情感·态度·价值观三个维度的教学目标，达到知识习得、思维训练、人格健全的协同，实现旨在促进全人发展的目标，努力提高学生的科学素养。在教学方式上实现转型，教学不仅是知识传授的过程，更是构建自主·探究·合作的课程文化的过程，将课程文化的基点回归到人的意识，尤其是意向性及其交互建构的特性，才能充分体现课程文化的人本性、自觉性、自主性和自由性。现以我个人所设计的两篇案例为例加以说明。

案例22　“凸透镜成像规律的应用”教学设计

【设计理念】

以“从生活走向物理，从物理走向社会”为基本设计理念，优化课堂操作，创设线性探究模块，努力建构一种对话、合作与探究的课程文化，让“研究性学习”走进课堂，走进学科教学，鼓励学生自主探究和合作学习，实现学习方式的转变。

【模块设计】

第一模块：“应用设想”。设置“课堂小科研汇报——凸透镜的成像规律及应用价值”让学生再认凸透镜成像规律，并探讨可能的应用方向及了解相关应用。此模块旨在激起学生“元认知”，创设探究基础。

第二模块：“合理应用”。联系实际设置三组探究子课题：你想给爸爸拍一张满意的照片吗？奶奶没有了“老花镜”怎么办？你能帮老师调节投影仪吗？体现“学有所用”，同时渗透“爱”与“亲情”的教育。

第三模块：“应用发展”。收集网上信息并整合有关显微镜、纳米眼球等资料，设置第四组子课题，探讨凸透镜应用的可能发展方向。旨在让学生明白：一名真正的科研工作者必须有敏锐的发现目光，把握好学科发展方向。体现“研究性学习”的培养目标——“培养一个能实现自身价值的、具有创新意识的、完整的人”。

第四模块：“探究延伸”。设置四组“课后探究”把阅读理解、收集信息、调查研究作为课后作业的主要部分。此模块采用“开放式长作业”培养学生的独立研究能力。为发展学生的创新精神和实践能力提供足够的时间和空间，让学生从“研究性学习”真正走向“探究性思维”。

【流程设计】

课题导入：（师）今天，老师想给每位同学都送上一份礼物，它就写在这张透明胶片上，请问如何让每位同学都能看清？（生）在看不清的情况下建议置于投影仪上，通过投影，他们看到了一个大大的“爱”。（小结）因为投影仪上有凸透镜，它能让物体成放大的实像。

（引思）凸透镜成像规律有哪些实际应用？

课题浅探：课堂小科研汇报“凸透镜的成像规律及应用价值”（略）。

课题探究：联系实际设置四组子课题并作探究。

子课题一：你想给爸爸拍一张满意的照片吗？（要求使用普通手调相机）

问题导引：一般而言，人们利用照相机想获得何种性质的像？你能画出照相机的成像原理图吗？你会制作一架简易相机吗？爸爸向镜头靠近，如何调节相机才能获得清晰的像？

研究方法：（1）用自制活动图板研究（图 3－3）；（2）自制“照相机”模型（图 3－4）。

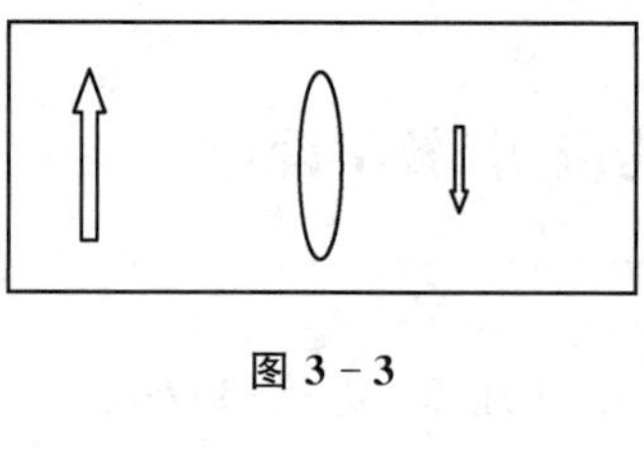

图 3－3

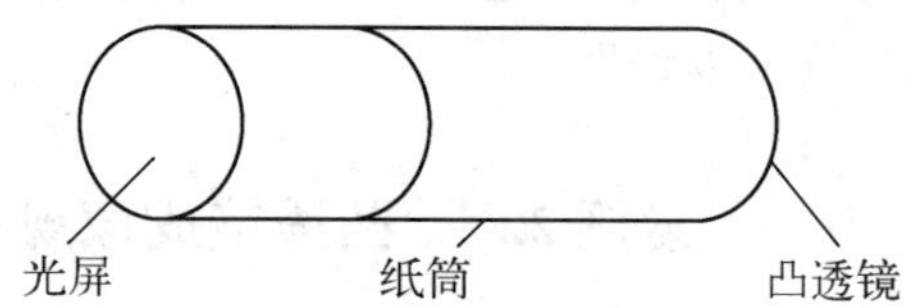

图 3－4

图 3-3：活动图板（物体用吹塑纸剪成，凸透镜用铁丝制成）。

图 3-4：自制照相机模型（用硬板纸做纸筒，光屏用半透明的塑料纸制作，选择焦距为 10 cm 的凸透镜）。

子课题二：奶奶眼睛“老花”了，怎么办？

问题导引：奶奶眼睛的构造；奶奶眼睛成像原理；奶奶年轻、年老时视物状态有什么不同？你有办法了吗？

方法点拨：结合眼球仪分析人眼构造；用活动图板演示奶奶在不同年龄段时的视物原理（重点突出眼球中晶状体的状态）；结合凸、凹透镜对光的作用分析应配戴何种眼镜可矫正远视。

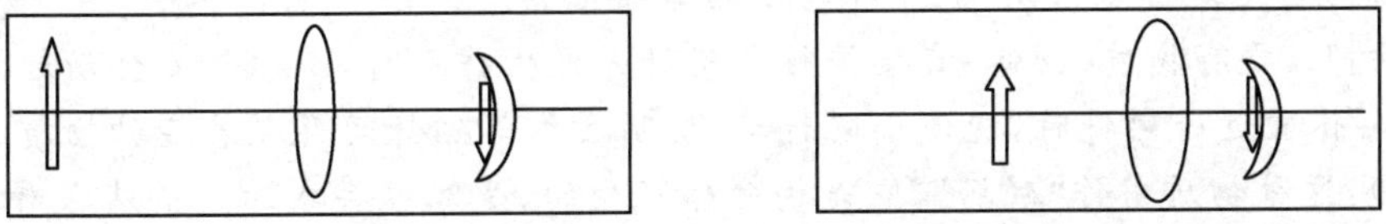

看远物：晶状体较薄　　　　看近物：晶状体变厚

图 3-5　（年轻时）

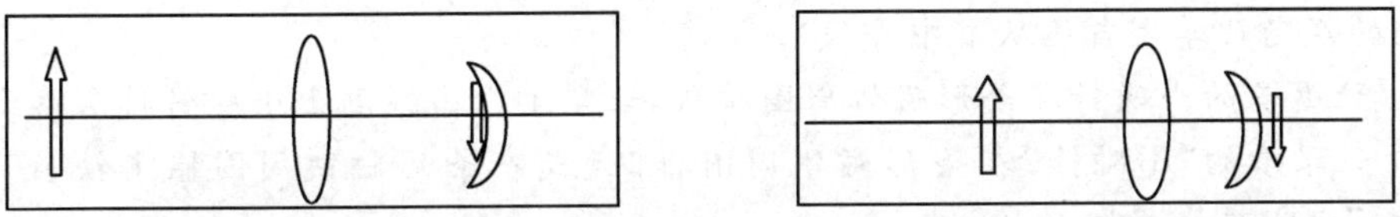

看远物：晶状体较薄　　　　看近物：晶状体难以变厚

图 3-6　（年老时）

晶状体较薄：可看清远物；看近物时，肌肉老化，晶状体厚度调整有困难，物体常成像于视网膜之后，可配戴凸透镜制作的眼镜。

子课题三：帮老师调节投影仪。

研究方法：实践操作。

子课题四：凸透镜应用的可能发展方向是什么？

学生：交流评估。

课后探究：1. 替爸爸拍两张照片并分析成功（或失败）的原因。2. 结合生物知识分析近视眼的成因，探究应配戴哪种透镜制成的眼镜以及如何保护眼睛？3. 写一份“投影仪调节说明书”。4. 进一步收集有关资料验证或否定有关自己关于“透镜应用的可能发展方向”的猜想，并做出新的猜想。

案例23 “磁场”教学片断

学习目标:探究磁场特性,画出磁感线模型。

学习方式:生生、师生合作开展探究,经历从物理现象和实验中归纳科学规律的过程,培养学生的模型建构能力。

游戏一　怎样使静止的小磁针动起来

学生:可能采用的方式——用手拨、用嘴吹、用磁体去靠近小磁针。

引思:用手拨——是(看得见的)手使小磁针动,且手与小磁针接触;用嘴吹——是(可感知的)空气使小磁针动,且空气与小磁针接触。

小结:1. 要有物质(物体)直接接触小磁针并产生作用时,小磁针才会动起来;

2. 磁体靠近小磁针时,能使小磁针动,说明磁体与磁针间存在着某种物质。

教师:这种物质叫作“磁场”,它是由磁体产生的,是客观存在的。虽然它看不见、摸不着,但我们可以利用实验去感知它,包括感知它的某些特性。

游戏二　让小磁针排队

1. 让几只小磁针在“条形磁体”周围“排队”。感知磁体周围的磁场具有方向性(磁场方向的规定让学生自己从书中寻找)。

2. 让更多的小磁针在条形磁体周围排队,让学生用曲线画出小磁针排队路线。

3. 让很多的“小磁针”在条形磁体周围排队(或在条形磁铁周围撒上铁屑),完善“小磁针”排队路线图。

小结:同学们,你们通过游戏已经掌握了一种形象化地描述磁场的方法,你所画的曲线在物理学中叫作磁感线。不过,老师要提醒你,磁感线只是假想的物理模型,实际并不存在;磁体周围的磁场布满磁体周围整个空间,并不只在一个平面上。

教师:出示立体磁感线模型,说明磁场的空间作用。

任务1　探究蹄形磁铁、同名相对磁极、异名相对磁极周围磁场分布

方式:学生独立探究。

提供的器材:小磁针、铁屑、玻璃板。学生利用刚才学过的方法进行探究并画出磁感线。

任务2　探究“地磁场”的特性

方式:学生独立探究。

提供的器材:用橡皮泥做成球形,球内包有条形磁铁一块(但学生事先不知),小磁针,立体磁感线模型板。

教师说明:地球的磁场与该“橡皮泥球”相似,请设法探究它的磁场特性。

通过前述探究,学生已经知道可以采用“让小磁针排队”的方式来初步判断磁体形状,再借助“立体磁感线模型板”上的小磁针群在磁体周围空间排队,画出磁感线可以确定“橡皮泥球中”磁体形状——类似条形磁体。

物理探究教学要有明确的教学目标，要有基本的知识、技能培养要求，要能让学生理解物理规律，了解物理概念的建构过程，以确保让学生理解和运用这些规律解决实际问题。科学探究可以给学生真实的体验，是因为初中物理课程本就是一种“体验性课程”，概念或规律的建立过程实质是一种建构观，这是对课程实施的界定。两节课均注重学生科学思维的培养，我们要明确思维培养的目的是让学生形成质疑、创新的品质，这里需要基于知识、技能的“陈述性知识”，但更需要基于思想和方法的“程序性思维”。例如游戏二中，当师生合作，采用“让小磁针排队的方法”探究完成条形磁体周围的磁场特性后，基于这样的程序，学生就可以探究其他磁场的特性。探究学习不是一个人的事儿，合作、交流也必不可少。学生探究学习过程中，教师要注重师生互动过程中学生信息的反馈和生成性课程资源的价值，赋予学生在学习过程中产生的精彩观念以及课程意义。

综上所述，在探究教学的课堂实施中，我们应注重构建自主、探究、合作的课程文化，把课堂交给学生，才能充分体现课程文化的人本性、自觉性、自主性和自由性。

第二节　以“探究行为”为核心的学习行为的设计

初中物理探究教学的基本内涵是要重视实验探究，同时要以问题链的方式设计恰当的学习进阶，以培养学生的科学思维，促使学生逐步形成物理观念。就教育的价值追求而言，探究教学倡导教育要为学生的成长创造一种“能满足他们好奇心的、创造性的学习平台”，其本质上是指教育要“强调生命活泼的灵明体验”，核心的思想就是“知行合一”。

从物理的教学实施看，初中物理课堂探究教学要以创设问题情境为切入点、以实验为基础、以探究活动为主线、以提升学生的探究能力为重点，倡导生成。但是，学生探究能力的提高不可能只通过理解就能实现，学生必须经历探究的过程，在这个过程中，学生要有相关的探究行为。“探究行为”指初中物理学习中有目的的探查活动和体验行为，具体指有目的的实验、研讨或思维的交流活动。某一方面的基本能力一定是和相关的行为联系在一起的。我们的研究认为，探究教学应注重以“探究行为”为核心的学习行为设计。

1. 基于学生探究行为的教学设计程序

为提高初中物理探究教学的效益，应基于学生的探究行为设计教学，保障学生体验的发生；应基于学生实际发生的行为完善预设，促进学生的发展；应基于学生实际的探究行为，评价学习目标的达成。在教学实施中，其基本的程序是：明晰探究任务，确定学习目标；设计探究活动，制定预设标准；依据学生的实际探究行为，组织评估交流。在实施中，我们可以设计评价量表，评价学生的探究行为。对学生探究能力的评价我们可以采用任务型评价的方式进行。下面，我结合苏科版初中物理教材中“欧姆定律”一节的教学设计，阐述具体的做法。

(1) 教材分析——分析探究任务,确定学习目标

探究行为是学生在探究活动中表现出的行为,而活动的载体是教材中的具体任务,活动的根本目的是达成认知目标。因此,教学设计中的教材分析应着眼于主要任务和主要活动分析。要明晰活动中知识、技能、方法层次的要求,并将这种要求具体化为可观察、可界定、可测量、可评价的学习目标。

案例24 "欧姆定律"的教材分析

本节主要任务是通过探究得出欧姆定律,并通过简单应用了解定律的内涵。内容综合性强,从知识上讲,要用到电路、电流、电压和电阻的概念;从技能上讲,要用到电流表、电压表和滑动变阻器;从方法上讲,不仅强化了"控制变量法"在多因素问题探究中的作用,同时体现"图像法"在分析数据、得出规律中的应用。教材内容在编排上分为两个环节,用"设计调光灯"作为问题提出的背景;以"探究通过导体的电流与电压、电阻的关系"作为任务达成的基础。学习后应达成如下目标:

1. 通过设计调光灯,提出需要研究的问题"电路中的电流与电路两端的电压和电阻的关系"。

2. 能根据已有知识,提出导体中电流与导体两端的电压和导体电阻关系的猜想,基于控制变量法设计出实验电路。

3. 会同时使用电流表和电压表测量导体中的电流和其两端的电压,会用滑动变阻器改变导体两端的电压。

4. 能从测量数据中归纳出欧姆定律并表述,会用公式表达欧姆定律并明确各物理量的涵义。

5. 阅读介绍欧姆的故事,了解欧姆定律发现的不易,体会科学的发现需要艰辛的付出。

(2) 教学过程——设计探究活动,制定预设标准

为保证学生探究行为的发生,并检测行为的有效性,在教学过程的设计中,要依据学习目标系统设计探究活动并制定每组活动的评价点和预设标准。

案例25 "欧姆定律"教学实录

活动一 设计调光灯

教师取学生电源、"2.5 V 0.3 A"的小灯泡、开关、滑动变阻器(50 Ω)各一个,串联组成调光灯。先将电源电压调至 2 V,移动滑动变阻器的滑片,灯泡逐渐变亮,但是总体较暗。

问题1:灯泡逐渐变亮时灯泡中的电流如何变化?

学生:变大。

教师再将电源电压调至12 V,移动滑动变阻器的滑片,灯泡逐渐变亮,继续移动,灯泡“过亮”,然后突然熄灭,经查灯丝烧断。

问题2:灯丝烧断是由于通过小灯泡的电流过大,引起灯泡中电流过大的原因是什么?

学生:电压过大或电阻过小。

评价点和预设标准设计:学生通过观察实验能提出问题:可见,要设计调光灯,我们还必须了解电路中的电流与电路两端的电压和电阻的关系。

活动二　探究通过导体的电流与电压、电阻的关系

【猜想与假设】

问题1:通过导体的电流 I 与导体两端的电压 U 有什么关系?

问题2:通过导体的电流 I 与导体的电阻 R 有什么关系?

评价点和预设标准设计:学生能够依据刚才的实验提出猜想:导体的电阻一定时,导体两端的电压越大,则电流越大。导体两端的电压一定时,导体的电阻越小,则电流越大。

【制定计划与设计实验】

问题1:探究电压、电阻的变化对电流的影响,应该用什么方法?

学生:控制变量法。控制 R 不变,研究 I 与 U 的关系;控制 U 不变,研究 I 与 R 的关系。

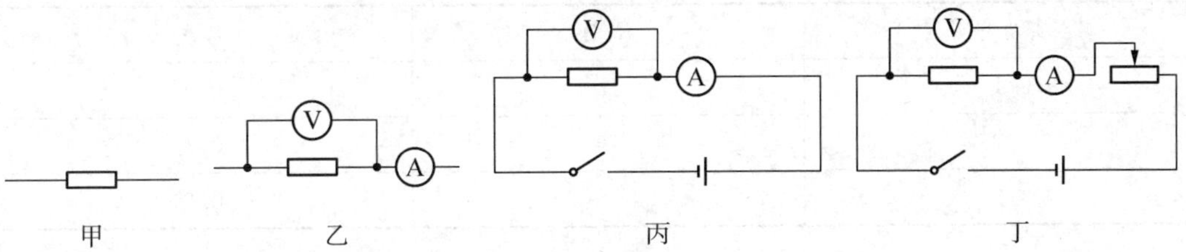

图3-7

问题2:如何设计实验。

实验一:控制 R 不变,研究 I 与 U 的关系

教师引导学生进行电路设计,思路如下:

选定研究对象:$R=10\ \Omega$ 的定值电阻(图3-7甲);

需要测出 R 中的电流和 R 两端的电压(图3-7乙);

需要有完整的电路(图3-7丙);

实验中要能改变导体两端的电压(图3-7丁)。

实验二:控制 U 不变,研究 I 与 R 的关系。

学生讨论得出设计方案,在图3-7丁的基础上改变 R,先后将 R 改为 $5\ \Omega$ 和 $15\ \Omega$,

调节滑动变阻器,使电压表示数始终为 3 V 不变。

评价点和预设标准设计:一是能够提出控制变量法的设计思想;二是在实验一中能够在老师的引导下设计实验电路;三是基于对控制变量法的理解和实验一设计思路的启发,在讨论的基础上通过小组合作设计出实验二的电路。

【进行实验与收集证据】

教师提醒实验中的注意点。

1. 实验中电源用三节新干电池,电压表选用 0—3 V 量程,电流表选用 0—0.6 A 的量程。
2. 实验中为了便于进行数据分析,电压值取整数。

学生合作完成实验,并记录数据如下:

实验一:控制 R 不变,研究 I 与 U 的关系

参考数据一(R=10 Ω)

实验序号	U/V	I/A
1	1	0.1
2	2	0.2
3	3	0.3

实验二:控制 U 不变,研究 I 与 R 的关系

参考数据二(U=3 V)

实验序号	R/Ω	I/A
1	5	0.6
2	10	0.3
3	15	0.2

【分析与论证】

问题 1:分析表一中的实验数据,你能得到什么结论?

学生:导体的电阻一定时,导体中的电流与导体两端的电压成正比。

问题 2:分析表二中的实验数据,你能得到什么结论?

学生:导体两端的电压一定时,导体中的电流与导体电阻成反比。

问题 3:综合考虑以上两方面的因素,你能得到什么结论?

学生:导体中的电流与导体两端的电压成正比,与导体的电阻成反比。

【评估与交流】

问题 1:上述实验结果中存在误差吗? 产生误差的原因有哪些?

教师提示:电阻发热、电表的读数、测量次数。

教师：图像能够更直观地揭示物理规律，请选择参考数据一作出 $I-U$ 图像。

学生：利用参考数据一作出如图 3-8 的图像。

特点：过原点的一条直线。

说明导体的电阻一定时，导体中的电流与导体两端的电压成正比。

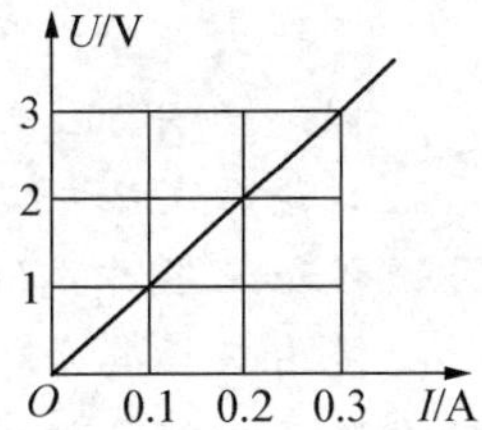

图 3-8

评价点和预设标准设计：一是操作规范，包括“连接电路时，开关应该断开，滑动变阻器要调至阻值最大位置”；二是实验技能，包括“会选择电流表和电压表的量程，能按照电路图正确连接成实验电路，闭合开关前检查电路确认无误后进行实验，测量结束及时断开开关”；三是探究方法，包括“更换电阻后知道如何移动滑动变阻器，保持电阻两端的电压不变”；四是信息收集，包括“知道取电压表示数为整数时读数，能正确读取两表示数，所读数据能够给欧姆定律的得出提供依据”。

(3) 教学生成——关注实际行为，组织评估交流

探究的课堂应该是灵动的课堂，是体现自主·探究·合作的课程文化的课堂。再好的预设也不可能涵盖学生所有的表现，具体授课时，教师要根据学生探究过程中所反映出来的信息结构，采取适当的教学策略与方法进行教学引导，捕捉学生实际行为表现中的有价值之处，利用评估和交流让思维的火花相互碰撞，以促进学生发展。笔者举实际授课时一个典型的例子加以说明。

案例 26　一组数据提升了实验评估的内涵

在控制 U 不变，研究 I 与 R 的关系时，笔者巡视学生实验，发现有下列一组数据。在仔细观察了他们的接法后发现他们采用的是图 3-9 乙的接法。

实验序号	R/Ω	I/A
1	5	0.50
2	10	0.28
3	15	0.19

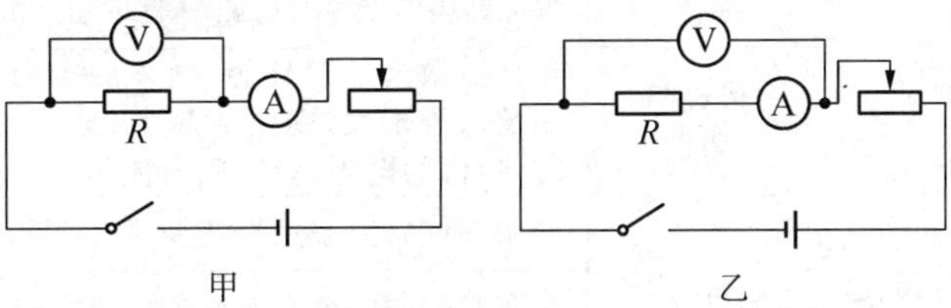

图 3-9

应该来说，这组学生的读数是精细的，例如第 3 组数据，指针不在整刻度上，但他们也进行了认真的估读。当时，笔者认为这是一个真实问题，对这个问题进行讨论是有价值的。于是，组织了如下的评估活动，探讨如何分析该实验中存在的误差。

先请部分学生汇报数据，当绝大部分学生的数据与“参考数据二”中的一致或接近时，再请该组同学拿出了这组数据，并请其余同学进行评估，基本上是认为电流表读数出错。

于是笔者请该组同学在黑板上把自己的实验电路画成电路图(图 3-9 乙)，再次组织评估。

于是大部分同学认为接法错了，应该采用图 3－9 甲。

问题 1：甲、乙电路的接法中电压表、电流表测量对象是什么？

讨论后达成共识，甲图中电压表所测为电阻两端电压，而电流表所测为电阻和电压表的电流之和；乙图中电流表所测却是电阻的电流，而电压表所测是电阻和电流表电压之和。

笔者又请其余学生再按照乙图的接法进行实验，所得数据规律基本与该组相近，从而排除了电流表读数出错，认定是由于该实验的设计带来的误差。

于是又组织学生对该实验进行了有关实验误差的探讨，明确该实验存在误差的一个原因就是无法真正做到电压表、电流表均只测量电阻两端的电压和电流。

问题 2：那为什么采用甲图所得数据规律与欧姆定律更接近？

关于这一问题，请同学们在学完下一节后再给出意见。

可见，课堂教学中如果我们能注意观察学生的探究行为，抓住问题的生成点，组织评估与交流活动，不仅可以提高课堂效率，而且也为学生的思维发展拓展了空间。此点也是实验的价值所在，实验不仅要能提供证据，在实验中解决问题的过程还是培养科学思维和科学态度的过程。从课堂教学实施的角度而言，评估本身就是“作为学习的评价”，也是体现课程文化的人本性和自主性的过程。

(4) 评价探究行为——设计评价量表，组织学生自评

在评价学生探究行为时，我们可以依据教学过程设计中所确定的评价点和预设标准，结合课堂实际行为，设计评价量表。教师授课时，可以组织同组老师进行课堂观察，选定观察对象，进行记录，课后让学生采用量表进行自评（表 3－1）。

表 3－1 “欧姆定律”教学中学生科学探究行为评价量表

探究行为		评价点与预设标准	能达成	不能达成
活动一：设计调光灯		在老师的引导下能提出问题：要设计调光灯，还必须了解电路中的电流与电路两端的电压和电阻的关系		
活动二：探究通过导体的电流与电压、电阻的关系	猜想与假设	自己能做出如下猜想：导体的电阻一定时，导体两端的电压越大，则电流越大；导体两端的电压一定时，导体的电阻越小，则电流越大		
	制订计划与设计实验	能明确该研究采用控制变量法		
		在实验一中能够在老师的引导下设计实验电路		
		在讨论的基础上通过小组合作设计出实验二的电路		
	进行实验与收集证据	连接电路时，知道断开开关，将滑动变阻器调至阻值最大位置		
		会选择电流表和电压表的量程，能按照电路图正确连接实验电路，闭合开关前检查电路确认无误后进行实验，测量结束及时断开开关		

续表

探究行为		评价点与预设标准	能达成	不能达成
活动二：探究通过导体的电流与电压、电阻的关系	进行实验与收集证据	更换电阻后知道如何移动滑动变阻器保持电阻两端的电压不变		
		知道取电压表示数为整数时读数，能正确读取两表示数，所读数据能够给欧姆定律的得出提供依据		
	分析与论证	能根据实验数据得出实验结论并能正确表述：导体中的电流与导体两端的电压成正比，与导体的电阻成反比。用公式表达为 $I=\frac{U}{R}$		
	评估与交流	乐意交流，在老师的引导下能积极发表自己的见解，能说出一种本实验的误差来源		

说明：1. 根据自己的实际，在“能达成”和“不能达成”预设标准栏目中画“√”。
2. 若确定为不能达成，尽可能写明原因。

结合我们的实践，为保障探究行为评价的实施效度，有以下几点需要注意：一是在评价中不要过分关注总评，而应把各要素相对独立地看待，这样才能通过评价精确定位学生探究行为中的薄弱环节，教师才能在今后的探究设计中加大该环节的启发和引导。例如，学生在“提出问题”中提出的问题可探究性不强或者与情境无关，那么教师可在日后的教学中着重培养学生的怀疑精神和问题意识。二是使用本量表时应考虑其柔性和可扩展性。对学生探究行为的评价除了公正、客观、全面外，还应充分考虑评价的发展性，要多发现学生探究活动中的闪光点，特别是能力相对较弱的学生，以促进每一位学生科学探究能力的提高。

综上所述，基于学生的探究行为设计和评价初中物理的探究教学，可以有效地引领、促进学生的学习，提高探究教学设计的科学内涵。

1. 任务型评价——采用情境化命题，评价探究能力

学生的探究能力是否得以发展，可以通过评价呈现。其中的一种方式是通过情境化的命题，依托具体任务，再现探究的过程，呈现真实存在的问题，评价学生解决问题的能力。在无锡市的阶段性质量抽测中，我曾经命制了如下的试题，以评价学生的探究能力，反映学生“探究行为”的发生情况。

案例 27　“分析与论证”能力的评价

试题　小明在“探究通过导体的电流与它两端电压的关系”时，选取了如下器材：3节干电池、5 Ω 的定值电阻、最大阻值为 50 Ω 的滑动变阻器、电压表、电流表、开关、导线若干.

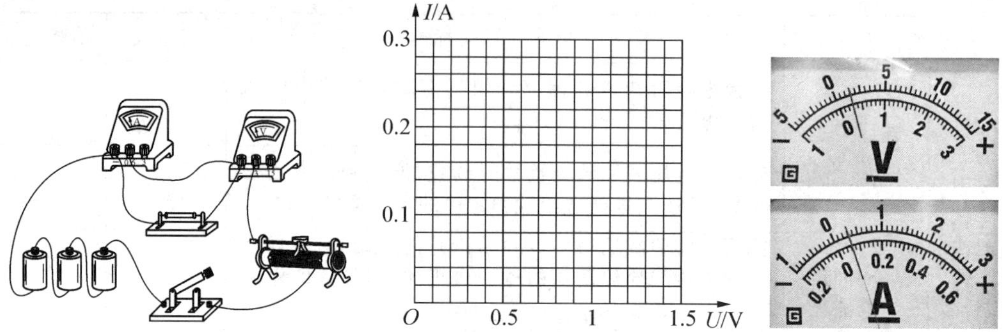

甲　　乙　　丙

图 3－10

(1) 图 3－10 甲是他连接的电路，请改动一根导线，使电路连接正确，在应改动的导线上打“×”，并用笔画线代替导线画出正确的接法；

(2) 电路连接正确后，小明通过实验所测数据如下表，请你根据数据在图 3－10 乙坐标系中画出所研究导体的 $I-U$ 关系图像．通过分析图像，你得出的实验结论是____．

实验序号	①	②	③	④	⑤
电压 U/V	0.3	0.5	0.8	1.1	1.5
电流 I/A	0.06	0.1	0.16	0.22	0.3

(3) 王老师查看了小明的实验数据后问：“小明，你的第 1 次数据是实际测出来的吗？”小明肯定地说：“是的，连好电路，闭合开关后，我就得到了这组数据。”说完，又重新做了一次实验，电表示数如图 3－10 丙所示．请分析：

① 小明的第一组数据是________(选填“正确”或“错误”)的，王老师质疑第一次数据的理由是______________________________；

② 小明在得到第一组数据时，电源所提供的实际电压为________V．

参考答案与评分标准

(1) 如图 3－11 甲(1 分)

(2) 如图 3－11 乙(1 分)　导体的电阻一定时，导体中的电流与导体两端的电压成正比(1 分)

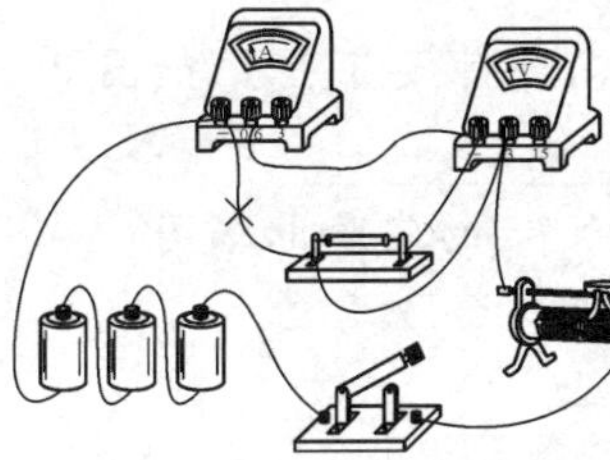

甲

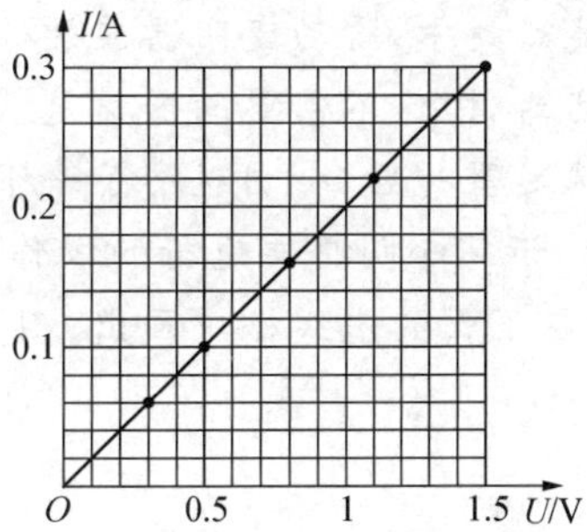

乙

图 3－11

(3) ① 正确(1 分)

电压按照 4.5 V 计算，电路的最小电流大于 0.08 A(1 分)(意思相同，同样给分)

② 3.3(1 分)

试题再现了“探究通过导体的电流与它两端电压的关系”实验过程，第(1)问评价学生的实验设计能力；第(2)问评价学生的作图及分析论证能力；第(3)问评价学生的分析论证能力和欧姆定律的应用。三个小问的实际得分率分别为 73%，64%，34%，主要失分原因：一是学生不能准确表达出图像所揭示的实验结论；二是表述不清“王老师质疑的理由”；三是对于电路两端的电压值计算错误。归纳错因，可以反映出学生在科学探究中，“尝试对探究结果进行描述和解释”的探究行为是缺失的，识别实际电路的能力不强，说明探究经历有限。

案例 28　学生的探究行为真实发生了吗?

试题　实验课上，同学们在做“测量小灯泡的功率”，老师和大家说明的实验目的有两条：会测量小灯泡的额定功率和实际功率；了解额定功率和实际功率的含义.

(1) 实验桌上提供的器材有：A. 干电池 3 节、B. 电流表、C. 电压表、D. 滑动变阻器(20 Ω　2 A)、E. 滑动变阻器(5 Ω　3 A)、F. 定值电阻(10 Ω　1.5 A)、G. 小灯泡(额定电压为 2.5 V)；开关及导线，如图 3－12 甲所示.

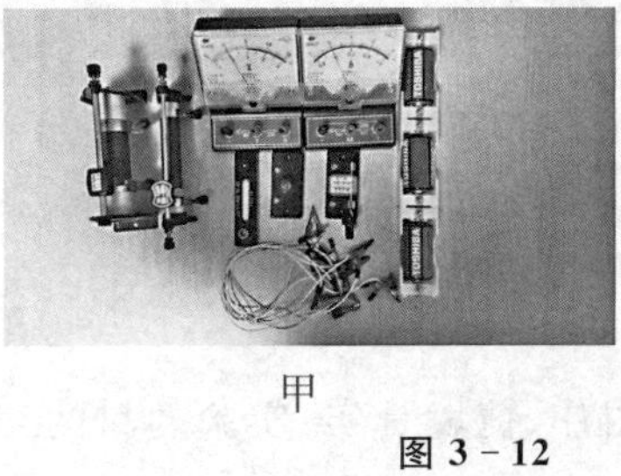

甲

乙

图 3－12

① 上述器材中，滑动变阻器应该选择________（选填器材前的字母，下同）；

② 上述器材中，不需要的器材是________；

③ 在选定器材后，小明观察了一下电表，举手向老师要了一把如图 3－12 乙所示的小螺丝刀，请问小明将要进行的操作是____________________.

(2) 请在下面的虚线框中画出“测量小灯泡的功率”的实验电路图；

(3) 小明按照电路图连接实物电路，当接上最后一根导线时，小灯泡就亮了，造成这一现象的原因是____________________；____________________.

(4) 下表是小明在实验中所测得的数据和观察到的小灯泡亮度情况：

实验序号	电压表的示数 U/V	电流表的示数 I/A	小灯泡的亮度
①	1.0	0.20	较暗
②	2.5	0.30	亮
③	3.0	0.33	过亮

① 由实验可知，小灯泡的额定功率为________W；小灯泡的实际功率________，灯泡越亮。

② 若小灯泡的额定功率 P_0 与某次工作时的实际功率 P_1 满足 $P_0=4P_1$，则以下关于额定电流 I_0 与实际电流 I_1 的数值关系，你认为最有可能的是________。

A. $I_0=1.5I_1$　　B. $I_0=2I_1$　　C. $I_0=3I_1$　　D. $I_0=4I_1$

参考答案与评分标准

(1) ① D(1 分)　② F、E(1 分，没有 F 不得分，没有 E 也可得分)　③ 对电表进行调零(1 分)

(2) 如图 3－13(2 分)

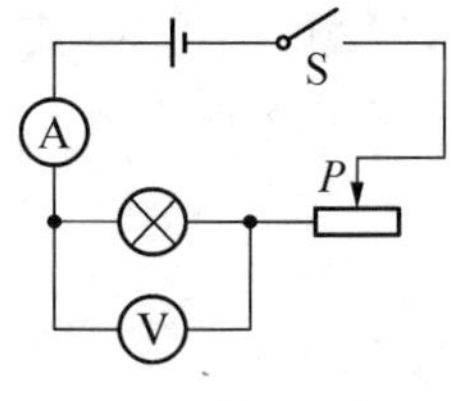

图 3－13

(3) 连接电路时，开关没有断开(1 分)　滑动变阻器的滑片没有处于阻值最大位置(1 分)

(4) ① 0.75(1 分)　越大(1 分)　② A(2 分)

试题呈现了实验中所用器材的图片，情境真实，实验的目的交代明确。第(1)问的器材选择实际是对实验设计能力的考查，“小螺丝刀”的作用，是对实验操作技能的考查。第(2)问考查实验设计，第(3)问考查进行实验的能力，第(4)问考查分析与论证能力以及对电功率概念的理解。试题整体得分率仅为45%，其中失分最为严重的：一是“要了小螺丝刀以后的操作”；二是第(4)问的②。

该题的命制遵照课程标准的要求，真实呈现学生在学习中需要经历的探究过程。只要完成教材中规定的任务，则不难做答。测试结束和老师们交流，教学中主要问题有两点：一是以讲实验代替做实验，致使学生由于缺少实践，面对真实器材反而陌生，不懂得如何选择器材、不明确电表在测量前需要调零等；二是学生“分析论证”的探究行为被教师的讲解代替，从而缺少相应的思维过程，致使学生不会分析数据，没有理解小灯泡在不同功率下电阻不同，实质是没有理解电功率的概念。

由上述评价可知，探究教学不仅是培养学生掌握探究方法，更为重要的是，经历探究，掌握实际操作，基于证据获得物理规律，理解物理概念，解决实际问题。所以，我们应认真组织探究教学，确保学生探究行为的有效发生。

2. 探究行为的设计重点

基于学生的“探究行为”设计和评价初中物理教学，目的是构建以“探究行为”为核心学习行为的初中物理课堂，主旨是激发学生对科学的纯粹兴趣和发展探究思维。设计重点是考虑探究行为发生的载体，特别是以问题链为核心的思维载体和以实验为核心的资源载体；课堂教学的组织要点是利用思维可视化手段组织好核心的探究活动，通过实验质疑引动思维，通过实验操作显化思维，通过交流评估梳理思维。

(1) 激发学生对科学的纯粹兴趣和发展探究思维

从物理学科核心素养培育的角度而言，科学探究是基本的学习方式，基于问题、收集证据、进行解释、交流评估是探究的典型特征，是科学思维的基础。科学思维中首要的“模型建构”，在中学物理学习中往往是基于探究，依托同一律，忽略次要因素而构建理想化模型，用这些模型解释实际问题时离不开科学的推理和论证，由此产生的质疑创新精神使科学得以发展。基于模型和质疑而建立的“物理观念”是物理教育的追求。经历这一切对于物理学习者来说，是一个漫长的过程，兴趣是支撑的基础，科学的态度和责任至关重要，这些只有体现在探究行为中并最终内化为个人素质，才可以形成稳定的物理学科核心素养。

《义务教育物理课程标准》(2011年版)也将“保持探索科学的兴趣与热情”列入课程总目标，情感・态度・价值观的首要目标是“有学习物理的兴趣，有对科学的求知欲，能保持对自然界的好奇”。课程标准编写组核心成员黄恕伯先生在《物理教学顶层设计的思考》中反复强调：培养学习兴趣是中学物理课程的重要目标，是初中物理课程的首要目标。为激发兴趣，在操作层面上物理课堂要让学生动起来，这里的“动”是有目的的实验、研讨或思维的交流，其集中的体现就是“探究行为”。

我们在探究教学的课堂研究中，重点所采用的是刘炳昇先生主编的苏科版初中物理教材，该教材在编写时把“探究活动”作为“构建物理基本知识结构、提高学生科学素养、体现课程理念”的主线，良好的载体为“探究行为”成为课堂核心学习行为搭建了平台。在这其中，实验是激发学生学习兴趣的重要载体。

(2) 支撑探究行为发生的载体设计

① 学习目标：探究行为设计的指向

探究教学作为一种教学组织方式，以学生的“探究行为”为核心学习行为。为保证探究行为设计的科学性，我们要从学科核心素养的角度，规划物理观念的形成过程；依据课程标准，制订具体的学习目标。准确解读课程标准的要求，在分析教材和学生学情的基础上，把课程标准的要求分解为具体的课时学习目标。具体表述成学习目标，通常包含以下四个要素：行为主体(默认为学生)、行为动词、行为条件和表现程度。就行为动词而言，按照课程标准的要求，常用的技能性目标行为动词有“会测量、会使用、会选用”等，常用的体验性目标行为动词有“观察、经历、探究”等。下面，我结合苏科版义务教育教科书“液体的压强”的探究进行说明。

案例 29 “液体的压强”学习目标的制定

课标要求 通过实验，探究并了解液体压强与哪些因素有关。

教材编排 教材先后安排了二组探究活动：体验液体压强的存在；探究影响液体内部压强的因素。

学情分析及素养目标定位 学生已经经历固体压强的探究，知道压强反映压力的作用效果，掌握了可以通过物体受力后的形变程度来反映压强大小。从科学探究的视角，本课需要通过体验知道液体内部有压强，基于对压强的理解，能设计合适的装置探究液体内部压强，采用控制变量法探究影响液体内部压强的因素；从科学思维培养的视角，利用压强知识建立液体压强计的模型，基于探究结果建立液体内部压强大小的定性模型；从物理观念的角度，知道液体的压强与深度和液体密度有关，能用来解释实验现象和生活、生产中的实例，如拦河大坝的建造。

“液体的压强”的学习目标可以表述如下：

a. 通过实验体验，知道液体对容器壁和液体的内部均有压强。

b. 观察实验，对影响液体内部压强的因素做出合理猜想；结合压强的学习，采用转换思维，设计探究液体内部压强的装置。

c. 经历“探究影响液体内部压强的因素”，知道液体内部压强的三个特点：液体内部某一点，各个方向压强大小相等；深度增大，液体压强也随之增大；在深度相同时，密度越大，压强越大。

② 思维载体和资源载体：探究行为发生的保障

探究是在问题导引下的学习过程，同时也是解决问题的过程，为使思维的培养具有连续性，切忌填充式问答，要设计“有价值的问题”，为使思维活动既连贯又不乏跃迁，应将问题整合成具有内在逻辑的问题链，我们把“问题链”称之为“思维载体”。

物理问题的解决需要借助物理的方式，我们需要经历实验探究，以获得对物理规律的认同并内化为基本的物理观念。这就需要我们考虑实验的设计，在初中物理学习中，“实验资源”是重要的资源载体。

合理设计这两类载体，保证学生的探究行为充分发生和探究目标的达成，是探究行为设计的重点。结合上述案例中的目标设计，我们可以给出“液体的压强”载体设计路径。

案例30　“液体的压强”载体设计路径图

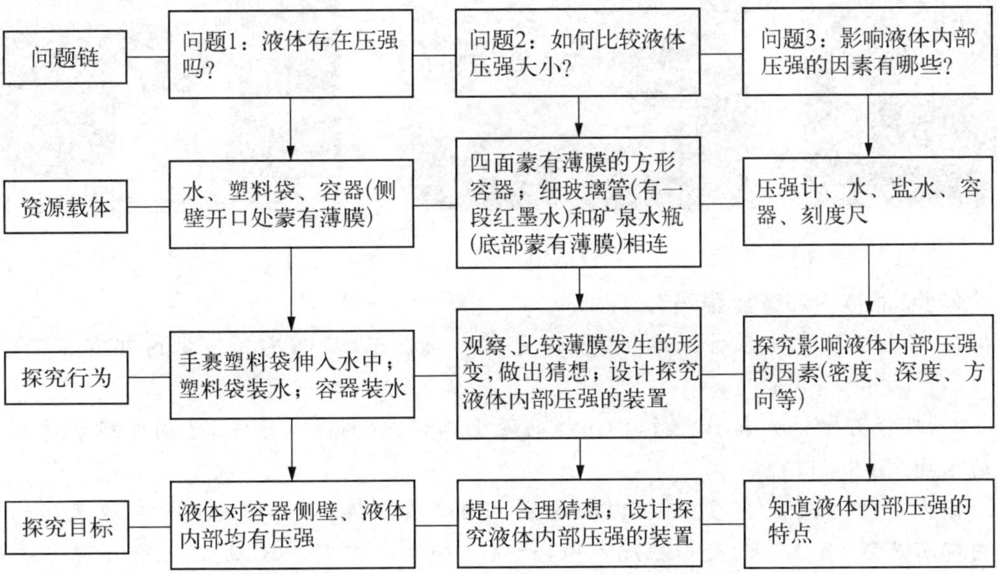

图3-14

实践说明，在开发实验载体时，要关注不同实验类型探究能力目标的侧重点，其中演示实验侧重提升观察品质（目的性、客观性、精细性、敏锐性）和分析能力（分析与综合、比较与分类、抽象概括与具体化）。学生实验载体要适合学生探究，原理和结构不适宜过于复杂，应便于操作、便于获取证据。演示实验或探究性实验的载体设计层次（程序）要与教学要求相适应，包括与知识的深度相适应，与要说明的问题侧重点相适应，与课型或教学要求相适应。基本的原则是，一切从学生出发。在实际教学中，我们应根据具体情况适当增设一些学生实验，增加学生的动手机会。

案例31 “液体的压强”探究行为实录(部分)

课题引入:液体内部有压强吗?

以视频《蛟龙号》引入“液体的压强”新课学习,强调“蛟龙号”是大国重器。让人震撼的是老师精心设计和制作的“模拟帕斯卡裂桶”实验。

具体操作是,先在正方形玻璃缸内装满水,顶部接有一根塑料管,从两层楼的楼层差的高度将一杯水通过塑料管倒下,硬质玻璃缸“砰”的一声裂开(图 3-15)。给学生极大的震撼,知道液体有压强,并且压强(可以)很大。所以蛟龙号深潜不易。

图 3-15

图 3-16

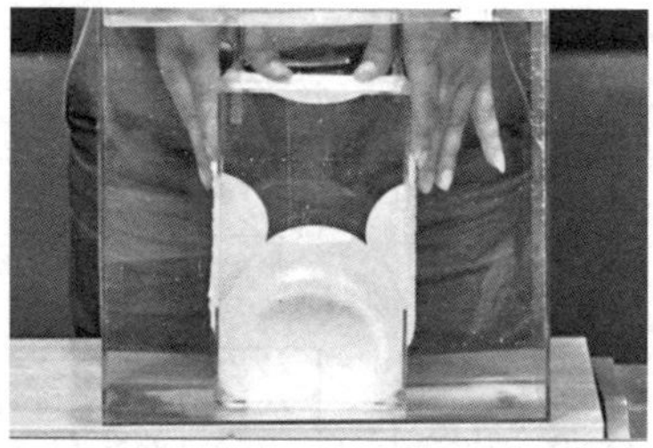

图 3-17

体验:液体内部有压强吗?

1. 学生手裹保鲜袋伸入水中,体验受到水的挤压,从而感知液体内部有压强(图 3-16)。

2. 教师用塑料板自制器材,四面挖孔蒙上薄膜,逐渐压入水中,请同学观察薄膜发生的形变(图 3-17)。

探究小结:从手的感受上,可以知道液体内部有压强;从薄膜的变形可以观察到液体内部有压强,且上下的变形程度不同,说明压强大小不同。猜想:压强大小可能与深度有关。

设计:如何方便地检测液体内部压强大小

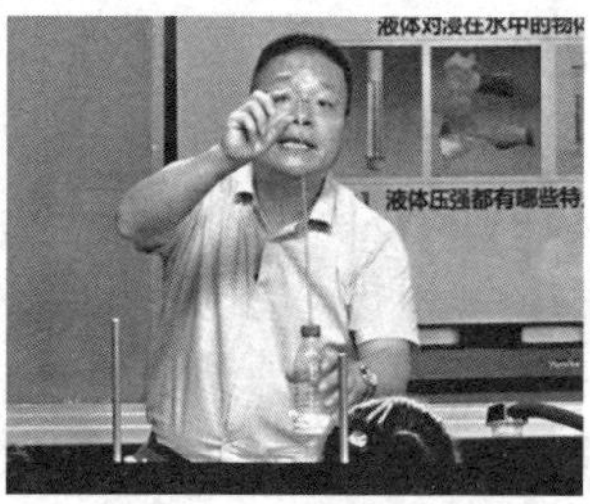

图 3-18

图 3-19

1. 观察实验(图 3-17),我们是怎么知道液体内部有压强的?

2. 判断理由:橡皮膜发生形变。压强反映压力的作用效果,所以形变程度越大,压强越大。

设计演示:将一矿泉水瓶底部剪去,蒙上橡皮膜,插入水中,请同学们观察橡皮膜的形变,大部分同学很难观察清楚。

改进一:在矿泉水瓶上方插入一根玻璃管,管内放置一段红色水柱(图 3-18),再将矿泉水瓶放入水中,观察到玻璃管中的水柱上升。但是再往下深入,水柱喷出。

改进二:在玻璃管一端接上 U 形管,U 形管内放有水柱,开始时 U 形管内两端液面相平,插入水中后,两端液面出现高度差,且矿泉水瓶逐渐伸入水中,两端液面高度差越来越大。

探究:影响液体内部压强的因素

图 3-20

提供给学生装有相同深度的水、盐水的柱状容器,液体压强计,学生分组探究(图 3-20),具体步骤如下:

1. 将压强计的金属盒置于水中 5 cm 位置,旋动旋钮,使金属盒朝向不同方向,观察 U 形管液面高度差,并记录数据。

2. 将压强计的金属盒置于水中 10 cm 某一位置,旋动旋钮,使金属盒朝向不同方向,观察 U 形管液面高度差,并记录数据。

3. 将压强计的金属盒置于盐水中,重复上述操作。

师生做数据分析,得出探究结论:液体内部某一点,来自各个方向的压强大小相等;在同一深度,各点的压强大小相等;深度增大,液体压强也随之增大;液体的压强还与液体的密度有关,在深度相同时,密度越大,压强越大。

学习评价:液体压强现象的解释与应用

1. 请根据液体压强特点设计并画出拦河水坝横截面形状,并说说设计的理由。

2. 再看《大国重器——蛟龙号》视频,探讨蛟龙号下潜时所受压强大小的变化。

深海是地球上尚未被人类充分认识的最大的潜在战略资源宝库,深海装备在深海作业时不仅需要抵抗海水的腐蚀，还要承受深海环境的高压强。

我们的研究表明，"探究行为"的设计重点是以问题链为核心的思维载体设计和以实验活动为核心的课程资源载体设计，探究教学重视学生自身的思维冲突和深入思考，注重在探究活动中养成良好的思维习惯。

3. 探究行为的组织要点：思维可视化

为确保探究行为的发生，避免教师包办或替代学生的学习行为，"探究行为"的课堂组织要点在于利用思维可视化手段组织好核心的探究活动，充分挖掘"讨论—探究—归纳—评估"各环节发展学科思维的价值，确保探究行为的有效，避免盲目或低效的探究。思维可视化的手段可以是实验或具体实例，也可以是创设物理模型的理论论证，实验必须是现象明晰，理论论证则要求注意思维的条理性和物理模型的典型性。

如苏科版初中物理教材中的"大气压强"，学习内容以两组探究活动为主线，通过观察、实验"体验大气压的存在"，亲历"估测大气压的值"，了解大气压强的大小。笔者的课堂实践认为，为更好地完成学习任务，达成学习目标，应依据知识建构的特点，体现义务教育物理课程是一门注重实验的自然科学基础课程，落实课程标准倡导的"有效实施探究式教学"，精心设计探究实验，有效组织探究活动，确保学生探究行为的发生并提供给学生反思自身行为的手段，从而在达成知识目标的同时提高学生的探究能力。

案例32 "大气压强"的教学实录

活动1 大气有压强吗？

教师（问）：我们知道，液体对浸在其中的物体有压强，我们无时无刻地都浸在大气中，大气对我们有压强吗？

学生（猜想）：（大部分）有，（个别）没有。

教师（问）：如果有，为什么我们自己没有感觉？

学生（猜想）：压强可能比较小。

教师（出示）：这是一只空易拉罐，和我们一样是浸在大气中的，也是没有"感觉"，我们能否给它找点"感觉"。

演示实验1：在空易拉罐中滴入1 mL水，放在酒精灯上加热约20 s，至罐中有"白气"冒出，熄灭酒精灯，在罐口覆盖上面粉团。伴随着"噼啪"的响声，罐子扁了（图3-21）。

（实验注意点：易拉罐中水要少，面粉团可以用保鲜袋装好，要尽可能软一些、大一些，能将罐口部位整个覆盖。）

图 3-21

分析：① 加热后，罐内的水蒸气“挤出”了罐内的空气；② 罐子浸在空气中，大气对罐子产生了力的作用，说明大气有压强。

演示实验 2：取 30 cm 高的柱形容器，装满水，盖上学生考试所用的塑料垫板（图 3-22），用手托住塑料垫板，快速翻转后慢慢放开手，水被塑料垫板托住（图 3-23）。先将容器在竖直面内翻转 360°至图 3-23，再向前翻转至图 3-22，在此过程中，塑料板不会掉落。

图 3-22

图 3-23

（实验注意点：柱形容器的口要平整，第一次翻转后要等渗出的水流尽后慢慢放手，则可以任意旋转，旋转时速度可以适当放慢，要让学生感到“诧异”。）

分析：① 是大气将容器中的水“托住”，说明大气有压强，并且这个压强可能比较大；② 无论方向如何变化，塑料板都不掉落，说明大气向各个方向均有压强。

学生体验性实验：

项目 1　给学生提供：烧杯、水、小吸盘、带盖的空矿泉水瓶、大头针、小注射器，请学生设计一个能说明“大气有压强”的实验。

项目 2 出示一个塑料吸盘(图 3-24),挤去其中的空气压在墙壁瓷砖上,请学生拉,学生无法拉开。

图 3-24

师生互动,引导分析:生活中很多地方都用到大气压的知识,并且大气压强很大。

教师:请学生阅读教材中对"马德堡半球实验"的介绍,获得对大气压大小的初步了解。

(说明:在项目 1 中已经有了"小吸盘",项目 2 中再采用"大吸盘",授课时对"马德堡半球实验"做阅读处理,一是避免实验载体设计的重复,二是设计新的更便于学生进行探究的实验。)

教师(问):可见大气压很大,我们能否设计一个实验在实验室中估测大气压的值呢?

教师结合项目 2 按照以下步骤做出提示,引导学生思考方案:

1. 恰好能够拉开吸盘时,人的拉力等于大气的压力;

2. 根据压强公式:$p=\frac{F}{S}$,只要能测出拉力 F 及吸盘面积 S 就可以测出大气压强;

3. 困难:力太大难以测量,必须减小吸盘面积;"拉开"是在瞬间发生,弹簧测力计难以读数。

改进设想:要让大气的压力变小,要让测量的过程"变长",可以采用拉开"注射器活塞"的方式。

活动 2 大气压强有多大

给学生提供:2 mL 注射器(在活塞颈部打好油瓶节)、量程为 0—10 N 的弹簧测力计、刻度尺(图 3-25);

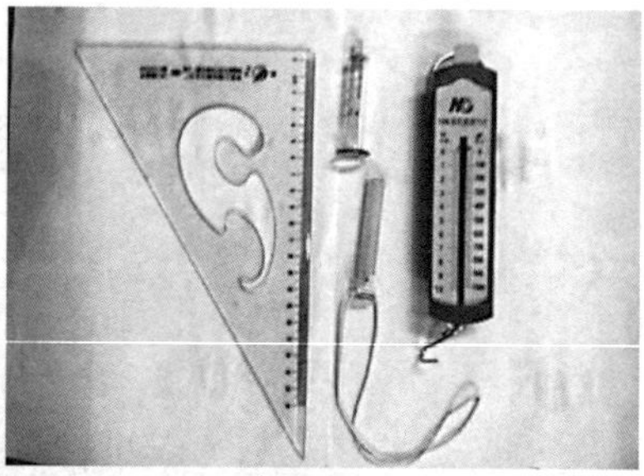

图 3-25

请学生思考、讨论下列问题:

1. 请画出水平向右"慢慢"拉动注射气筒、活塞开始滑动时,活塞在水平方向的受力示意图(图 3-26),并说明施力物体。

分析:

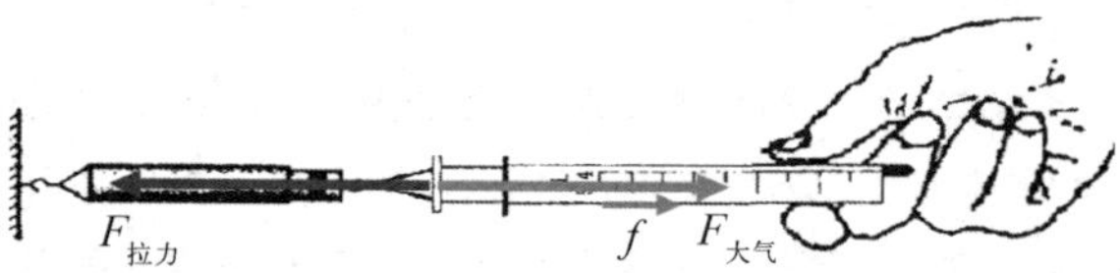

图 3-26

2. 结合受力示意图讨论如何估测大气压的值?需要测量哪些物理量?

分析:依据公式 $p=\frac{F}{S}$,需要测出大气的压力 $F_{大气}$ 及注射器活塞的横截面积 S。

$F_{大气}$的测量方式：水平向右慢慢地拉动注射器筒，当注射器中的活塞开始滑动时，记下弹簧测力计的示数(即大气对活塞的压力，测量中忽略注射气筒对活塞的摩擦力)。

S的测量方式：用刻度尺测出注射器的全部刻度的长度l，活塞的横截面积$S=\frac{V}{l}$(图3-27)。

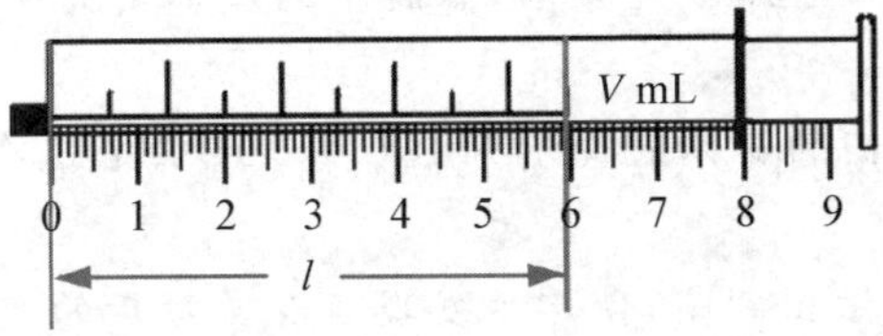

图 3-27

3. 实验过程中你认为还有哪些注意点？

解析：① 排尽筒内空气，实验过程中防止漏气。

② 为减小摩擦，实验前可以在活塞上滴上缝纫机油，以在注射器筒内来回拉动无障碍为标准。

③ 实验时，用手托住弹簧测力计，或者置于水平台面上操作，防止重力的影响。

(实验注意点：1. 不可以采用活塞蘸水的方式减小摩擦，因为水可以蒸发，将在注射器内形成“饱和蒸气压”，不仅影响实验结果并且造成原理上的错误。2. 交给学生判断“筒内空气是否排尽并且没有漏气”的方法：撤销拉力后，活塞仍能回到注射器筒的底部。)

学生：操作，并将实验数据填入表格中，计算出大气压的值。

实验数据(样例)见下表。

大气对活塞的压力 F/N	注射器的容积 V/mL	注射器全部刻度的长度 l/cm	活塞的横截面积 S/m^2	大气压的值 p/Pa
8.4	2	2.52	0.79×10^{-4}	1.06×10^{5}

教师(讲)：最早测量大气压的实验，是由意大利科学家托里拆利完成的，他测出的海平面上的大气压相当于76 cm高的水银柱产生的压强，人们通常把这样大小的压强叫作标准大气压，大小约等于1.0×10^{5} Pa。常见的测量大气压的仪器还有金属盒气压计(图3-28)。

图 3-28

教师(问)：依据你的实验，讨论分析误差产生的可能原因。

学生：(给出如下原因)摩擦力的影响；弹簧测力计读数时造成误差；注射器材内空气未排尽。

教师则从测量原理、测量数据两个角度加以归纳。

活动3　学习评价

围绕学习目标，注重随堂评价，同时设计“前概念”评价和“学习后评价”，以评价促进学习，具体如下：

1. 正式上课前，请学生独立对以下说法的正、误做出判断。

① 在超市里买一瓶“娃哈哈”纯净水，在瓶子的底部用大头针扎3—5个小孔，水会持续流出来。(　　)

② 周围的大气对我们的身体表面有压强(　　)；但是这个压强很小，所以我们几乎没感觉(　　)。

学习后，让学生再次做出判断，使学生发现自身学习后的变化及促进自我反思。

2. 完成本课学习任务后，设计两组评价问题。

问题1：利用矿泉水瓶，制作一个浇花用的简易的“花洒喷头”，并且可以控制水流，说说其中的道理。

问题2：人体表面积大约为2.5 m^2，请估算受到的大气压力。

解析1：在矿泉水瓶中装上适量水，用大头针在底部四周扎上4—5个小孔，打开瓶盖，水从小孔流出，旋紧瓶盖不漏气，水不流出，因为大气压将水压在孔口，据此可以自制一个简易的“花洒喷头”(图3-29)。

图3-29

解析2：大约为250 000 N(相当于5头成年大象的重力)。

教师(小结)：本节课我们通过实验体验了大气压强的存在，并通过实验估测了大气压的值。但是，大气压仍然“神秘”，还有很多问题值得我们进一步思考。例如，大气的密度随高度而变化，我们所测得的大气压强值是否会随高度而变化呢？我们和飞机都是浸没在空气中的，为什么飞机会飞？

(说明：小结不仅要概括所学，也要引发对未知的思考，从而培养学生的问题意识。)

思维可视化的目的是明晰思维的过程，可以通过模型设计，使学生厘清思维过程，如上述案例中大气压的测量中的理论分析过程。可以提供真实的情境，为基于物理思维的分析提供事实依据；可以提供清晰的物理证据，给规律或概念建构提供思维的分析路径。现以三位教师的授课片段为例进行说明。

案例33　“初识家用电器和电路”授课片段

在电路学习中，电路结构的把握是认识和分析电路的基础，是理解电流路径的依据；对家用电器功能的理解体现本课研究的价值。授课教师采用自制器材和实际生活的视频清晰地呈现思维过程。

一、自制简单电路结构演示器材

教师呈现自制的电路结构演示器材（图3－30），请学生分析简单电路组成，讨论电流路径。

图3－30

二、播放《假期的一天》

视频呈现一位同学早晨起床后做早餐、热牛奶，中午打球回家后吹空调，晚上上网课，停电后拿出手电筒等。使用了常见的10种用电器：豆浆机、电饭煲、抽油烟机、电水壶、电风扇、空调、电脑、电吹风、台灯、手电筒（图3－31），让学生讨论各用电器的作用并在此基础上讨论它们各自的能量转化。

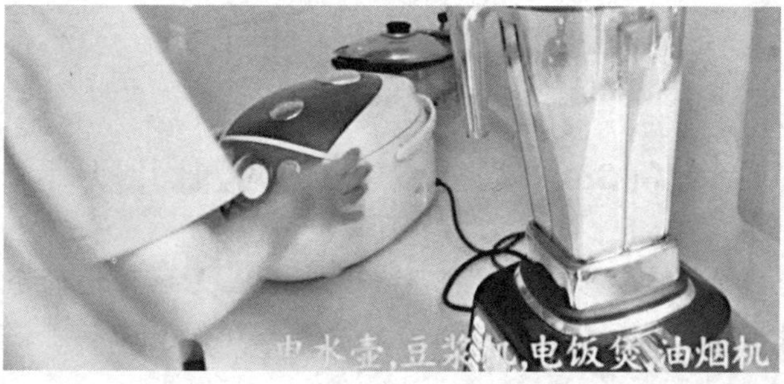

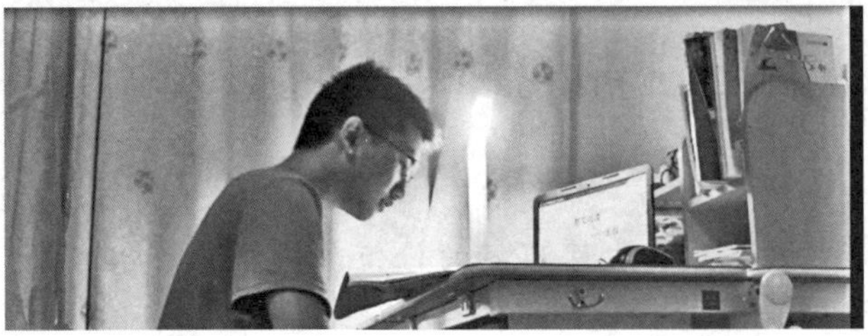

图 3－31

案例 34 "光的色散"授课片段

授课教师通过实验将"光的色散"和"色光混合"现象清晰地呈现给学生，让学生基于现象进行思维的建构，认识光的色散特点。

一、光的色散现象

在白纸上呈现白光通过三棱镜后所得到的彩色光带，并用雾化器在路径上喷洒小水珠，显示光的路径。在暗室呈现光在空间的色散现象。

二、色光的混合

在透明塑料柱中充入雾气（图 3－32），将色光射入其中进行混合，请学生观察并描述。

图 3－32

案例 35 "内能 热传递"授课片段

"内能"的概念较为抽象，"热传递"需要体现温度差是热传递的条件，为使得抽象的概念理解更为显性，提供热传递的直接证据。授课教师的做法如下：

一、内能可以转化为其他形式的能

使用温差发电装置(图 3－33),当手掌置于发电膜片上,红色 LED 灯发光,说明内能可以转化为电能。自制斯特林发动机(图 3－34),当用酒精灯加热时,推动盘片转动,说明内能可以转化为机械能。

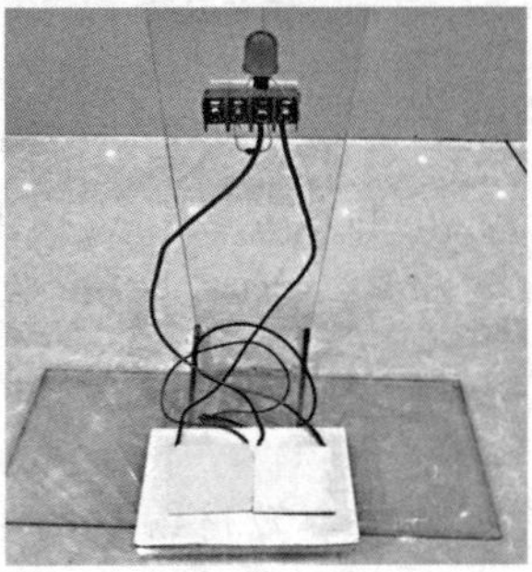

图 3－33

图 3－34

二、热传递发生的条件

如图 3－35 所示,在铜棒不同位置用蜡黏上棉签,用温度传感器置于铜棒不同位置测温。用酒精灯给铜棒加热。

现象:棉签逐个掉落,传感器两处温度不等。

问题链:1. 棉签掉落说明什么?

2. 酒精灯并没有直接加热此处,这点的内能从何而来?

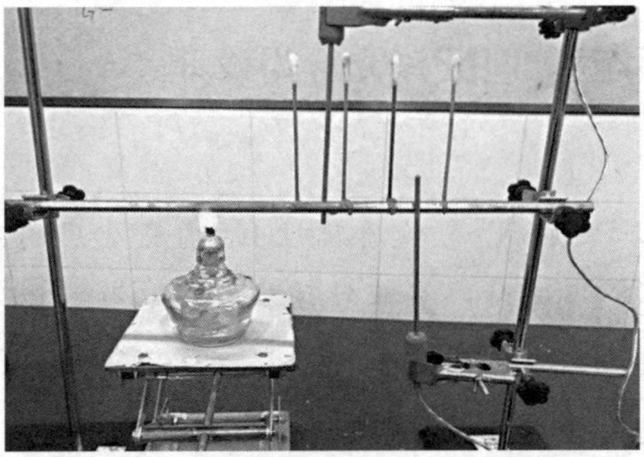

图 3－35

图 3－36

如图 3－36 所示,用电磁炉给容器中的水加热,小试管内装水置于容器中,在容器和小试管中放入温度传感器。加热,观察容器中水和试管中水的温度变化。

加热开始,逐步呈现问题:

1. 试管内的水温怎么变化?

2. 试管内的水温度升高说明什么?

3. 通过什么方式改变了小试管内水的内能？满足什么条件了？

当试管外的水沸腾时，再提问：

1. 此时，试管内的水温能不能达到沸点？

2. 试管内外水温度相等，都达到沸点，为什么试管内的水不能沸腾？

3. 水沸腾需要什么条件？

4. 提高学生“探究行为”设计效度的策略

在探究教学中，探究行为的设计要有序进行，探究的目的是要建构物理概念和认识物理规律，探究行为的预设目标不可能只是静态的。为提高物理课堂教学中学生“探究行为”设计的效度，还需要把握相应的策略。

(1) 基于课程标准，使行为设计从无序走向规范

课程标准是衡量学生学业水平的基本标准，是所有版本教材编写的依据。课程标准提出了探究能力培养的目标要求，这种要求具体体现在作为课程理念载体的教材中，具体而言它体现于教材中的探究性任务之中。如果学生在完成任务的过程中掌握了相应的方法，培养了处理问题的程序性思维，那么也就有了切实的能力提高。探究行为的设计应该呈现序列化，这样可以使得探究能力的培养，从课时中的陈述性思维逐步迈向结构化的程序性思维。因此，在探究行为设计上，我们首先要分解课标，确定教材章节目标；其次，解读教材内容，梳理探究性任务，设计典型探究行为，明确探究能力培养方向；再辅助以恰当的评价任务，从而有序地实现学生探究能力的提高。现以“物质的形态和变化”单元为例进行说明。

案例36 “物质的形态和变化”探究行为设计

1. 依据课程标准进行目标分解

“物质的形态和变化”属于“物质”的二级主题，是物质属性、结构及应用的基础，主要任务是基于实验对物态变化进行研究，依据课程标准的目标分解如表3-2所示。

表3-2 “物质的形态和变化”单元目标分解

章节内容（苏科版）	依据课程标准的目标分解		
	认知性目标	技能性目标	体验性目标
一、物质的三态 温度的测量	1. 描述固、液和气三种物态的基本特征。列举自然界和生活中不同状态的物质及其应用。 2. 说出生活环境中常见的温度值。	1. 了解液体温度计的工作原理，会用常见温度计测量温度。 2. 正确使用酒精灯加热。	尝试对环境温度问题发表自己的见解。

续表

章节内容（苏科版）	依据课程标准的目标分解		
	认知性目标	技能性目标	体验性目标
二、汽化和液化 三、熔化和凝固 四、升华和凝华	1. 知道物质的熔点、凝固点和沸点，了解物态变化过程中的吸热和放热现象。 2. 用物态变化的知识说明自然界和生活中的有关现象。	（以下目标体现在探究性任务中） 1. 会组装器材，给物质正确地加热。 2. 观察物态变化记录现象。 3. 观察温度计记录数据。 4. 会画出“温度—时间”图像。	经历物态变化的实验探究过程
五、水循环	用水的物态变化说明自然界中的一些水循环现象。了解我国和当地的水资源状况。		有保护环境和节约用水的意识。

2. 探究性任务梳理及典型探究行为设计

探究性任务指教材中所列的具体探究任务，包括课程标准给出的“样例”或“活动建议”，教材中的综合实践活动可以视作单元项目任务（表 3－3）。

表 3－3　“物质的形态和变化”典型探究行为设计

章节内容（苏科版）	探究性任务		典型探究行为设计	探究能力培养
	教材中的探究活动和学生实验	课程标准中的“样例”和“活动建议”		
一、物质的三态　温度的测量	活动 2.1　观察水的三态及其特征 学生实验：练习使用温度计	例 1　观察生活中常见的温度计，了解它们的使用方法和测温范围。 例 2　尝试对温室效应、热岛效应等发表自己的见解。	1. 使用温度计。 2. 用酒精灯加热并观察冰的变化。	1. 进行实验与收集证据。
二、汽化和液化	活动 2.2　观察蒸发现象 学生实验：观察水的沸腾 活动 2.3　观察水蒸气的液化	例 3　运用物态变化的知识，说明冰熔化、水沸腾等现象。	3. 观察水的沸腾，用图像表达温度变化，描述水的沸腾特点，知道水的沸点。	1. 进行实验与收集证据。 2. 分析与论证。

续表

章节内容（苏科版）	探究性任务		典型探究行为设计	探究能力培养
	教材中的探究活动和学生实验	课程标准中的“样例”和“活动建议”		
三、熔化和凝固	活动 2.4　探究冰、烛蜡的熔化特点		4. 探究冰、烛蜡的熔化特点，用图像表达温度变化，知道晶体的熔点、凝固点。	1. 设计实验与制订计划。 2. 进行实验与收集证据。 3. 分析与论证。
四、升华和凝华	活动 2.5　观察“碘锤”中的物态变化		5. 观察并描述碘的物态变化特点。	进行实验与收集证据。
五、水循环	活动 2.6　认识水循环	活动建议： (1) 调查学校和家庭的用水状况，设计一个学校或家庭的节水方案。 (2) 调查当地水资源的利用状况，并对当地水资源的利用提出自己的见解。 (3) 调查当地农田灌溉的主要方式，了解节水灌溉技术。	6. 参照活动建议，视实际情况选择。	1. 设计方案。 2. 分析与论证。 3. 评估。 4. 交流与合作。
综合实践活动：用电冰箱研究物态变化现象			1. 研究电冰箱内的温度分布情况。 2. 制作“冻豆腐”。 3. 自制冰激凌。 4. 研究不同液体的冷冻情况。	1. 设计实验与制订计划。 2. 进行实验与收集证据。 3. 分析与论证。 4. 评估。 5. 交流与合作。

3. 评价任务与能力指向设计(具体任务选自教材章末“小结与评价”)

① “温度—时间”图像是描述物态变化特点的一种重要方法。在本章学习中，你描绘了哪几种物态变化图像？试根据图像分析物态变化的特点。

能力指向：程序性思维，会用物理图像描述物质的属性。

② 说明蒸发和沸腾的相同点和不同点，并说出你是如何知道液体蒸发会吸热的。

能力指向：概括与推理，辨别不同的物态变化。

③ 打开电冰箱门时，常会看到电冰箱门的附近出现一股“白气”。这种“白气”与热水瓶口出现的“白气”的形成过程有什么异同？

能力指向：实践性技能，解释不同的物态变化现象。

④ 地球上的水很多，可是为什么人类还会面临“水荒”呢？想一想，你将从哪几个方面来说明这个问题？

能力指向：设计与论证，评估，交流与合作。

(2) 关注认知的方法，使行为设计从研究特质向研究过程转变

探究教学与单纯的知识传授最大的不同，是更加注重解决问题的思维途径，获得认知方法。J. P. 戴斯等人在 20 世纪 90 年代提出的“智力的 PASS 理论”指出：在认知革命的大背景下，要跳出特质论的窠臼，从研究特质向研究过程转变，要强调能力与过程的动态、且可控制的相互作用。所以，在学生探究行为的设计中，要充分考量学生在形成基本技能过程中的认知思维障碍。下面，我以“长度的测量”学习为例，加以说明。

案例 37　长度的测量

例 1　刻度尺如何放置？

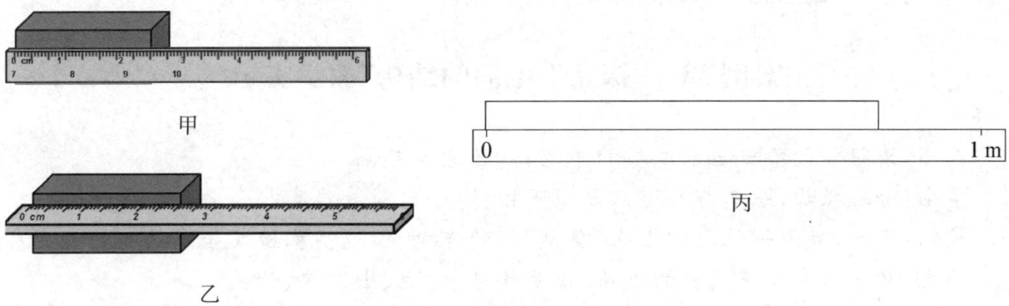

图 3 - 37

学生回答。（图 3 - 37 甲）

老师问：这样放可以吗？（图 3 - 37 乙）

老师再问：两种放法的区别在哪儿呢？

老师再问：薄透明尺（学生用）怎么放呢？

总结语：刻度尺的刻度线要紧靠被测物体。测量还要了解工具的结构特点，这就是规则意识。

例 2　关于估读。

我们可以在黑板上画一个分度值为 1 m 的刻度尺让学生读数（图 3 - 37 丙）；

学生答：0.8 m；

逐步添加 1 dm、1 cm 分度后再让学生读。

总结语：测量的目的是为了逼近真实值，减小误差。

例 3　多次测量取平均值,计算结果到底保留到哪一位?

学生回答后可以设问:物体的长度是靠我们测出来的,还是算出来的?

总结语:改进测量方案可以减小误差,但是必须遵循测量的规则。

(3) 重视学生表现,使行为设计从静态目标走向动态生成

在科学探究活动中探究行为设计的目的,是要使学生获得实际的能力变化。因此,在行为设计上,我们不仅要关注行为目标的整体指向,还要充分注意课堂上学生所表现出的实际行为,即时调整课堂教学中的行为设计,使课前所确定的目标走向动态生成。

例如,在“电路”一节授课时,教材安排了一个“探究手电筒的结构”教学任务,目的是通过对手电筒的探究,认识到电路是由“电源、开关、导线、用电器组成的电流流通路径”。教师一般的做法是先让学生观察手电筒的构造,由于手电筒的内部不便观察,通常是老师做PPT,对电筒进行“图解”,画出电路图(图 3 - 38)。这样看上去似乎已经达成了学习要求,学生已经明白了“电路的基本组成”,但是否就明白了“电路”的概念呢?下面是笔者执教该课时的一段课堂实录:

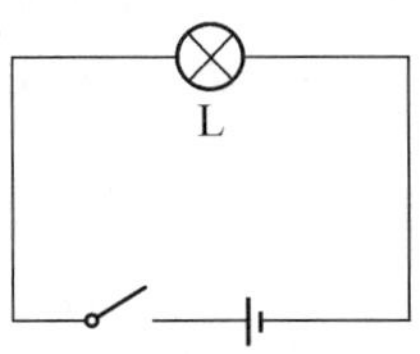

图 3 - 38

案例 38　“探究手电筒的结构”教学实录

教师:请同学们拿出自己准备的手电筒,让它亮起来。

学生:纷纷操作,基本都知道只要揿下按钮,手电筒就能亮起来。

教师:下面,我请一位同学上来“解剖”你的手电筒,说明构造及手电筒亮的原因。

学生:拿一只有金属筒壁的电筒,说明构造“电池、小灯泡、开关”。

教师:你能说说什么是电路吗?

学生:(按照书本内容)由电源、开关、导线、用电器组成的电流的路径。

教师:(拿过手电筒,拧去后盖,交还给该同学)请你让手电筒亮起来。

(先后上来两个学生)揿下按钮后,用力向内压电池,灯泡均不亮。

(学生的这种表现教师未料到)

教师:什么是电路?

学生齐答:由电源、开关、导线、用电器组成的电流的路径。

教师:为什么现在灯泡不亮呀?

学生:无语。

教师:如果你们家的电筒后盖没了,你又急着要用,怎么办呀?

学生:(议论,终于有一个学生说)拿一根导线,接在电池和金属筒壁上试一试。

教师:照办,灯泡亮了。

教师:你能说说你怎么想到这一点的吗?

学生：没后盖，电路不通，只能用导线将电路接通。

至此，教师再引导学生小结“电路的组成及各部分的作用”，学生也获得了关于“组成一个简单电路”的方法。

学生探究能力的获得是一种内化的过程，从认知心理学的角度而言，它是一种“自动化基本技能”的形成过程。吴庆麟先生的研究将促进自动化基本技能获得的教学措施分成“掌握子技能或前提技能、促进组合、促进程序化”三个步骤。在课堂教学中，学生探究行为的设计上，我们倡导基于课程标准，确定学习目标，明确探究任务的具体要求，目的是有序地使学生“掌握子技能或前提技能”；通过探究完善认知的建构是为了“促进技能的组合”；抓住学生的实际表现，在实际应用中分析、解决问题，则是“促进技能程序化，形成程序性思维”的过程。

学习初中物理要动手、动脑，探究行为就是初中物理学习的外显，其内隐是学生思维和智慧的生长。因此，基于“探究行为”设计初中物理探究教学对把握物理学科特质、优化课堂教学生态有积极意义。

第三节　单元视域下初中物理探究教学设计

探寻并践行义务教育物理课程标准理念在课堂中落地的途径，提高全体学生的科学素养，是我和我的团队教师孜孜以求的目标。我们于 2009 年组建项目团队，历经三期省规划课题研究，始终秉承行动研究的特质和程序，聚焦“初中物理探究教学”开展课例研修，提炼形成初中物理探究教学的设计方案，在实践推广中取得较为明显的成效，丰富了探究教学的理论、实践内涵。为了让一线教师更加深入地理解设计方案，我先从背景与探索历程、内涵与方案解读两方面，对探究教学的设计方案做一个梳理。然后，结合案例，说明如何依据方案设计初中物理探究教学。

1. 背景与探索历程

1999 年，我国启动第八次基础教育课程改革，倡导学习方式和教学方式的转变。2001 年颁布的《义务教育物理课程标准（实验稿）》进一步明确，将“科学探究”纳入“课程内容”，科学探究既是学生的学习目标，又是重要的教学方式。从此，“探究”正式进入初中物理教师的话语体系。但随着实践的深入，我们警惕地意识到当时的课堂教学存在着以下问题：在认识层面，存在着将探究教学泛化、固化和窄化的乱象；在操作层面，无序设计和低效组织的现象比较普遍。探究行为到底是什么？探究教学怎样设计？如何组织？怎样实施学习评价？带着这些朴素的问题，我们进行了系统的探索。

萌芽期（1999—2008 年）：2000 年、2002 年，我先后参加江苏省和全国会课。两节课因“很好地体现课程理念，渗透探究思想，教师通过自制的系列实验器材，使得学生的探究真正发生”，反响良好。一节教学设计成为教材编写蓝本，一节课堂教学光盘随教参发行。我围绕课例，提出探究教学的实施策略，萌生系统研究初中物理探究教学的执着念头。

探索期（2009—2011 年）：2009 年，我们首次组建课题组，申报课题“学生科学探究行为的评价研究”。在学理层面，对“探究行为”做出界定，即“初中物理学习中有目的的探查活动和体验行为，具体指有目的的实验、研讨或思维的交流活动”，这一定义被收入“2012 年度全国中学物理研究综述”。实践中，树立“基于学生的探究行为设计和评价物理课堂教学”的主张，开展科学探究标准的分解与实施，分析四种版本的初中物理教材中探究要素的分布，对教学设计加以优化，开发系列探究行为评价量表并投入课堂广泛使用。课题结题时被评为江苏省精品课题。

发展期（2012—2015 年）：2013 年，在原江苏省基础教育研究所彭钢所长等专家的鼓励下，申报课题《初中物理“行为课堂”的构建》，旨在构建“以‘探究行为’为核心学习行为的初中物理课堂”。2012—2014 年，团队成员许帮正、骆波执教的 3 节探究教学课例在“教学新时空 · 名师课堂”面向全省播出。期间有幸得到苏科版教材主编刘炳昇先生的点评和指导，据此我们归纳出物理探究教学的设计原则，即“把课程标准的要求转化为具体的教学任务和教学策略，把教材结构转换为学生的学习行为。在学生学习行为设计上，着眼于‘探究行为’，注重体现学生‘思维’的发展”，明确了“探究行为的设计重点是考虑探究行为发生的载体、探究行为的组织要点是注重思维可视化”。为丰富实验课程资源建设，同步开展实验研究和综合实践活动研究。

形成期（2016—2018 年）：作为精品课题的后续研究，探索学科核心素养落地的途径，团队继续申报课题“指向物理核心素养的单元设计”。期间得到“江苏人民教育家培养工程”导师组陶洪、陈明选、彭刚、崔允漷等知名教授的指导，正式提出“初中物理探究教学”的主张：初中物理教学要重视实验探究，同时要以问题链的方式设计恰当的学习进阶，以培养科学思维。并把这种教学方式称之为“初中物理探究教学”。为有利于学生形成正确的物理观念和培育科学思维，从“核心素养、教师 PCK、学情分析、项目学习”等角度开展单元设计。在课堂学习品质上，追求深度学习；在课程资源建设上，系统开展“物理综合实践活动”研究。

2. 单元视域下初中物理探究教学设计方案

如何才能使得我们能够把握初中物理探究教学的特质，以保障在同样的教学课时安排下，创设优质的常态探究教学，使学生获得能力和学业水平的同步发展。基于研究和实践，我们提出了单元视域下的探究教学设计方案，其路径如图 3 - 39 所示，我们可以从以下角度理解初中物理探究教学的设计方案。

四个基本环节：一是指向物理学科核心素养，基于课程标准，结合学习内容确定单元，制定单元教学目标，分解制定课时目标。二是把握物理探究教学的基本特质，设计“思维载体——问题链”及“资源载体——实验”，组织探究教学。三是在组织课堂教学

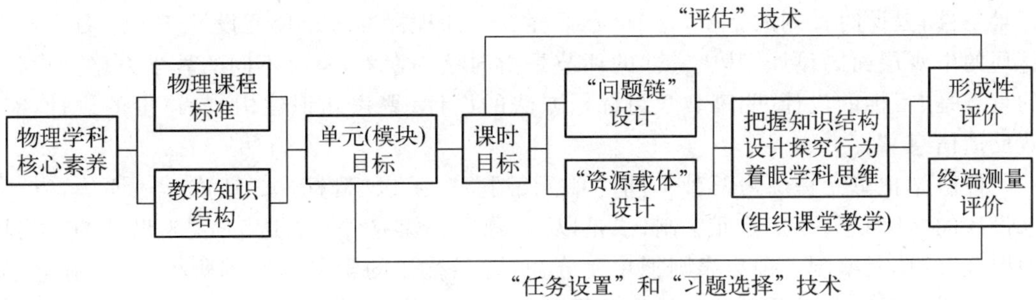

图 3-39 初中物理探究教学设计路径

的过程中，要把握好知识结构，形成概念；设计好探究行为，保障学生的探究经历；着眼学科思维的培育，使学生掌握物理研究的基本方法。四是倡导"作为学习的评价"，实现教、学、评的一致，在课堂教学过程中，以课时目标为参照，注意采用"评估"技术，采用"形成性评价"策略；单元模块结束后，采用"总结性评价"策略，依据单元目标，考虑采用"任务设置"的方式进行表现性评价或选择"典型习题"进行终端测量。

三项关键技术：基于标准的文本研读——建立以《课程标准》为基准的课堂教学目标体系，并导引课堂学习活动和评价设计的需要。设计思维载体和资源载体——为保障探究活动的进行，提高学生探究行为的效度，探究教学中需注重载体设计，一类是思维载体，具体表现为"问题链"；另一类是资源载体，主要表现为"实验资源"。构建基于探究行为的课堂学习评价——把课程标准中规定的"内容标准"转化为教学中的"质量标准"，再依据教材和学情，设计课堂中的典型的"探究行为"，并依据学习目标确定"评价点"。

三条基本原则：在目标设计上，倡导基于单元的学习设计，以确定核心的探究任务，形成学习进阶；在课时教学设计上，注重围绕探究任务进行问题链和实验载体的设计；在评价上则注重设置具体的任务进行评价。

两大核心步骤：具体实施时要理清单元目标与课时目标，即"立足单元，基于大概念学习进阶设计核心学习任务；着眼课时，基于探究行为设计和评价物理课堂教学。"

3. 初中物理单元视域下的探究教学设计

由初中物理探究教学设计方案可知，初中物理探究教学设计遵循教学设计的基本特质，包括目标、过程及评价的设计。但探究教学具有典型的任务驱动特质，探究能力的培养具有层递性质。因此，在学习设计上，要明晰探究任务，注重围绕探究任务进行问题链和实验载体的设计；在目标设计上，倡导基于单元的学习设计，以确定大概念目标，形成学习进阶。

(1) 基于单元的学习设计的两种类型

"单元"不是指单纯的学习内容单位，是课程单位和学习单位，包涵"学习内容、学习目标、学习方法、学习评价"等。"单元设计"既是课程开发的基础单位，也是课时计划的背景条件，是课时计划的指引，是“核心素养——课程标准——单元设计——学习评价”链环的中观层面的设计，其决定性的环节是指向核心素养，整合不同的教学方略。设计的重点是“目标的设计（明晰教学目标）、方法的设计（聚焦知识建构）与评价的设计（有效反馈信息）”。

佐藤学把单元提炼为两种不同的单元编制：一是以“目标——达成——评价”方式来设计的“计划型课程”单元编制；二是以“主题——探究——表达”方式来设计的“项目型课程”的单元编制。钟启泉则把单元分为：以系统化的学科为基础所构成的“教材单元”（学科单元），以学习者的生活经验为基础所构成的“经验单元”（生活单元）。

基于课例研究，我们发展和完善了上述实践路线，以提高路径的可操作性。依据我们所在区域使用的义务教育教科书《物理》（苏科版），我们在探究任务组织上，将学习内容分为“教材单元”和“项目单元”，“教材单元”由教材中的章节组成，“项目单元”由教材中的综合实践活动组成。我们对两类单元进行探究教学设计，可以很好地指导我们的教学实施。

关于教材单元，我们认为，要将课时设计进行前后联系，整体把握知识的建构过程，建立“目标——学习——评价”三位一体的学习架构，从而构筑单元学习的层级——基于课程标准的单元设计、立足教材的课时设计、指向学生的活动设计。关于项目单元，我们认为，探究性活动可按照“主题与准备——探究与思考——表达与评价”的路线来加以组织，设计制作活动可按照“任务与准备——设计与制作——评价与改进”的程序来加以组织。

（2）教材单元的探究教学设计

教材单元的典型特点是具有系统化的知识结构，单元内容是由相互联系，逐层递进的章节构成。一些教师在授课时，只根据每一节的具体任务，划分课时，做好课时设计。这种简单的操作往往会导致碎片化教学，不利于知识的结构化，不利于学生物理观念的形成。

探究教学的目的是为学科核心素养的落地提供路径，这里就必须考虑探究能力培养的连续性，概念建构的层递性，程序性思维形成的必要性，这样才能逐步完成知识的结构化。什么是知识的结构化？那就是学生学习后，应该知道：知识是怎么来的？知识是什么？知识有什么用？这样才能基于实际情境进行合理应用，具有科学思维，我们才能说学生具有了“物理观念”。从学习的角度而言，布鲁纳坦言，学校里能学到的对未来直接有用的知识和技能，也就是所谓的“特殊迁移”是非常有限的；更为重要的是“非特殊迁移”，而能进行“非特殊迁移”的正是“结构”，简单来说，结构就是“基本概念和基本原理及其相互间的联系”。布鲁纳提到的“非特殊迁移”的过程，基本的方式是：学习一个一般观念，然后这个一般观念可以作为认识后继问题的基础，这些后继问题是开始所掌握的观念的特例。这种类型的迁移应该是教育过程的核心——用基本和一般的观念来不断扩大和加深知识。

这些一般观念就是我们在今天所说的“大概念”，它是各种条理清晰的关系的核心，又是使事实更容易理解和有用的一个概念锚点，是“物理观念”形成的基础。具体到物理课程的学习，那些知识性的物理概念、技能性的操作要求、体验性的科学方法均可以视作大概念。而这些，就是课程标准中所说的“认识性”“技能性”“体验性”的教学目标。

作为体现课程标准目标要求的教材，其核心的内容是以具体探究性任务的方式呈现的，概念锚点隐含其中，我们只有基于课程标准，确定单元的目标，解读教材内容，确定课时计划，才能准确定位这些概念锚点，形成学习进阶。现以苏科版初中物理“物质的物理属性”一章的单元目标设计为例。

① 梳理课程标准，明确单元目标

“物质的物理属性”是“物质”主题下的二级主题。我们先梳理课程标准，明确本单元的目标在课程标准中的表述(表 3 - 4)。

表 3 - 4　《物质的物理属性》单元目标在课程标准中的相关表述

内容要求	① 通过实验，了解物质的一些物理属性，如弹性、磁性、导电性和导热性等，用语言、文字或图表描述物质的这些物理属性。
	② 知道质量的含义。会测量固体和液体的质量。
	③ 通过实验，理解密度，会测量固体和液体的密度。解释生活中一些与密度有关的物理现象。
	④ 了解人类关于物质属性的研究对日常生活和科技进步的影响。
参考样例	例 1　通过实验，了解金属或塑料的弹性。列举弹性在生活中应用的实例。
	例 2　通过实验，了解物质的磁性和磁化现象。调查磁性材料在生活中的用途。
	例 3　通过实验，了解物质的导电性，比较导体、半导体、绝缘体导电性能的不同。
	例 4　分别说出质量为几克、几十克、几百克、几千克的一些物品，能估测常见物体的质量。
	例 5　收集有关物质属性研究的信息。
活动建议	① 测量一些固体和液体的密度。如让学生自己设计一种方案，测量酱油、食用油、醋、盐、塑料制品、肥皂、牛奶等物品的密度。
	② 调查生活中的一些日常用品，了解它们应用了物质的哪些物理属性。
学生必做实验	① 用天平测量物体的质量。
	② 测量固体和液体的密度。

② 拆分课时安排，明确概念进阶

分解课程标准是理解并落实课程标准的一项专业活动。一般地，通过替代、拆解、组合等策略，我们可将课程标准分解为具体的学习目标，并编制单元教学计划。我们依照课程标准附录《行为动词说明》，将学习目标划分为认知性目标、技能性目标和体验性目标等三种类型。依据教材，我们拆分课时学习任务安排，将课程标准分解为具体的学习目标，并编制单元教学计划。明确概念进阶，编制达成计划。本章教材编排共5节，新授课共计7课时，各节梳理的概念进阶包括：知识性的物理概念、技能性的操作要求、体验性的科学方法。具体计划如表3-5所示。

表3-5 《物质的物理属性》单元教学计划

<table>
<tr><th>内容</th><th>课时</th><th>认知性目标</th><th>技能性目标</th><th>体验性目标</th><th>概念进阶</th></tr>
<tr><td>物体的质量</td><td>1</td><td>知道质量的含义、单位，了解天平的使用方法，知道质量与物体的形状、状态及位置等因素无关。</td><td>会用天平测量物体的质量，能估测常见物体的质量。</td><td>练习使用天平，有规范操作的意识。</td><td>知识：质量。
技能：天平的使用。
方法：比较。</td></tr>
<tr><td>测量物体的质量</td><td>1</td><td></td><td>会用天平测量质量较小物体的质量，会用天平测量液体的质量。</td><td>经历用天平测量固体和液体的质量的过程，体会测量方案的优化有利于提高测量的精确程度。</td><td>技能：天平的使用。
方法：精确测量。</td></tr>
<tr><td rowspan="2">物质的密度</td><td>1</td><td>了解密度的定义、公式、单位。</td><td>会用天平和刻度尺分别测量物体的质量和体积。</td><td>探究质量与体积的关系。</td><td rowspan="2">知识：密度。
技能：天平测质量、质量的测量。
方法：比较、精确测量、物理图像分析。</td></tr>
<tr><td>1</td><td>理解密度，了解常见物质的密度，解释生活中与密度有关的物理现象。</td><td></td><td></td></tr>
<tr><td rowspan="2">密度知识的应用</td><td>1</td><td>了解量筒（量杯）的使用方法。</td><td>会测量固体和液体的密度。</td><td>经历测量固体和液体的密度的过程，有减小误差的意识。</td><td rowspan="2">知识：密度。
技能：测量密度。
方法：比较、精确测量、鉴别。</td></tr>
<tr><td>1</td><td>利用密度公式进行简单计算。</td><td>会利用密度鉴别物质，会间接测量物体的质量或体积。</td><td></td></tr>
</table>

续表

内容	课时	认知性目标	技能性目标	体验性目标	概念进阶
物质的物理属性	1	了解物质的一些物理属性，如弹性、磁性、导电性和导热性等。	会根据物质的物理属性，选用适当的材料满足相应的用途。	通过实验，比较物质的硬度等物理属性；体会人类关于物质属性的研究对日常生活和科技进步的影响。	知识：物质属性。 技能：比较物质属性。 方法：独立设计。

上述的认知性、技能性、体验性三种目标是相辅相成的，但其中拥有最基本意义的是“体验性目标”。“体验”是作为一个人和谐成长、作为一个人的全部功能的最基本的要素。体验性目标不是以学生方面出现某种变化为直接目的，而是期望学生自身产生特定的内部体验。例如：对于自身的潜能充满自信与效力感的体验；尊重他人的体验；不断“求真”，持续地验证现实与反躬自问的体验等，都是在教育教学中必须有计划地追求的。体验的基础是经历，只有认真落实探究教学才能做到。

分析其中的“概念进阶”。我们不难发现，在知识性的物理概念上，本章从物体质量到密度概念的建立，建立在测量和比较的基础上；在技能性的操作要求方面，从知道天平的构造，掌握使用方法，到利用天平探究物质属性，是一个逐步形成自动化操作技能的过程；就体验性的科学方法而言，从数据分析，到图像分析，到比较法的建立，到物质属性判断方法的设计，是一个程序性思维形成的过程。这些概念进阶的过程只有在经历探究、完成任务的过程中才能实现。

实践证明，基于单元的目标设计，为学习过程提供了恰当而实际的切入点。单课相对简单，时间太短以至于无法考虑大概念的深入发展，也无法探究基本问题和实际应用。换句话说，单课时间太短，不能实现复杂的学习目标。当然，单课计划理应依从单元计划：当一堂课被包含在更大的单元和课程设计中时，通常会更有目的性和连接性。所以，探究教学在目标设计上，我们强调要从单元的视角出发，要考虑这个单元要实现的目标是什么？这堂课对于实现这个目标的作用是什么？正是对这些问题的考量，我们才能归理出某一节的教学设计。

③“物体的质量”的教学设计

我之所以要选择这节课，是因为就教材单元而言，这节课是本章的开篇，也是八年级下学期学习物理的开始。同时，在日常的授课中，许多教师把它上成概念讲授课和技能训练课，学生并不理解质量的真正含义和为什么要使用天平。我一直倡导，探究教学要成为初中物理教师的自觉，光有对理念的认同是不够的，关键是要有对探究文化的认同和对探究教学的价值确认，并愿意克服困难，努力践行。具体到“物体的质量”的目标分析可知，本节课的概念锚点，在知识上是“质量”，技能上是“天平的使用”，方法上是“比较”。这些是后续学习“物质的物理属性”的基础，是本课的重点。以下是我对这一节的教学设计。

案例39 “物体的质量”教学设计

【设计理念】

本节是初中物理“物质的物理属性”学习的开篇，核心的学习任务是“探究物体形状、物质状态对质量是否有影响”，需要掌握的实验技能是“使用托盘天平测量物体的质量”，需要建立的物理观念是“质量是物体的一种属性”。为培养学生的学科核心素养，教学设计遵循初中物理探究教学的理念，路径如图 3-40 所示。

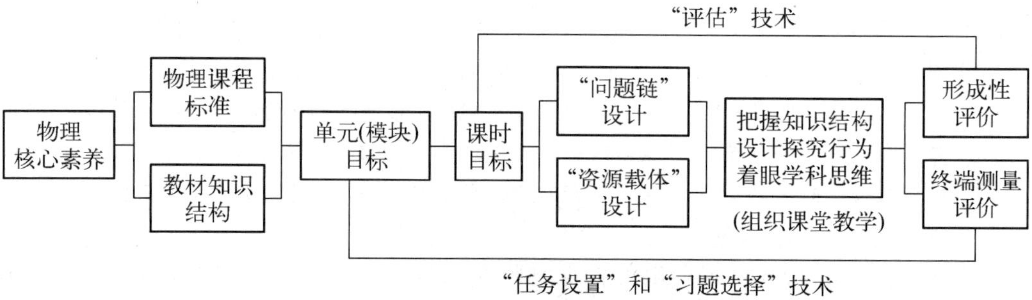

图 3-40 初中物理探究教学设计路径

具体而言，因为本单元在知识(观念)层面的目标是理解物质的密度，技能(实验)层面的目标是会测量固体和液体的质量。密度的构建方式是基于“物质的质量和体积比值”的探究，基于课程标准，按照单元学习设计的要求，本节的课时目标是“知道质量的含义”和“会用天平测质量”。为达成学习目标，在课时设计时围绕“质量”设置问题链，同时提供天平、不同形状以及状态容易发生变化的物质，让学生在质量测量的过程中逐步认识到质量是有多少之分的，质量是由物体所含物质多少决定的。同时，采用实践性评价，渗透“作为学习的评价”理念，通过对日常生活中物质质量的估测来了解质量单位，通过对实验过程的评估来掌握天平的使用方法。在对物质属性的认识上，本章主要的方法是比较法，所以，将比较法始终贯穿在课时设计中。

【教学目标】

1. 知道质量的含义，知道质量是物质的一种属性。
2. 会用天平测量物体的质量。

【教学重、难点】

探究物体形状、物质状态对质量是否有影响。

【教学资源】

学生实验器材(2人一组):托盘天平、橡皮泥、半张白纸、小烧杯、冰块。

教师演示器材:烧杯(装水)、柱状水桶(分别装等体积的水和沙子)、圆形容器(装沙子)、托盘天平、物理天平、天宫课堂视频(太空中如何测量航天员的质量)。

【教学过程】

模块一　质量

教师:世界是由物质组成的,物体所含物质的多少往往不一样。出示如图3-41所示的四个容器:

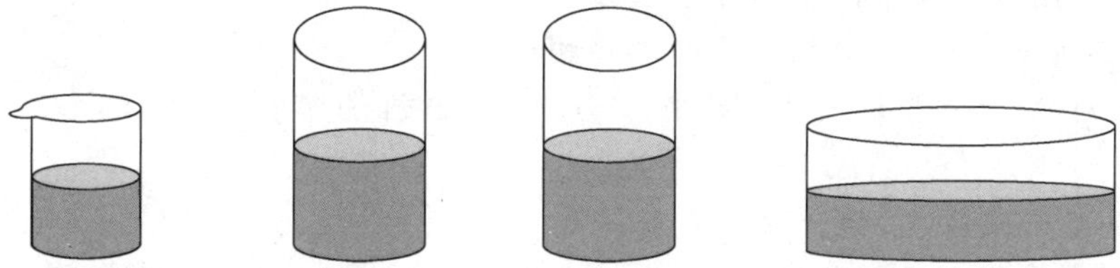

图3-41

问题1:你如何比较上述四个容器中物质的多少?

教师:生活中常需要比较物质的多少,比较物质多少的方法有很多,如比体积、比"重量",在物理研究中,我们选择一个统一的物理量——质量。

质量(m):物体所含物质的多少。国际单位:kg。

问题2:请将图3-42中物体按照质量由小到大排列,并试着估计图3-42中某些物体的质量。

学生根据生活经验排序并估计质量大小。

教师出示以下具体数据。

邮票:约0.000 05 kg;

一元硬币:约0.006 kg;

苹果:约0.15 kg;

大公鸡:2.5—3 kg;

成人:60—80 kg;

大象:$(2-5)\times10^3$ kg;

月球:7.4×10^{22} kg;

地球:6.0×10^{24} kg;

太阳:2.0×10^{30} kg。

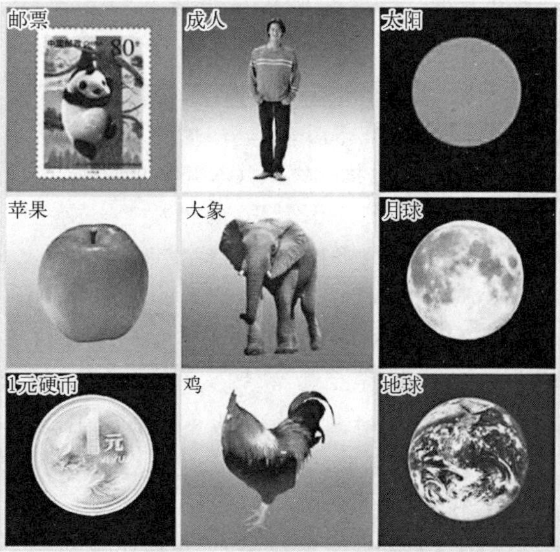

图3-42

在此基础上说明：

1. 质量选多种单位的必要性，介绍常用的质量单位还有吨(t)、克(g)、毫克(mg)。

2. 常人的估计一般都不太准确，在生活中我们常用天平等工具测量物体的质量。

设计说明：此段设计从比较物质多少开始，使学生意识到质量引入的价值。采用实践性评价，比较生活中常见物体的质量大小，结合估测，了解质量单位，明确测量的需要。体现“从生活走向物理，从物理走向社会”的基本理念，同时渗透“作为学习的评价”观念，把评价视作学习的过程。

模块二　用托盘天平测量物体的质量

教师：出示托盘天平，介绍天平的主要构造。

请学生对照天平看说明书，明确三个问题：如何调节？质量测量与读数？注意事项？

任务1：选一块橡皮，估计它的质量。

任务2：自学天平使用说明书，用天平测量这块橡皮的质量。

评估1：请二位同学上台，说明测量过程。请其他同学进行评估。

任务3：如何用天平测量桌面上的一块橡皮泥的质量？

评估2：请二位同学上台，说明测量过程。请其他同学进行评估。

注意点：橡皮泥潮湿，需要垫一张白纸。

设计说明：使用天平测量物体质量是学生需要掌握的基本技能，技能应在使用工具的过程中培养。在这里，教师不做过多讲解，让学生自学说明书以后进行测量，通过评估改进测量，掌握天平的使用方法。正确认识实验在探究中的价值，实验是探究的载体。

模块三　探究物体形状、物质状态对质量是否有影响

问题1：物质状态变化后，物体质量会变吗？

学生测量1：把一块冰放入烧杯中，用天平测量烧杯和冰块的质量，再静置旁边观察。

问题2：改变物体形状，物体质量会变吗？

学生测量2：将橡皮泥捏成其他形状再次测量质量。

数据记录：橡皮泥的质量为________g；改变形状后质量为________g。

学生测量3：冰块熔化后，烧杯和冰块的质量为________g。

基于测量，学生总结结论：当物体的形状、状态发生变化时，物体的质量不改变。

教师：科学研究还发现物体的质量不随物体位置的变化而变化，如地球上的物体被宇航员带到太空后，质量不变。质量是物体的一种属性，一旦物体确定后，它所含物质的多少不变，质量就不会发生变化。

拓展：生活中测量质量的工具还有很多，如磅秤、案秤、杆秤(出示图片，如图3-43)、物理天平(出示实物)等。

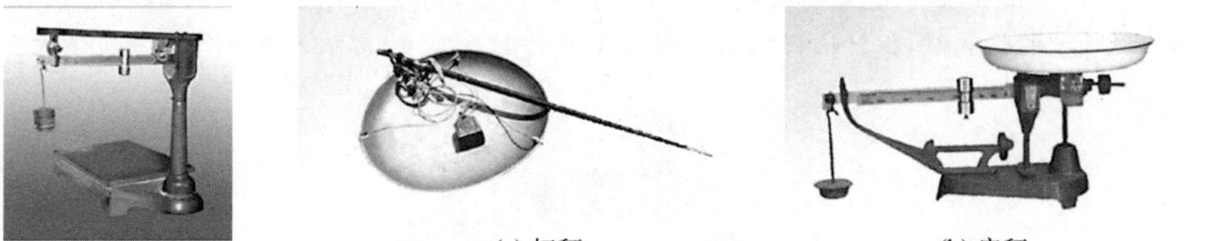

(a) 磅秤　　(c) 杆秤　　(b) 案秤

图 3-43

但是这些工具在太空失重的环境下是不能正常使用的，太空中如何测量质量呢？

播放视频："神舟十号"航天员王亚平北京时间 2013 年 6 月 20 日上午 10 时在太空给地面的学生讲课，截取太空中如何测量航天员质量的画面，了解太空"测重"仪器——质量测量仪。

教师：质量是物体重要的属性，它对物体的运动、能量均有着重要的影响。测量质量的工具有很多，测量的方法也有很多，但其中用到的原理不一样。

设计说明：通过实验，发现物体的质量不随物体的形状、物质的状态而变化。正确认识实验在探究中的作用，实验不仅仅是操作，对于物理学习来说，一次实验就是一次小型的研究。

模块四　小结与评价

1. 板书设计

一、物体的质量

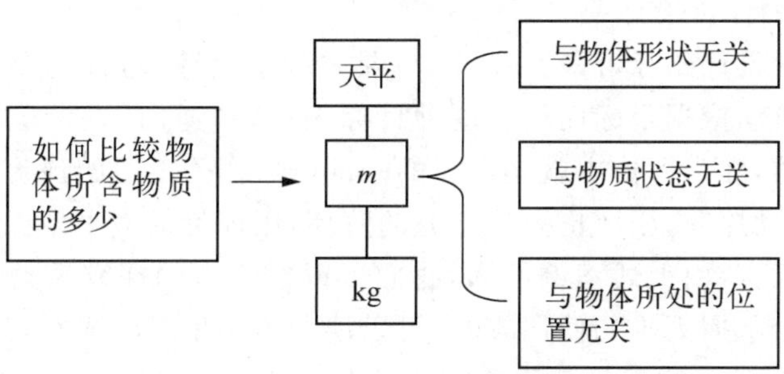

设计说明：采用结构式板书设计揭示知识从哪儿来？知识是什么？知识有什么用？

2. 评价设计

评价目标 1：天平的调节和使用

① 用托盘天平测量物体质量时，指针总是摆来摆去，是否一定要等它停下来才能判断天平有没有平衡呢？

② 小明调节托盘天平时，发现指针偏向分度盘的左侧。要使天平平衡，应调节天平的哪个部件？当他用天平测量物体质量时，又发现指针略偏向分度盘的左侧，这时应该如

何操作？当他在天平右盘中放入 50 g、20 g 和 10 g 的砝码各一个，并将游码移到如图 3－44所示的位置时，指针恰好指在分度盘中央的刻度线处，则被测物体的质量是多大？

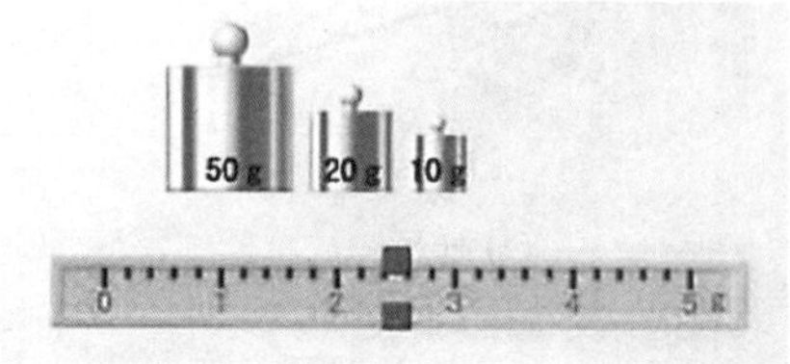

图 3－44

评价目标 2：质量是物体的一种属性

小丽通过实验测得烧杯和杯中热水的质量共 180.0 g，她在水冷却后再次测量时，却发现只有 176.2 g。于是，小丽认为水的质量与温度有关。她的理由是水温降低后，水的质量减小了。她的看法对吗？为什么？

设计说明：指向目标的评价设计，促进学生的学习。

探究教学要创造灵动的课堂，教学组织的基本单位是探究行为，具体指有目的的实验、研讨或思维的交流活动。探究行为设计的要义是为学生的体验创造机会，为促进学生的理解而教，引导学生自我反思和调控。探究行为设计的重点是以实验活动为核心的课程资源设计和以问题链为核心的思维载体设计。设计好实验为学生观察物理现象和体会研究方法创造机会，设计好问题为学生整体思考和完整表达创造机会，使得学生在探究活动中领悟研究方法、形成学科观念和发展科学思维。

④ 作为学习的评价设计

由探究教学的设计路径可知，在单元与课时教学设计中，首先要明确目标，探究行为设计和学习评价均依据目标而行。这种目标先行的“逆向”设计最为有效，可以使得教、学、评成为一体，因为评价本就是学习的一部分，“作为学习的评价”是探究教学的评价理念，用评价引动探究，用评价搭建探究的阶梯，用评价促进学生探究能力的发展。

就课时评价而言，由上述案例可知，我们可以对学生的探究活动及时进行评估，如为了评价学生是否掌握天平的使用方法，可以请一组学生上台演示，其余同学和老师一起评估改进(图 3－45)，这就是基于真实任务的评价。

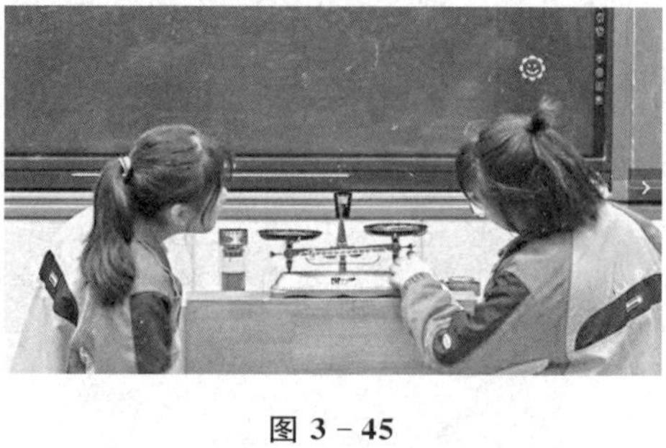

图 3－45

就单元的评价设计而言，我们可以根据本单元的目标，围绕知识性的物理概念、技能性的操作要求、体验性的科学方法，设置具体任务进行评价。常见的评价方法有作业、测验、实验考核和作品评价。

案例40　“物质的物理属性”单元评价建议

① 作业、测验

应严格按照表3－4拟定的单元目标命制单元学习反馈卷，严格按照表3－5拟定的课时目标编制课时作业。不得随意拔高要求或拓宽范围。

单元学习反馈卷的命题指导意见是紧扣课程标准、重视教材素材、贴近生活实际和体现能力立意。

评价案例：小明在探究物体的质量与物质状态是否有关时，做了如下实验：将装有冰块的烧杯放到天平的左盘，在右盘中增减砝码并移动标尺上的游码，使天平平衡。过一会儿，发现冰块开始熔化，烧杯壁变得有些模糊，同时，天平的指针偏在分度盘中线的左侧，如图3－46所示。该实验现象能否说明物体的质量与物质的状态有关？并分析指针偏在分度盘中线左侧的原因。

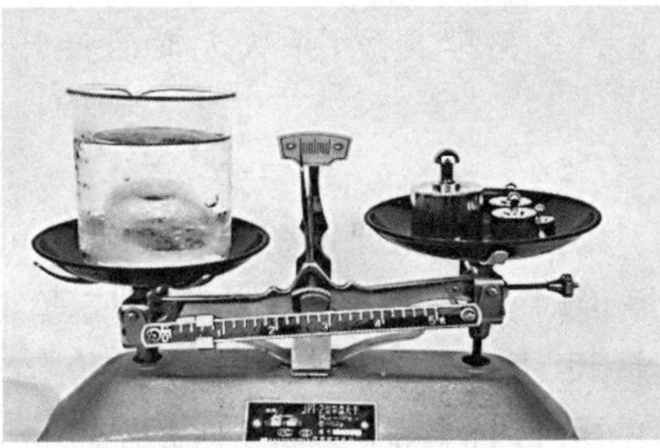

图3－46

评价目标：对质量概念的理解及实验时的观察、分析与论证能力。

② 实验考查

本章涉及两个学生必做实验：用天平测量物体的质量，测量固体和液体的密度。

评价案例：用天平和量筒测量小石块的密度。

实验要求：正确使用天平测量固体的质量、用量筒测出固体的体积、计算出固体的密度。

实验器材：托盘天平（处于不平衡状态）及砝码一套、量筒（100 mL）一个、小石块（拴好细线）一块、烧杯（250 mL、盛有适量清水）一个、干抹布一块、胶头滴管（置于空烧杯中）。

表 3－6　实验操作规则及评分标准

实验步骤	分值
a. 将天平放在水平台面上，用镊子将游码归零，调节平衡螺母使天平平衡。	2
b. 将石块轻放在天平左盘，用镊子向右盘加减砝码，并调节游码，使天平平衡。	2
c. 计算天平右盘砝码总质量和游码所示的质量之和，记录石块的质量。	1
d. 在量筒中倒入适量的水，读出此时水的体积并记录。	1
e. 将石块缓慢浸没在量筒中，读出此时石块和水的总体积并记录，计算石块体积。	2
f. 计算石块的密度。	1
g. 擦拭器材，并将器材恢复到实验前的状态。	1

③ 项目设计

a. 制作一架简易天平。想一想，用什么做横梁、秤盘和砝码，怎样把它们组装起来？比一比谁制作的天平测量结果更精确。

b. 用透明塑料瓶或玻璃杯自制一个量筒（或量杯）。你打算如何标定和校准自制量筒的刻度？试用自制的天平和量筒分别测量橡皮和牛奶的密度。

c. 制作一个医用冷藏盒。与同学交流，并从方案的设计、制作工艺、实际效果等方面进行评价和改进。

由课时和单元的评价建议可知，在课时教学中，我们可以针对学生的探究行为实施及时性评估；在单元评价时，可以采用编制习题或真实性任务实现对大概念迁移的评价，或者是采用项目设计对作品本身进行评价。但评价应该有相应的量规，制定量规的标准就是单元目标。需要特别指出的是，作为学习的评价，其目的不是甄别更不是选拔，而是促进学生全面而富有个性地发展，促进学生的学习和教师的反思。因此，要合理把控好难度，呵护学生学习物理的兴趣和进行探究的热情。

(3) 项目单元的探究教学设计

苏科版初中物理教材中“第十五章 电功和电热”单元的综合实践活动项目“对家庭用电的调查研究”，是在学生经历完电功和电热的探究后，理解了电功、电功率的概念；掌握了电功率的测量技能；了解了家庭电路的组成，基于真实情境开展的探究性活动，属于项目单元。该综合实践活动一共有三个部分的任务要求：

一是调查家庭用电线路。要求观察自己家的用电线路，画出电路图并标明各个用电器以及电能表、供电箱中的开关等的名称与规格。

二是估测用电器的实际功率。

设计实验：如图 3－47 所示，观察一段时间内，家中电子式电能表指示灯闪烁的次数，根据铭牌上所标出的电能表常数就可算出这段时间内家庭电路中消耗的电能，进而计算出电路中用电器的实际功率。

图 3－47

实验步骤：

1．将家中所有用电器的名称记录在下面表格中。

2．断开所有用电器的开关，直至电子式电能表的指针停止闪烁。

3．闭合某个用电器的开关，让其正常工作，数出电子式电能表的指示灯在 3 min 内闪烁的次数，然后断开开关并将数据填入表中。

4．计算各用电器在 3 min 内消耗的电能和它们的实际功率。

用电器			3 min 内指示灯闪烁的次数	3 min 内用电器消耗的电能	实际功率
序号	名称	数量			
①					
②					
③					
④					

三是拓展研究。

从下面选择你感兴趣的课题，采用上述估测方法进行研究。

1．节能灯和白炽灯耗能情况的比较研究。

2．电视机、空调等用电器处于待机状态时的耗能情况研究。

3．夏天，将空调的制冷温度调高 2℃对耗能的影响。

我们采用课例研修，组织对此课研讨。开始时，教师所设计的基本授课思路是：先是出示如图 3－48 所示的家庭电路的示教版，请学生回顾电能表、空气开关、火线、零线、插座的功能等；再让学生画出电路图；然后在电路中接入一个用电器进行功率测量。教学的过程实质上变成了电路和电功率测量的复习。

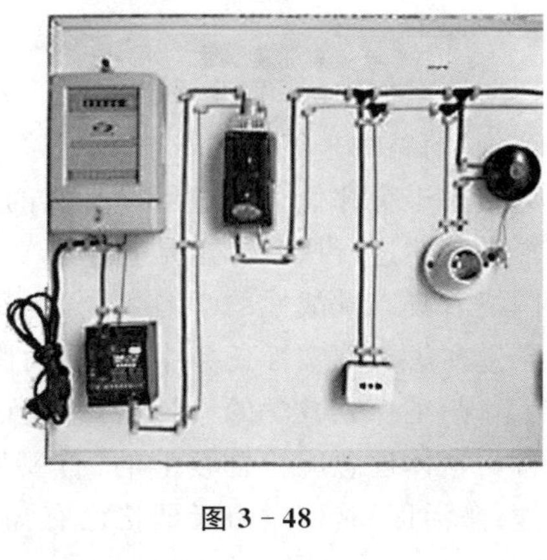

图 3－48

问题出在哪儿呢？我们先看本课的任务和目标，本课的主要任务有三项：调查家庭用电线路；

估测各用电器的实际功率;节能灯和白炽灯耗能情况的比较研究等。由此对应的活动目标是:了解家庭电路的基本结构和连接方式;练习使用电能表,通过估测理解额定功率和实际功率;有安全用电和节约用电的意识。所以它属于第十五章“电功和电热”中典型性的表现性评价任务,是真实性任务。任务设置的根本目的是倡导学生在真实情境下的学习,并实现“电功和电功率”大概念迁移。既是探究,也是对本章学习的评价。经研讨,我们形成了如下的课堂教学设计思路,并进行了课堂实践,效果很好。

案例41 “对家庭用电的调查研究”设计思路(第1课时)

问题1:这是老师家里的厨房,请大家注意观察,里面有一些用电器、插座,老师介绍一下它们的功能,你能画出老师家厨房的电路图吗? 大家可以讨论。

载体1:厨房内用电器、插座分布的视频。

问题2:老师的工作比较忙,晚上回到家需要快速做好饭,老师家的电能表如图3-48所示,你看,我能同时使用哪些用电器?

载体2:电能表,厨房内各用电器特写。

问题3:老师感觉到家里电水壶烧水可能有些异常,因为用的时间有点长了,它的铭牌上标有功率值。今天,我把它带来了,请大家帮我想一个办法检测一下,看看是否要换一个。

载体3:家庭电路板、家里的电水壶(装水)。

问题4:老师家的厨房以前用的是白炽灯,现在用的是节能灯,我想比较一下节能效果,请问如何设计实验?

载体4:家庭电路板,能提供相同照明亮度的白炽灯和节能灯各一只。

布置课后探究任务:请大家利用今天的探究方法回家后按照教材中“拓展探究”内容,选择你感兴趣的任务再做探究,请注意,邀请你的父母一起参加哟。写出你的探究报告,大家一起交流。

该案例中,探究性活动的设计方式是按照“主题与准备——探究与思考——表达与评价”的路线来组织的,这里呈现第1课时,教给学生围绕主题进行探究的方法,并对探究结果进行评价。通过创设真实的问题情境、明确的探究任务,设计问题链引动探究,提供载体进行探究。这是基于真实情境的学习设计,是深度学习。在教师引领下,学生围绕着具有挑战性的学习主题,全身心积极参与、体验成功、获得发展。在这个过程中,学生在解决真实性任务中,实现大概念的迁移,提升技能操作水平、体验科学方法。

归纳探究教学的设计,目标设计是关键,探究行为设计是要点,倡导作为学习的评价。整体理念应符合教学的“首要原理”:聚焦问题,让学习者在真实的情境中掌握知能;激活旧知,使学习者回忆已有知能作为新学习的基础;示证新知,保障学习者经历要学习的新技能;应用新知,让学习者运用新掌握的技能来解决实际问题;融会贯通,让学习者反思、讨论和巩固新习的知能。

更为重要的是,探究教学是符合人的认知结构的。人的认知发展是有结构的,这种结构有它的发展规律。实证研究证明,一个人只有经过多年的学习和实践才能成为专家。因为,特定知识的发展大概有三个不同的阶段:

第一阶段(适应),学习者先熟悉新的内容领域,在这个阶段,学习者收集了大量事实,并把它们彼此孤立地存储起来。这种无条理的学习可能会使他们在系统地学习这门科目之前,一直坚持以前获得的一些错误概念。就物理学习而言,在八年级系统学习物理之前,学生已经从生活和小学自然学科的学习中获得了对"物质""运动和相互作用""能量"的一些认识,但是这些认识中包涵着直接的经验,俗称前概念,这些概念中,有些甚至是错误的。如:他们常见到"风吹树摇""手推车动",就会认为"力是维持物体运动的原因"。

第二阶段(能力),学习者获取了相应科目的大量信息,同时也获取了一些将这些信息联系到一起的一般原则。他们可能会纠正一些以前的错误观念。然而,那些保留下来的错误观念往往会闯入学习者的思维。如进入物理学习以后,他们通过探究,知道物体具有惯性,惯性是维持物体运动的原因,惯性大小的量度是质量,并且能够利用质量和惯性的知识解决一些问题,具备了相应的能力。在解决问题过程中,碰到复杂情境有时又会出现前概念错误。这是学生在学习期内可以达到的真实水平。

第三阶段(专家),学习者真正地掌握了他们的领域。他们有大量的相关知识,并且可以将大部分知识聚集成一个严密的整体——可能也会包括一些存留下来的错误观念。在这个阶段,他们带头做研究、提出看问题的新方法、解决问题,而且通常会形成新知识。只有经过对某一领域多年的学习和实践才能成为专家。因此,很少有人能达到这个阶段,而且在青少年晚期或是成年期之前我们可能看不到这个阶段。如利用质能方程,思考质量与能量的内在联系及其应用等。这样的人我们说他具有了真正的物理观念。所以,物理观念的形成不可能一蹴而就,它需要我们不断地帮助学生建立概念并形成联系,以期为学生的后续发展服务。这是我们基于单元,设计探究教学的最终目的所在。

第四章　初中物理探究教学的实施样态

第一节　初中物理探究教学的学习模型和实践路径

初中物理探究教学，需要依据素养目标指向，厘清概念建构的层级，以序列化的实验探究项目为载体，以“探究行为”为核心学习行为，格物致理，“知”“行”合一。具体项目的实施，需要创设问题情境，通过实验探究，构建物理模型，培养科学思维，形成物理观念。学习模型如图 4-1 所示。

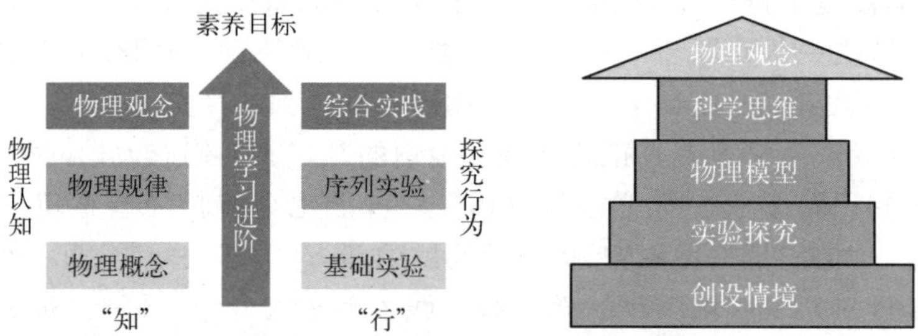

图 4-1　初中物理探究教学的学习模型

考虑概念建构的层递性、探究能力培养的连续性、程序性思维形成的必要性，需基于大概念设计物理学习进阶，形成“核心素养——课程标准——单元设计——学习评价”的基本链环。实践路径如图 4-2 所示。

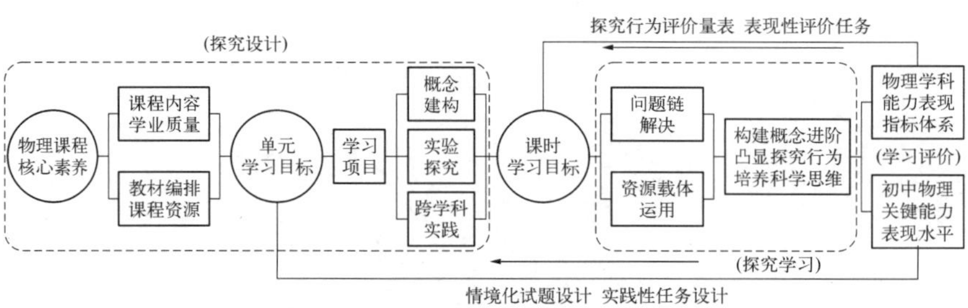

图 4-2　初中物理探究教学实践路径

一是指向物理课程核心素养目标，依据物理课程标准，解读教材知识结构和逻辑体系，制定单元学习目标，设计指向概念建构、实验探究和跨学科实践的学习项目。二是凸显探究行为，设计问题链和资源载体，构建概念进阶，培养科学思维。三是针对课时目标，依据物理学科能力表现指标体系，设计表现性评价任务；针对单元目标，依据初中物理关键能力表现水平，设计实践性任务。其中的关键之处是学习项目的设计、科学思维的培养和聚焦物理关键能力的评价支架的设计。下面，我结合具体的实践案例，对其中的关键环节加以阐述。

1. 项目设计：素养目标指向的任务选择

素养目标是指学生在经历物理学习后，在物理观念、科学思维、科学探究、科学态度与责任方面应达到的学业成就。

物理课程的学习，从素养要求说，目的是通过科学探究，培养科学思维，形成物理观念，涵养科学态度与责任。物理观念是居于物理学科中心的大概念，大概念既是各种条理清晰的关系的核心，又是使事实更容易理解和有用的一个概念锚点，由物理核心概念和实践能力要求组成。物理概念本身是一个有层级的体系，学习项目需要基于大概念的物理学习进阶设计。基本的设计依据是指向素养目标，基于课程标准，厘清概念层级，解读教材中的任务群，设计项目任务。

案例42　“电磁能”单元的学习项目设计

【概念进阶分析】

“电磁能”单元隶属于“能量”主题，教材中的任务群包括“电路初探”“欧姆定律”“电功和电热”，基于大概念进阶的学习层级要求是：认识简单电路的结构和连接方式；理解电路工作时电流遵循的相关规律；从能量的角度认识电源和用电器。这些层级要求具体落实在基础概念群中，其中的核心概念为“串并联电路、欧姆定律、电功率”，如图4－3所示。

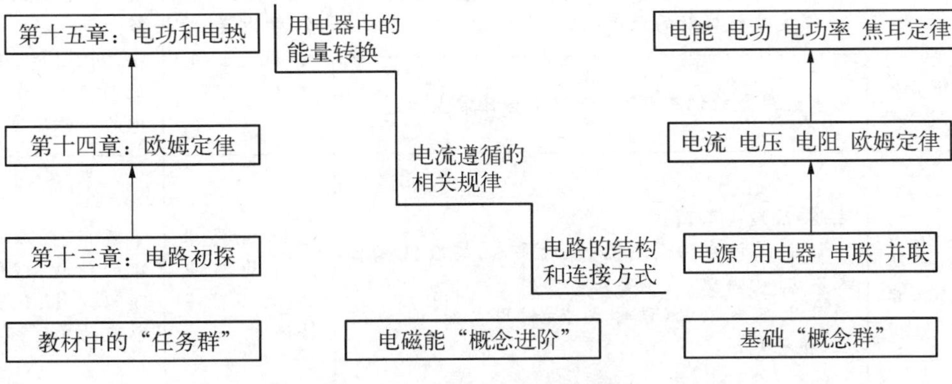

图4－3　“电磁能”单元的概念进阶和任务群

【学习项目设计】

基于课程标准，分解任务群，设计序列化的学习项目，开发指向单元目标的综合实践活动项目，明确项目的素养目标指向，达成“知”“行”合一。

<table>
<tr><th rowspan="2">任务群</th><th colspan="2" rowspan="2">(行)序列化实验项目</th><th colspan="2">(知)素养目标指向</th></tr>
<tr><th>科学探究、科学思维、科学态度与责任</th><th>物理观念</th></tr>
<tr><td rowspan="2">电路初探</td><td>实验探究</td><td>1. 怎样使一个小灯泡亮起来(探究类)。
2. 怎样使两个小灯泡亮起来(探究类)。
3. 学习使用电流表、电压表(测量类)。
4. 探究串、并联电路电流和电压特点(探究类)。</td><td rowspan="2">会看、会画简单的电路图；会连接简单的串联电路和并联电路；会使用电流表和电压表。</td><td rowspan="2">说出生产、生活中采用简单串联或并联电路的实例；了解串、并联电路电流和电压的特点。</td></tr>
<tr><td>综合实践活动</td><td>设计简单电路(创新类)。</td></tr>
<tr><td rowspan="2">欧姆定律</td><td>实验探究</td><td>1. 尝试改变电路中电流的大小(探究类)。
2. 探究影响导体电阻大小的因素(探究类)。
3. 用铅笔芯改变电路中的电流(探究类)。
4. 学习使用滑动变阻器(探究类)。
5. 探究通过导体的电流与电压、电阻的关系(探究类)。
6. 测量定值电阻的阻值(测量类)。</td><td rowspan="2">通过实验，探究电流与电压、电阻的关系。</td><td rowspan="2">知道电压、电流和电阻；理解欧姆定律。</td></tr>
<tr><td>综合实践活动</td><td>设计和制作一个模拟调光灯(创新类)。</td></tr>
<tr><td rowspan="2">电功和电热</td><td>实验探究</td><td>1. 比较两个灯泡的亮暗(探究类)。
2. 测量小灯泡的功率(测量类)。
3. 探究影响电流热效应的因素(探究类)。
4. 观察三线插头与三线插座；练习使用测电笔；探究熔丝熔断的原因(探究类)。</td><td rowspan="2">通过实验，探究并了解焦耳定律；有安全用电和节约用电的意识。</td><td rowspan="2">从能量转化的角度认识电源和用电器的作用；结合实例理解电功和电功率；用焦耳定律说明生产、生活中的一些现象。</td></tr>
<tr><td>综合实践活动</td><td>对家庭用电的调查研究(物理学与日常生活)。</td></tr>
<tr><td colspan="2">单元学习项目开发建议(举例)</td><td>主题：改造小菜园。
项目 1. 设计自动浇水器(设计要求：持续供水七天以上；小流量，慢节奏)。
项目 2. 冬季控温(设计要求：利用电能；自动控温、报警)。</td><td>能依据要求设计简单电路，实现能量转化。</td><td>了解串、并联电路的结构；理解欧姆定律；认识电能的转化。</td></tr>
</table>

物理观念的形成是学生在一个时间跨度内学习和探究某一主题时，依次进阶、逐级深化的思维过程。所以，项目设计需要考虑概念进阶，完成知识和活动的统整。在项目设计时，我们还要明确各类实验的素养指向，测量类实验注重物理观念和科学态度，探究类实验注重科学探究能力和科学思维，创新类实验以物理观念为依托，注重科学思维和科学价值观，同时我们还需要开发物理学与日常生活、工程实践、社会发展的学习项目，如上述表格中的“改造小菜园”。

2. 科学思维：基于科学探究的模型建构

“科学思维”主要包括模型建构、科学推理、科学论证、质疑创新等要素。如果说，物理观念是从认识结果的角度对物理核心素养的描述，科学思维则是从认识方式和过程的角度对学生关键能力做出的说明。物理观念的形成过程是学生经历科学思维和科学探究的过程，同时伴随着对科学本质的认识不断升华的过程和科学态度与社会责任感的发展过程。可见，科学思维是物理关键能力的核心。

物理研究总是在探索着概念世界与现象世界的关联，用物理概念和规律描述自然界实在的物理图景，这种规律的集中体现和直观表达就是物理模型。基于科学探究构建物理模型，是科学思维的形成路径。这里有它的思维过程，有它的路径可以选择，其中指向真实问题解决的项目学习至关重要。现以两节实践课例做说明。

案例 43 “滑轮”教学过程

【创设问题情境】

教师拿出一个实用的滑轮架及滑轮，一个纸箱，提出问题：我们怎样把重物提上去（图 4－4）？师生来到户外，采用两种方式提纸箱（图 4－5）。

图 4－4

图 4－5

【开展实验探究，构建物理模型】

回到教室，学生模拟刚才提起重物的方式，给出定滑轮和动滑轮提升重物时的模型（图 4－6、图 4－7），进行实验探究（图4－8）。知道提升重物时，定滑轮不能省力，可以改变施力方向；动滑轮最多可以省一半力。

图 4-6

图 4-7

图 4-8

【培养科学思维】

教师出示自制教具(图 4-9),将叠加在一起的四根直棒逐渐展开,解构定滑轮的实质是等臂杠杆。再用一根动力臂等于阻力臂 2 倍的杠杆提起重物(图 4-10),将该杠杆挂在圆盘上,继续提起重物(图 4-11),以解构动滑轮的实质是动力臂为阻力臂两倍的杠杆。

图 4-9

图 4-10

图 4-11

【实践性任务设计】

1. 找找身边的滑轮模型,知道滑轮是什么。
2. 用绳和木棍体验滑轮组,知道滑轮模型的作用。

上述课例,基于真实情境提出问题,基于实验探究构建物理模型,解构模型,培养学生的科学思维,设计实践性任务让学生形成对滑轮的正确认知,促进物理观念的形成。

案例 44 “电阻”课堂教学流程及典型载体(图 4-12)

整节课的问题链是:电阻是什么?影响电阻大小的因素有哪些?如何应用影响电阻的因素设计调光灯?基本环节是观察体验、实验探究、拓展应用。

在“观察体验”环节,教师请一位同学对着小灯旁边的装置(内有热敏电阻)吹一口气,灯变亮了,然后请学生用电源、开关、小灯泡、电阻连接电路,思考如何改变灯的亮暗,以此体验电阻的作用。接着打开两根粗细不同的玻璃管阀门,让水流冲击水轮机,观察水轮机的转速，类比水流受到的阻碍，给出电阻。在“实验探究”环节，学生拉伸橡皮泥，观察到电流发生变化，由此对影响导体电阻大小的因素做出猜想：长度、横截面积等。给学生器材，请学生设计、操作，通过探究得出影响电阻大小的因素：长度、横截面积、材料等，再采用演示实验探究温度对电阻大小的影响，从而建立起关于电阻的模型。“拓展应用”环节，采用将电阻丝并联、更换不同材质电阻丝、改变接入电路中的电阻丝的长度等方式改变电阻，设计调光灯。

- 观察体验
  - 1. 神奇的小灯
  - 2. 让小灯变暗
  - 3. 水路类比
- 实验探究
  - 4. 拉伸橡皮泥
  - 5. 影响因素
  - 6. 再探小灯
- 拓展应用
  - 7. 神奇的小灯
  - 8. 设计调光灯

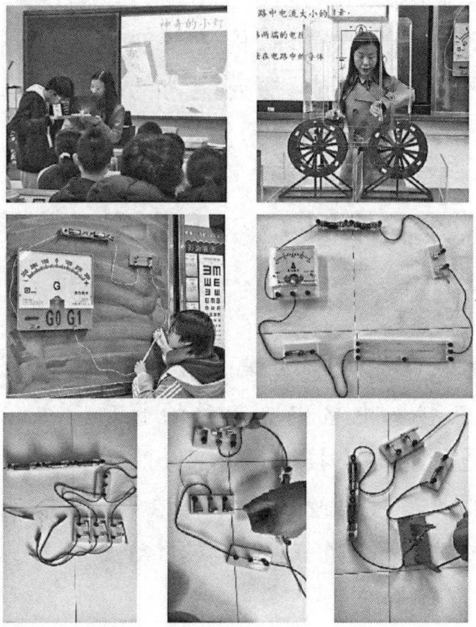

图 4－12

归纳上述课例，我们可以得出，初中物理探究教学，应以物理基础知识、基本技能为基础，指向问题解决，培养学科思维。注重情境创设，注重探究学习，注重循证，形成“创设情境——实验探究——构建物理模型（规律）——培养科学思维——形成物理观念”的核心素养落地路径。学习中，我们要通过问题链和资源载体的设计，使得学生的“探究行为”充分发生。探究行为是有目的的探查活动和体验行为，具体指有目的的实验、研讨或思维的交流活动，具有三个基本特征：目标性、实践性和探究性。

3. 评价支架：聚焦物理学科的能力表现

学科能力表现与学科核心素养互为表里。物理观念是在学习理解和应用实践的过程中逐渐形成的，而随着理解和实践的过程，学生的科学思维和探究能力得到锻炼和发展，并形成良好的科学态度和责任。

开展探究教学，目的是促进学生物理观念的形成。物理观念是稳定的能力，是否形成物理观念有两个条件：一是能否理解概念或原理本身，形成知识的深度认知；二是能否在实际情境中应用这些知识来解决实际问题。初中物理学习中，有许多可以让学生动手的小设计、小制作，有的"设计与制作"则需要用到物理原理，需要经历模型建构、材料选择、实际操作、验证改进等，这本身就是探究学习的典型样态。将"设计与制作"贯穿在课堂探究教学中，可以评价学生对物理概念或规律的理解及迁移应用能力，促进物理观念的形成。

例如，"滑动变阻器"是研究动态电路的重要元件，依据它的变阻原理制作的电学元件在日常生活中有着广泛的应用。教材一般是采用介绍式给出，如果我们能基于教材，在分析完改变电路中电阻的方法后，设置实践性任务"自制滑动变阻器"，让学生在自制中认识滑动变阻器的原理、构造及使用方法，再结合实际的变阻器件进行评价对比，则对学生物理观念的形成、探究能力的培养均有实际价值。现以课题组杭建英老师执教的"自制滑动变阻器"一课为例进行具体说明。

案例 45 "自制滑动变阻器"教学实施与点评

【目标设定】

本节课在学完电阻的概念后，结合实际电路，引入改变电阻的需要。探讨改变电阻的方法：改变接入电路中电阻丝的长度。并依此原理，利用生活中常见物品制作"滑动变阻器"，进行电路连接实验，评价改进，以期学生在"物理观念"上，明确改变接入电路中电阻丝的长度可以改变电阻。在"科学探究"中，经历问题提出、设计操作、实验验证、评价改进的过程，知道正确连接滑动变阻器。在"科学思维"上，培养模型建构的能力。

【器材准备】

学生实验器材：灯泡、电池组、导线若干、铅笔芯(约 20 cm 长)、自制滑动变阻器(电阻丝、保鲜膜内筒、小螺钉 2 个、大小晾衣夹子 4 个、金属杆 1 根、金属钥匙 1 个、橡皮筋 2 根)、滑动变阻器、电位器、小风扇。

教师演示器材：亮度可变台灯、自制滑动变阻器、调速电扇、多媒体课件。

【任务实施】

活动片段 1 任务呈示

教师打开台灯旋钮开关(图 4-13)，台灯发光。请学生观察现象，初步说出台灯电路的组成元件有：电源、开关、小灯泡、导线，并画出台灯的模拟电路图。教师旋转旋钮，台灯亮度可变，引导学生思考分析：台灯的亮度可调，说明电流在变化。改变电路中电流的方法有两种：改变电源电压，改变电路中的电阻。而此台灯一定是改变电路中的电阻，因为台灯用的是 220 V 的交流电源。

推测：电路中应该还有一个可以改变电阻的元件叫"变阻器"，改进台灯猜想电路(图 4-14)。(引出课题)我们今天的任务就是要设计制作一个可以改变接入电路电阻的元件即变阻器。

图 4-13

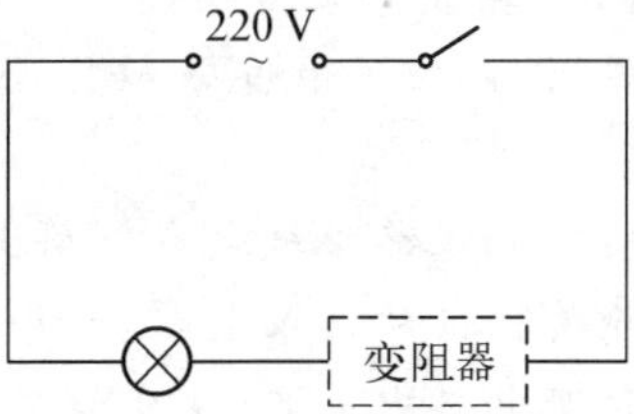

图 4-14

点评：物理观念强调解决实际问题的能力，因此我们的学习方式强调问题性，通过学习来发现问题，逐步解决问题。物理问题都源于生活实际，本课从学生熟悉的家用调光台灯开始分析，根据调光的现象，提出如何改变电流的问题。教师将问题融入情境中，学生从情境中提取问题。思维起点符合学生认知，也体现了物理学科的本质。

活动片段 2 用铅笔芯改变电路中的电流

小组讨论：依据所学过的知识，导体的电阻由导体的材料、横截面积、长度决定。改变电阻最直接的方式是改变导体接入电路的长度。

学生操作：把铅笔芯接入电路中，形成闭合电路后，灯泡不亮。接下来把铅笔芯一端用金属夹固定，另一端的金属夹可以左右移动，观察电流表示数及灯泡亮暗变化。

现象观察：当铅笔芯连入电路中的长度变长时，电流表示数变小，小灯泡的亮度变暗；当铅笔芯连入电路中的长度变短时，电流表示数变大，小灯泡的亮度变亮。

教师对学生的操作进行评价（图 4-15），肯定了设计思路，请学生思考完善调光灯电路。

学生重新作图（图 4-16）：铅笔芯可看作一个电阻 R_{MN}，调光时 N 端固定，移动鳄鱼夹 M 的位置；或 M 端固定，移动鳄鱼夹 N 的位置。

图 4-15

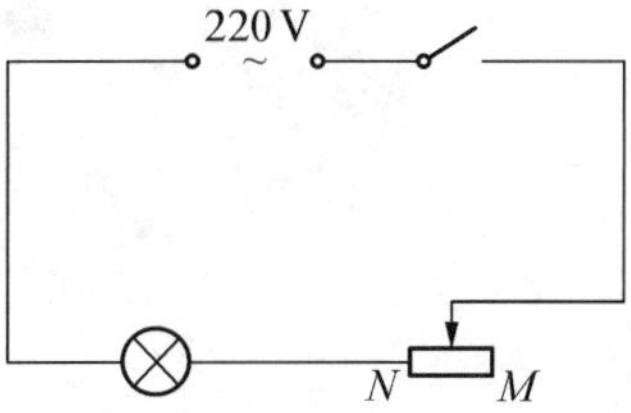

图 4-16

探究评估：如何增大灯的调光范围？

小结：铅笔芯虽然能调光，但调光范围不大，如果希望调光范围更大一些，则铅笔芯需做得更长，但长铅笔芯很容易断，因此应选择更合适的材料，选择电阻大且不容易断的材料，根据“一些导线在 20℃时的电阻值”的图片展示，选择镍铬丝。

活动片段 3　自制滑动变阻器

教师：提供器材，但不做过多解释，巡回指导，并注意观察学生的实际操作(图 4-17)。

学生实践：将长镍铬丝缠绕在纸筒上，两端用小螺钉固定，并参考“用铅笔芯改变电路电流”的实验将镍铬丝接入电路，两个鳄鱼夹一个固定在一端螺钉上，另一个沿镍铬丝滑动，从而改变电路中电流、改变灯的亮度。但考虑到鳄鱼夹应固定在接线柱上，故根据教师提供的器材构思可用一金属片代替滑动的鳄鱼夹(一个金属钥匙)。为了使钥匙能方便左右滑动可将其套在一金属杆上，并设法用提供的器材将金属杆与纸筒固定，逐步完成自制滑动变阻器(图 4-18)。

图 4-17

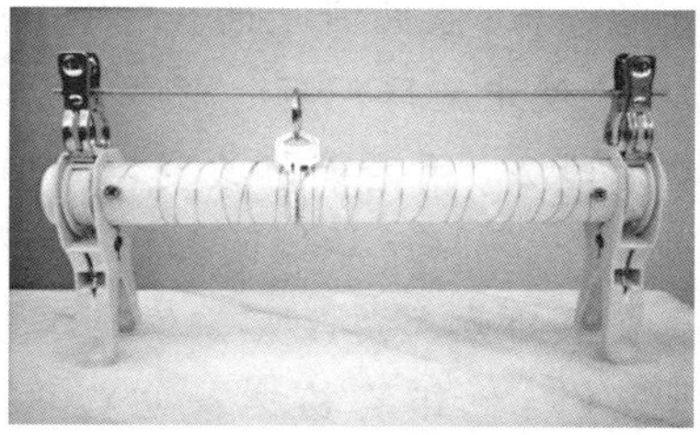

图 4-18

探究评估：如何使灯连续调光呢？

学生将自制的滑动变阻器接入电路，改变灯的亮暗。但调光过程中发现，灯光是闪烁的，亮度变化跳跃不连续(图 4-19)。他们发现是因为电阻圈之间有间隔，没有紧密缠绕的缘故。提出改进建议，需要紧密缠绕。

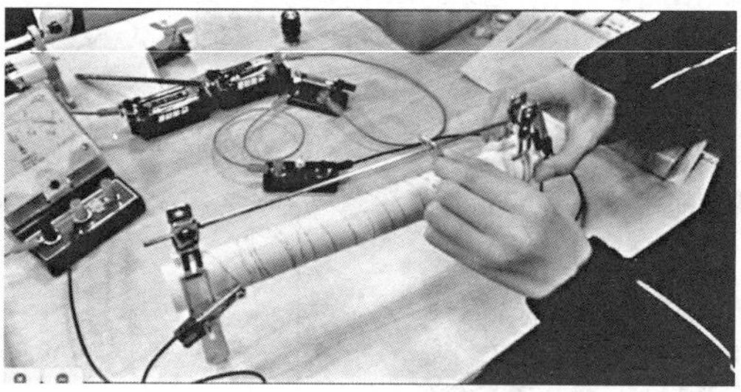

图 4-19

教师拿出实验室所用的滑动变阻器，再请学生对照分析。学生发现实验室用滑动变阻器是将一根很长的电阻丝紧密缠绕在白色瓷筒上的，它是几乎可以连续改变电阻大小的器件。

点评：实践性评价任务是源自真实问题的真评价。但问题的解决不是一蹴而就的，是知识与技能的进阶过程，在上述任务完成的过程中，以学生的实践为主，适时组织学生评估，学生在制作、实际使用中不断得到启发，进行改进归纳直至解决问题，在问题解决中实现概念进阶，达成概念与情境的联结。

活动片段 4　练习使用滑动变阻器改变灯泡的亮暗

教师提出要求，学生用实验室的滑动变阻器接入电路，进行操作。经评估，学生均能根据要求连接电路，改变灯泡的亮暗。

评估：实际电路中的变阻器又是怎样的呢？

图 4-20　电位器实物图

教师又给学生提供了一种新的变阻器件——电位器（图 4-20），并请学生打开观察。要求学生接入电路，以改变小电扇的转速。

小结：滑动变阻器是通过改变接入电路中电阻丝的长度来改变接入电路的电阻值，从而改变电路中电流的电路元件。滑动变阻器其实也只是变阻器的一个模型，一般只在实验室中应用。在调光灯、调温电热毯、调速风扇等家用电器中，其实是用电位器来改变电阻、调节电流的，它的变阻原理与滑动变阻器一致。

点评：形成物理观念不能只停留在知识认知，要使学生头脑中形成与生活实际相关联的知识和技能。让学生"练习使用电位器改变小风扇转速"的实践活动，使学生深切感受到物理知识的实际意义，且学生通过实践活动能清晰地认识电位器的结构、自主掌握电位器的使用方法及其实际应用，能联想到生活中更多使用电位器的家用电器。

能清晰地认识、理解滑动变阻器的构造，是知识；会正确连接滑动变阻器，改变电路中的电流，是技能；能自主归纳提炼形成核心概念，是思维；会在实际情境中运用变阻器改变电流，便是具备了物理观念，指向了核心素养。

综观本课，采用"实践性任务"，进行不断深入的学习和评价的同步设计，体现了促进物理观念形成的操作路径：基于生活事实，提取任务要求；依据物理原理，设计物理模型，在动手实践中不断修正；结合实际要求，改进模型进行实践应用。从知识认知角度来考虑，通过自制滑动变阻器使学生对滑动变阻器的结构有更清晰的认识，掌握使用方法和操作技能；从问题解决能力角度来考虑，对调光台灯电路的猜想、实验探究、电路设计、自制滑动变阻器、认识使用滑动变阻器、练习用生活中的电位器改变电流，过程中渗透了物理模型建构、科学推理、科学论证、质疑创新的思维过程，促进了物理观念的形成。针对单元目标,我们也可以设计实践性任务,以评价促进学生的能力形成。

案例46 实践性评价任务设计

【目标指向】

知道机械效率,能测量某种简单机械的机械效率。

【任务设计】

在居民区和学校里都有无障碍通道,它属于简单机械中的“斜面”。图4-21是某居民楼前的无障碍通道,一位中年人正用轮椅推着他年迈的母亲缓缓上行,则中年人需要用多大的力?

图4-21

【任务实施】

1. 选择无障碍通道,在通道斜面上选择一定长度,利用小车、弹簧测力计、刻度尺测量斜面机械效率。
2. 逐渐增大小车重,测量机械效率,分析测量结果,得到斜面机械效率与物重无关。
3. 给出轮椅质量和母亲质量,估算出中年人所需要施加的力。
4. 为减少用力,思考合理的改进途径。

实践性评价任务指向实践应用能力的评价,是源自真实问题的真评价。但问题的解决不是一蹴而就的,是知识与技能的进阶过程,在任务完成的过程中,要以学生的实践为主,适时组织学生评估,学生在实践中不断得到启发,进行改进归纳直至解决问题,在问题解决中实现概念进阶,达成概念与情境的联结,技能与思维的融合。

物理核心素养是在应用物理观念分析实际问题,进行预测、推论、解释、应用等实践活动的过程中逐渐养成的。我们倡导,在物理教学中多创设真实的问题情境,多为学生提供参与实践创造的机会,进行评价引领。实践表明,结构化、情境化、凸显学科大概念的实践性评价任务,最能体现学科知识发展的进阶与认识世界方式的丰富,最能激发学生深度参与学习活动,帮助学生建立一个完整的对物理世界的理解,亦即形成正确的物理观念。

由上述案例可知,组织物理探究教学策略要点可概括为“知”——构建概念进阶,指向素养目标,设计学习项目;“行”——设计探究行为,构建物理模型,指向科学思维;“评”——聚焦关键能力,设计评价支架,以“评”促“知”,以“评”促“行”,最后做到“知”“行”合一。

具体到探究教学的实施,教材是学习任务的载体,为便于一线教师的操作,我们基于日常课堂教学实施,把初中物理教材上的学习任务分为建构概念、认识规律和实践应用三类,其中的复习课和综合实践任务按照探究教学的理念,属于实践应用类。对这三类学习任务的实现，从探究教学的课堂样态上，有着共同的特征：构建以“探究行为”为核心学习行为的初中物理课堂，采用问题链设置学习进阶，以资源载体保障探究行为的发生。但同时也有各自的样态特征。接下来，我们结合具体的实践案例分别进行阐述。

第二节　建构概念——任务驱动让探究行为真实发生

概念建构是实现学习进阶的过程，应遵循单元视域下的探究教学设计理念。在实施探究教学时，教学目标是其中的概念锚点，即这堂课的“知识性概念、技能性的操作、体验性的科学方法”是什么？从探究教学的实施而言，需要依据概念锚点确定探究任务，让学生的探究行为真实发生，这一点很重要。因为如果没有探究经历，学生无法习得技能，掌握方法，从而对概念的建立过程就会缺少基于自身认知的建构，缺少内化的途径，概念教学就会变成知识点的学习，这也是一直以来初中物理概念教学上存在的问题。所以，概念教学上，更应重视学生探究行为的真实发生，考虑概念建构的阶梯性，探究能力培养的层递性，程序性思维形成的必要性，采用任务驱动的方式进行探究教学。现结合我们的课例研究加以说明。

案例47　“速度”的教学实施与点评

第一环节　授课教师课前说课

【教学分析】

课标要求：用速度描述物体运动的快慢；通过实验测量物体运动的速度；用速度公式进行简单计算。

教材分析：本节课是义务教育教科书《物理》（苏科版）“第五章　物体的运动”中第二节“速度”内容。通过“比较纸锥下落的快慢”建立“速度”概念，通过“测量纸锥下落的速度”的活动和“汽车行驶情况”的例题计算，理解和应用速度。“物理观念”上的教学要求是“速度”概念的建立；“探究能力”上的培养要求是通过长度和时间的测量开展物理的定量分析，也为接下来学习直线运动做好准备；“科学思维”上首次提出了用比值定义物理量的方法，对用物理公式测量、计算速度提出了要求，以此说明实验与数学逻辑思维是研究物理现象、建立概念的重要方法，并通过例题首次提出解答物理计算题的规范。

学情分析：学生对速度、路程等概念都有一定的了解，很容易直接讲出速度。但如果要明白速度真正的含义，需要对比较物体运动快慢的方法有清晰的认识，会利用速度公式对实际问题进行分析和运算。

【设计思想】

基于教学分析，本节教学应注重速度概念的建立以及实验探究，加强物理与生活、社会的联系，不仅注重概念的含义，更要注重概念建立的过程，为发展学生学科核心素养提供素材和契机。

采用“负重赛跑”的学生活动，引出物体的运动有快慢。再通过“比较纸锥下落的快慢”，得到比较物体运动快慢的两种方法，引导学生讨论如何用所得的方法比较不同时间、不同路程时物体运动的快慢，从而建立速度的概念。紧接着从速度的测量出发，在给出速度公式后，首先根据公式进行“测量纸锥下落的速度”的活动，再结合实例规范速度计算过程，对学生进行计算题解题的规范化训练。

实验是物理学的基础，探究是初中物理基本的样态。探究不仅要注重探究结果，更要注重探究过程，本设计重点关注了速度概念的建构与探究实验的过程的改进和优化，并在实际教学中取得了良好的效果。

【学习目标】

1. 知道物体运动有快慢，能用不同方法比较物体运动快慢。知道用速度描述物体运动的快慢。

2. 能用速度公式进行简单计算，在具体事例中体会速度的重要性。

3. 会使用刻度尺和秒表测速度，进一步掌握刻度尺和秒表的使用。

【教学准备】

分组实验：PVC管(标有刻度)、带孔的大小纸锥、秒表。

演示实验：装满水的饮用水桶、空饮用水桶。

第二环节　学习过程实录与点评

小游戏：负重赛跑

比一比：体验运水的工人师傅的辛苦，安排两名同学搬纯净水，分别站在两条笔直跑道上，比一比谁跑得快(图4-22)。

问：哪个同学跑得快？

生：男生。

过渡：看来物体运动有快慢。今天，我们就来研究物体运动的快慢。

图4-22

点评：从与学生生活息息相关的“工人师傅运水”现象入手，比较贴近学生的生活，纯净水桶这种实验器材也很容易获取，让学生比一比谁跑得快，旁边学生为他们加油鼓劲。基于真实情境，开展探究活动。

任务1　比较物体运动的快慢

活动1　比较纸锥下落的快慢

1. 将两个等大的纸片做成锥角不等的纸锥，让它们从同一高度释放。

过渡：今天老师请来了两位“纸锥运动员”，也给它们安排好了跑道，接下来我们就用纸锥来研究物体运动的快慢。

展示：大小纸锥、PVC管。

猜一猜：哪个纸锥下落得较快？

做一做：验证你的猜想。

学生活动：比较大小纸锥下落的快慢。

教师：学生活动过程中利用手机连拍功能拍摄纸锥下落过程。

问：你们是如何比较纸锥下落快慢的？

学生1：从同一高度释放，比较它们到达地面所用时间，相同路程比时间(图4-23)。

图4-23

问：还有其他方法吗？

学生2：同时释放，看谁跑在前面，相同时间比路程(图4-24)。

图4-24

教师：下落过程太短暂，我们再来回顾下刚刚的精彩瞬间。

投屏：展示连拍照片，再次回顾。

点评：从纸锥下落实验引入比较物体运动快慢的两种方法，从“小纸锥比大纸锥先落地”得到“相同路程比时间”比较简单。另一种比较物体运动快慢的方法在运动过程中，很短暂，比较难观察，故采用连拍照片让下落过程更清晰，继而更直观地从“同时释放，小纸锥一直跑在前面”得到“相同时间比路程”。

小结：看来比较物体运动快慢有两种方法，相同时间比路程和相同路程比时间。

教师：刚刚老师发现有的小组是不同高度、不同时间释放的，那这种情况如何比较物体运动快慢呢？

投屏：通过希沃授课助手展示连拍照片，记录下连续过程。高度给出，时间通过现场数连拍照片得到，手机连拍间隔 0.1 s(图 4－25：省略部分图片)。

图 4－25

追问：刚才比较物体运动快慢的两种方法还能用吗？(小组讨论)

点评：用学生实验过程中的真实情境，自然过渡到纸锥从不同高度不同时释放，学生更容易投身于该情境。并且该组连拍照片可分别推算出大小纸锥下落的时间，加上高度已知，就可以得到两组真实情境下的数据。

学生：可以，转化到 1 s 或者 1 m 内。

追问：如何转化呢？

学生：用路程除以时间或者用时间除以路程。

教师：板书。(具体运算过程如图 4－26 所示)

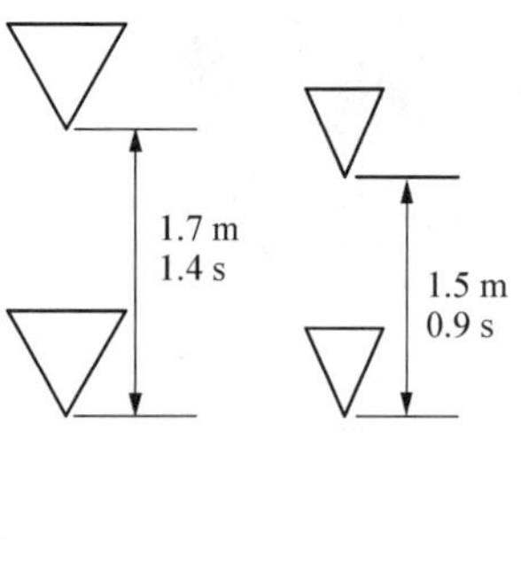

$\dfrac{时间}{路程}$：大纸锥 $\dfrac{1.4\ s}{1.7\ m}=\dfrac{0.82\ s}{1\ m}$；小纸锥 $\dfrac{0.9\ s}{1.5\ m}=\dfrac{0.6\ s}{1\ m}$ (数值小，速度大)

$\dfrac{路程}{时间}$：大纸锥 $\dfrac{1.7\ m}{1.4\ s}=\dfrac{1.21\ m}{1\ s}$；小纸锥 $\dfrac{1.5\ m}{0.9\ s}=\dfrac{1.67\ m}{1\ s}$ (数值大，速度大)

图 4－26

点评:把纸锥下落过程建模,有助于学生理解该过程,再通过上图的板书计算,帮助学生建构速度概念。两种比值均可比较物体运动的快慢,但路程比时间更符合我们的思维习惯,并且都转换到 1s 和 1m 内有助于学生理解单位时间和路程的概念。

任务 2　速度及其测量

1. 速度

引导:这两种方法都可以用来比较物体运动的快慢,路程除以时间更符合我们的思维。

定义:至此,我们可以定义一个新的物理量——速度。用它来描述物体运动的快慢,其大小就等于物体在单位时间内通过的路程。公式为:速度$=\frac{\text{路程}}{\text{时间}}$,用字母可表示为:$v=\frac{s}{t}$。

过渡:物理学中,物理量是由数值和单位构成,物理运算包括数值和单位的计算。

问:请说说看,速度的国际单位是什么?

学生:米每秒,符号是 m/s。

教师:我们常用的单位还有 km/h,cm/s。通过这幅图(图 4-27),我们来感知一下速度大小,说说看,你从图中可以获取哪些信息?

学生:光的速度最大,乌龟的速度最小,汽车的速度是 28 m/s。

点评:将图表放于此处,一是符合教材的编写意图,让学生了解生活中的速度;二是特意将图中的单位进行变换,询问学生是如何比较大小的,从而自然地引出单位换算。

问:这里面单位不一样,你是如何进行比较的呢?

学生:单位换算。

教师:你真的会吗?老师考考你,1 m/s 和 1 km/h 哪个大?

学生:有说 1 m/s 大的,也有说 1 km/h 大的。

板书单位换算过程:$1\ \text{m/s}=\frac{0.001\ \text{km}}{\frac{1}{3\,600}\ \text{s}}=3.6\ \text{km/h}$。

2. 测量纸锥下落的速度

过渡:学了速度公式,你能求出刚刚纸锥的具体速度数值吗?试着设计方案,尝试说说你们的测量原理、需要测量的物理量以及实验器材。

图 4-27

学生：根据速度公式 $v=\frac{s}{t}$，测出纸锥下落高度和所需时间，需要的实验器材有刻度尺和秒表。

教师：测得的数据需要记录下来，请同学们在表格中填入合适的内容，完善表格。

次数			
1			
2			
3			

多媒体展台：展示学生填写的表格，指导并规范填写。

学生实验：四人一小组，一人固定 PVC 管，一人释放纸锥，一人释放时掐秒表，一人记录数据（图 4－28）。

图 4－28

点评：初中阶段研究的速度都是指的直线运动，实际求的也是平均速率，故本实验一改常见的米尺，用 PVC 管实验，可固定纸锥运动路径沿直线运动，避免了一些不必要的操作指导，便于学生独立完成，以加深对概念的理解。

组织学生评估与交流：

1. 纸锥下落时间太短，如何改进，以减小测量误差？

学生给出的建议：① 同一个人计时并释放纸锥；② 增加高度；③ 减小纸锥质量；④ 增大锥角。

2. 可以求速度的平均值吗？

学生 1：高度不同会影响纸锥下落的时间，不能求平均值。

学生 2：同一纸锥，同一高度落下能求平均值。

点评：教师设计了递进式的问题，组织对测量数据的评估。如时间测量误差如何改进？是否可以求速度的平均值？再分析哪些情况可以求平均，哪些情况不可以。基于真实问题的评价设计，渗透作为学习的评价理念。

3. 速度的计算。

过渡：我们可以依据速度公式来间接测量速度，不过有一些交通工具的速度表能直接显示速度的大小，同学们见过吗？

学生：见过，汽车上的速度表。

问：图 4－29 中该车速度表上的速度是多少呢？

学生：100 km/h。

问：该汽车保持速度不变，到达上海还需要多长时间？

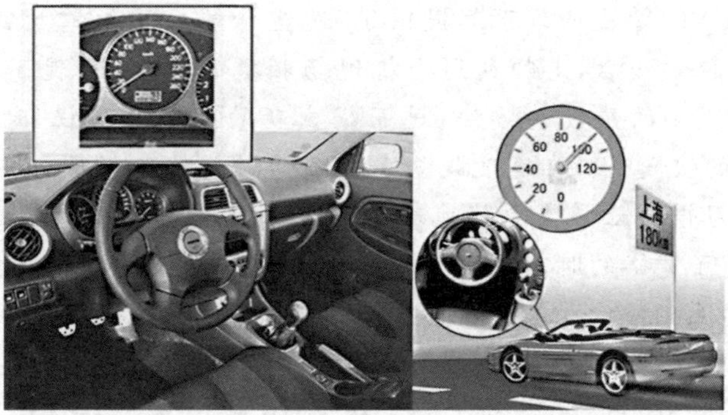

图 4 - 29

板书计算过程：

由 $v=\frac{s}{t}$，得 $t=\frac{s}{v}=\frac{180\ \text{km}}{100\ \text{km/h}}=1.8\ \text{h}$。

答：该汽车保持速度不变，到达上海还需 1.8 h。

点评：把纸锥下落速度的测量与计算题放在一起处理，是因为它们都是定量计算。从定性判断速度快慢走向定量计算速度的过程，符合对物理规律的一般认知。同时，速度计算是学生第一次用物理公式进行运算，规范物理运算过程也是有必要的。

问：该车为了早些到达上海，是否可以开到 200 km/h?

学生：不可以，超速了。

教师：看来速度也不能太大，但运动会上运动健儿们却凭借速度为国争光。

播放：苏炳添百米赛跑视频。

小结：看来速度快有快的精彩，慢有慢的妙处。速度是一个需要我们在生活中不断去理解的概念。

点评：速度并不是越快越好，车辆行驶注意安全，就必须慢下来，奥运健儿为国争光就必须在速度上领先，无形中渗透了速度的辩证观念，引导学生正确地看待速度。

第三环节　集体研讨与改进建议

授课老师自己首先对这一堂课提出了几条改进的想法：

实验评估环节可以更全面。就如何减慢纸锥下落的速度，除了增加高度、增大锥角，还可以采用倾斜轨道、减小纸锥质量的方法。教师可进行多方位的评估，甚至评估完可以再次实验。

对纸锥的同时释放进行改进。把两个大小不等的纸锥放在书本上，把书本抽去，可以比较好地控制大小纸锥同时下落。

各小组也对这节课进行了讨论，现将主要观点摘录如下。

观点 1："速度"一课，在一场男女生负重跑的比赛中拉开帷幕，有趣的游戏不仅缓解了学生的紧张情绪，更让学生感知到运动是有快慢的。接下来比较纸锥快慢的活动中，老师用自制的PVC管给纸锥下落提供了“跑道”，解决了纸锥乱飘的问题。在学生得出运动快慢的比较方法后，老师利用手机现场拍摄的照片，再现了实验场景，并让学生归纳出判断纸锥下落的快慢的方法，进而提出新的问题：“路程、时间都不相同时，该如何比较纸锥下落的快慢呢？”在速度概念建构时，学生给出分析后，老师提问：“哪种方法更符合人们的思维习惯？”让学生更好地理解速度的定义。在测量纸锥下落的速度活动中，老师给学生预留了宽裕的时间对实验进行评估，这一举动帮助学生对自我行为进行反思，学生在课堂中的互相评价也是展开自主学习的过程，充分发挥学生的主观能动性。老师最后提问：“生活中的速度总是越快越好吗？”引导学生从辩证的视角去思考问题。

观点2：这是一堂典型的探究教学课。从“负重跑比赛”感知“运动有快慢”，“从纸锥下落初体验”发现“比较运动快慢的方法”，从“高度、时间都不同”建构“速度的概念”，从“纸锥速度测量”掌握“速度的定量计算”，资源载体和教学内容的有机结合，紧密而流畅。在实验活动中放手让学生去操作、探究，暴露出自然且有价值的问题，学生在讨论与交流的过程中不断完善操作，最后达成学习目标。本节课速度概念的建构很到位。本节课的两个实验，在操作层面上还存在一些问题，需要解决，例如，同时释放，如何控制？释放的同时开始计时，如何控制？时间不太容易测准，是不是有别的方法来控制？可以让学生结合实验做进一步的讨论，例如将PVC管倾斜一定角度进行实验等。

从单元设计的视角看，“速度”这节课的概念锚点有三个：知识性的物理概念是“速度”；技能性的操作要求是“速度测量”；体验性的科学方法是“比较”，通过比较引入“比值定义”建立物理概念和物理公式。这其中，“比值定义”是难点，也是今后建构概念的一种重要方式，如密度、压强、比热容等。

从授课老师的课前说课可知，她对本课的目标把握是清晰的。从教学实施看，围绕确定的目标，创设合适的问题情境，设置具体任务，让学生经历比较物体运动快慢的测量过程，建立速度概念，学生的探究行为在课堂上真实发生，较好地把握了探究教学的“目标性”“问题性”“过程性”和“学生为主体”的特质。

从物理知识建构和能力培养的角度而言，“探究教学”是重要的组织形式。教师在教学中要正确理解教材结构、内容上的设计意图，从总体上把握教材，注重探究教学的设计。

教学策略上要以实验为基础、以思维为中心、以行为为主线、以变式为手段，重视学生自身的思维冲突和深入思考，在概念或规律的重新建构中养成良好的思维习惯。

第三节　认识规律——让学生经历规律的再发现过程

探究教学呈现的是学生的一种学习样态，不同于科学家的探究，他们所学习的内容往往是经历科学发现后的定论的规律（或知识），之所以要开展探究教学，是让学生经历发现的过程，认同规律（或知识）的内涵，将探究内化为一种行为的自觉，知道世界是发展的，人的认识也是发展的，对自然规律和科技的发现需要在不断的探索中去完善。这里就需要我们教师在组织探究教学时，在关注学生探究行为时，还要指导学生如何进行探究和明白为什么要探究。

物理学习的过程具有不可替代性，提倡科学探究实质是体现了对科学本质的反思。刘炳昇先生认为，“科学反映自然界事物的内在联系，具有解释和预见功能，具有相对的稳定性；科学反映人类在一定历史时期对自然界的认识，因此科学的主观偏见是难免的；科学理论必须接受实践的检验；科学是开放的体系，科学是在探究过程中不断发展的。”

现选择笔者所上的“牛顿第一定律”一课作为说明。“牛顿第一定律”是中学物理“力与运动”知识体系的重要组成部分，初、高中学习均要涉及。笔者在听课时发现，一般在初中物理教学中，老师们多将本课一分为二，第一节课讲伽利略的理想实验，并且一般会批判亚里士多德的观念；第二节课再讲惯性，并通过习题的反复训练来说明惯性现象在生活中的应用。笔者认为这种做法是没有很好地理解课标所要求的“通过实验，认识牛顿第一定律。用物体的惯性解释自然界和生活中的有关现象”。因为“认识”规律，需要知道规律的内涵并在新的情境中能够识别和运用；“解释”则需要理解概念的内涵，具有正确的物理观念。

这节课的教学要求，在“物理观念”上是要认识“物体的运动不需要力来维持，物体本身就具有保持原来运动状态的性质，这种性质是惯性，惯性是物体的固有属性”；在“科学探究”上，需要基于问题，经历“阻力对物体运动的影响”的探究，寻找证据并合理推理得出“牛顿第一定律”；“科学思维”上则体现“事实证据”和“理想实验”相结合的“科学论证、科学推理”模式；培养科学的态度，辩证地认识人类对自然规律的探索过程。教学中不能用过多的概念训练冲淡教学主题；同时，对亚里士多德观念的不恰当的批判会对近代实验科学产生的背景、认识实验和逻辑思维对物理学发展的推动作用产生误解，也不利于高中的学习。

案例 48　“牛顿第一定律”的教学实录与反思

模块一　从“原始问题”出发，提出猜想

教师取一小车，将小车车轮朝上放置在水平木板上，系上细线。

教师：如何让小车动起来？

学生：用手推，用力拉。

教师演示：推、拉后小车运动，停止推或拉小车停止运动。

教师：怎样才能让小车一直运动？

学生：一直用力。

教师出示图 4－30：

图 4－30

生活中许许多多的现象给我们这样一个直觉：只有施加了力，才能使物体运动，要使物体持续运动，只有持续施加力，如“推车车动”“风吹树摇”，似乎“力是维持物体运动的原因”。在两千多年前，古希腊的哲学家亚里士多德就提出过类似的观点。

同学们，留意生活、注意观察是我们认识自然界必不可少的一种方式。但是，有时我们还需要更为细致地研究我们所看到的现象，这就是物理实验的作用，没有实验就不可能有今天的物理学。

教师安排学生按照图 4－31 进行对比实验，进行更为细致的观察。

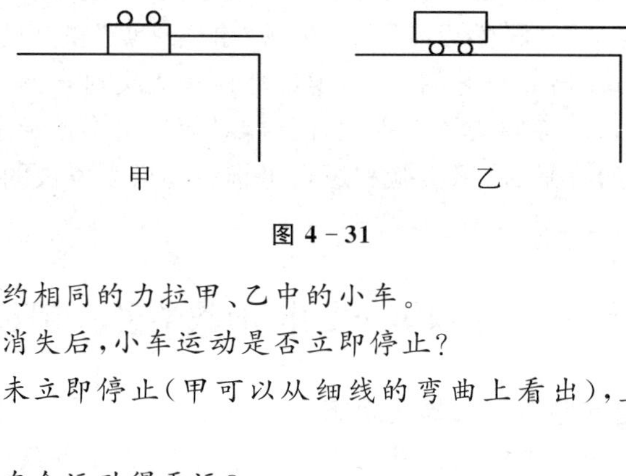

图 4－31

操作要求：用大约相同的力拉甲、乙中的小车。

思考问题：拉力消失后，小车运动是否立即停止？

学生：甲小车并未立即停止（甲可以从细线的弯曲上看出），且乙小车运动的路程更远。

教师：为什么乙车会运动得更远？

学生：乙车所受摩擦力小。

教师：通过上述对比实验我们可以初步获得这样一个猜想，“运动的物体停下来是因为受到了摩擦阻力的作用，阻力越小，物体运动得越远。”下面，我们再通过一组实验来探究“阻力对物体运动的影响”，看看我们的猜想是否正确。

模块二　实验探究，获得“牛顿第一定律”

教师：请同学们先阅读书本内容，结合书本图例（图 4－32），讨论如下的三组问题。

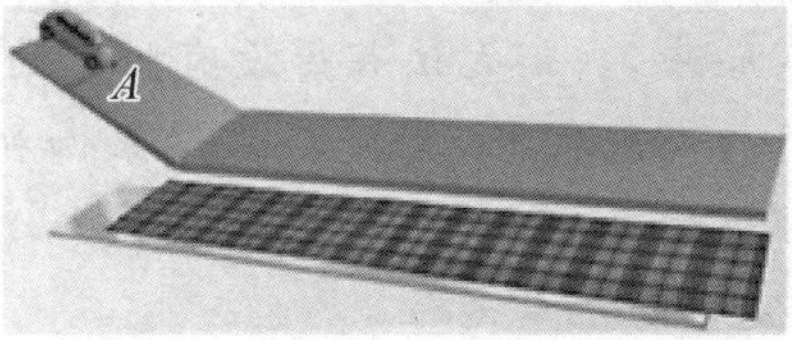

图 4－32

1. 为什么强调木板处于水平？（提示：请画出向右运动的小车的受力图后再分析原因）
2. 为什么小车三次均是从 A 点释放？
3. 三次实验是通过什么方式来改变小车所受摩擦阻力？
4. 实验中又是通过比较什么来比较阻力对小车运动的影响？

师生共同分析后厘清如下问题。

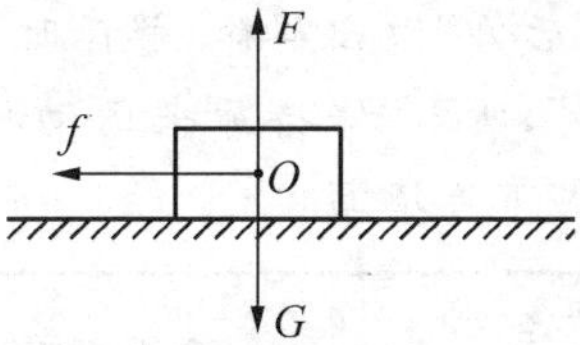

图 4－33

1. 木板处于水平时，物体在竖直方向上受到重力 G 和支持力 F 的作用，处于平衡状态（图 4－33）。水平方向上只受到阻力作用，所以我们所探究的就是“阻力对物体运动的影响”。
2. 保证小车到达水平面时速度相等。
3. 改变接触面的粗糙程度来改变小车所受的阻力。
4. 比较小车运动的路程来比较阻力对运动的影响。

教师组织学生分组进行实验，做巡视指导。

实验步骤：先让小车在铺着布条的平面上滑行，再在木板平面上滑行，最后在玻璃板平面上滑行。

学生汇报实验结果，获得如下的信息：

实验序号	水平部分材料	小车所受阻力的情况	小车在水平面上运动的路程
①	布条	大	短
②	木板	较小	较长
③	玻璃	最小	最长

学生：通过实验分析，得出“小车受到的阻力越小，运动的路程越长”。

教师：如果小车在绝对光滑的水平面上运动，即不受到阻力作用，情况将怎样？

学生：小车将一直运动下去。

教师：同学们，在上述实验中，我们无法获得没有阻力的绝对光滑的平面，我们的结论是在实验的基础上合理外推而获得的，意大利科学家伽利略正是通过这样的思维方式得出的上述结论。在物理学的发展史上，伽利略最伟大之处在于他用实验代替直觉思维，确立了实验在物理研究中的基本地位。

后来，牛顿在此基础上对大量实验事实进行了深入研究，总结出牛顿第一定律：一切物体在没有受到力的作用时，总保持匀速直线运动状态或静止状态。

模块三　分析实例，明晰定律内涵

教师：请大家欣赏“神奇的太空生活”——人在太空舱中如何运动。增强对牛顿第一定律的感性认识。

教师：请同学们用牛顿第一定律解释生活现象。

播放视频：公交车上，车辆启动，人后仰；车辆刹车，人前倾。

引导学生对车辆启动时“人后仰”做出解释，解释时只分析人的上半身。说清“原来状态”，强调“水平方向上不受力”，所以“保持原来运动状态”。刹车时“人前倾”则由学生仿照上述程序做出解释。完成下表填写：

现象	原来状态 （人的上半身）	受力情况	现在状况
启动时后仰	静止	水平方向上不受力	水平方向上静止
刹车时前倾	运动	水平方向上不受力	水平方向上运动

教师：请同学们用牛顿第一定律解释实验现象。

演示实验：打击隔板，隔板飞出，鸡蛋落入杯中；打击一摞棋子的最下面，下面的棋子快速飞出，上面的棋子落下。

引导学生利用牛顿第一定律完成分析，完成下表填写：

研究对象	原来状态	受力情况	现在状况
鸡蛋	静止	水平方向上不受力	水平方向上静止（落入杯中）
上面的棋子	静止	水平方向上不受力	水平方向上静止（棋子落下）

师生共同分析“牛顿第一定律”并小结。

1. 适用对象：一切物体、任何时候；

2. 条件:不受力(某一方向上不受力,则在该方向上成立);

3. 结果:保持原来的运动状态(静止或匀速直线运动)。

模块四 联系生活,建立"惯性"概念

教师:由上述分析可以知道,物体本身就具有保持运动状态不变的性质,这叫作物体的"惯性"。

牛顿第一定律的伟大之处就是明晰了物体具有"惯性",为"力"的概念的建立奠定了基础,才有了牛顿物理学(经典物理)的发展。

教师:你能利用所提供的器材设计实验证明固体、液体均具有惯性吗?

学生设计了系列实验,教师选取部分做分析,如:

抽纸条,车不动——说明"固体有惯性";

手沾水后可以甩掉——说明"液体有惯性";

教师补充演示气体有惯性——烟雾实验(图 4-34)。

图 4-34

教师:大量的事实说明,一切物体都有惯性,惯性是物体的固有属性。生活中,物体表现出惯性的现象是常见的,我们有时要利用物体的惯性,有时要防止因物体的惯性造成的伤害。

教师播放视频,说明利用物体惯性的例子。用铁锹扬沙子(图 4-35);锤头松动了向下蹬锤柄套紧锤头(图 4-36);小狗甩去身上的水珠(图 4-37);无锡灵山大佛——九龙灌浴,花开见佛(图 4-38)。

图 4-35

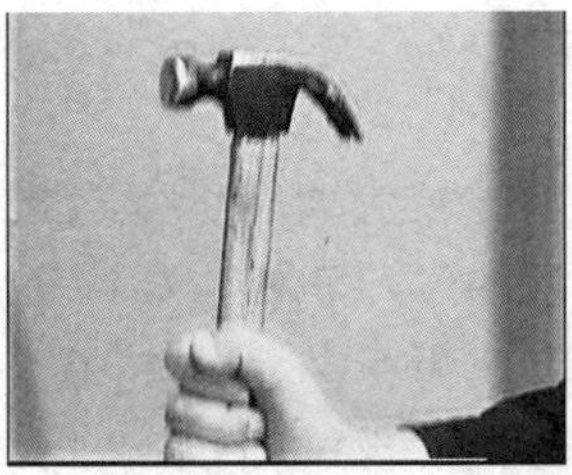

图 4-36

图 4-37

图 4-38

请学生阅读书本“生活·物理·社会”中“在高速公路上行车时的安全防护”的介绍，播放视频“汽车碰撞实验”，说明汽车撞车时“安全带和气囊”可以减少对人体的伤害。

小结：教师出示图 4-39。

问题的提出者

问题的破解者

问题的归纳者

物体 $\xrightarrow{\text{不受力}}$ 牛顿第一定律 $\xrightarrow{\text{维持原运动状态}}$ 惯性

图 4-39

教师：本节课是物理学“力与运动”基本关系研究的一部分，我们通过“探究阻力对物体运动的影响”，得到了“牛顿第一定律”，揭示出物体具有“惯性”。如果说亚里士多德是这一命题的“提出者”，那么伽利略则是这一问题的“破解者”，牛顿就是这一问题的“归纳者”。正是因为他们的努力，才有了今天的物理学，才有了物理研究的科学方法——实验和基于实验的逻辑推理。让我们向三位先哲致敬！老师还有一个问题需要大家思考，在课的开始，我们曾经提到的“手推车动”“风吹树摇”说明了什么？

本课的执教对象是一所学习基础较为薄弱的学校的学生，但从课堂学生的反应和课后评测情况看，效果均不错，学生的学习积极性始终很高。评课的同仁说这是因为笔者的调动技巧，究其深层原因，笔者反思后认为主要是采用了探究教学的理念，教学组织方式上让学生切实经历了规律的再发现过程，基于此，笔者对初中物理探究教学的实施再提出一些想法。

探究教学要把握物理教学的起点。我们一直在倡导的物理教学改革，其本意在不断提醒我们，物理教学要回归活生生的物理生活世界，这种理念要求我们一定要从枯燥、晦涩的“题海战术”中解脱出来，重新返回到物理教育发生的地方——活生生的物理现象，以激发学生的认知兴趣。邢红军教授将之归纳为“原始物理问题教学”，并称之为“通达科学的教育和人生形式”。本课设计时始终围绕系列物理现象进行，是在对诸多现象的解释、思考、推证之中形成对物理知识、物理方法和思维品质的唤醒，是依靠对未知现象探讨的兴趣激发对物理规律的探究。

探究教学要设计具体、有效的“物理问题”。当我们把教学的目光转向于学生的学习，学习的根本形式就是解决具体的任务，对于任何一个任务的解决，我们要明晰具体的要求。就物理教学而言，我们要清楚课标，并将其具体化为明晰的教学目标和评价标准，在课堂教学中转换为具体、有效的“物理问题”。物理问题的设计一般可以分为“引导性问题”和“探讨性问题”，前者的目的是“构建物理规律”，后者的目的是了解“概念”。如在建立“牛顿第一定律”的过程中，笔者设置了“怎样才能让小车一直运动？为什么乙车会运动得更远？为什么强调木板处于水平？如果小车在绝对光滑的水平面上运动，情况将怎样？”等系列“引导性”问题；为了加深对“惯性”概念的了解，笔者设计了“解释惯性现象、设计惯性实验、利用和防止惯性”等系列“探讨性”问题。在课的最后，请学生重新思考“手推车动”“风吹树摇”等问题则为下一节研究“力”的物理定义打下思维基础。

探究教学要以“物理实验”为认知载体。在探究教学的课堂组织中，“物理实验”始终是至关重要的认知载体。综观本课从“甲、乙小车对比实验”“探究阻力对物体运动的影响”“鸡蛋、棋子实验”“证明物体有惯性”，以及“太空生活”“小狗甩水”“无锡灵山大佛——九龙灌浴，花开见佛”等实验或物理素材，创设了丰富的物理情境，提供了事实基础，使学生能够在建立物理规律中培养探究能力、在应用物理概念中提升思维能力。

初中物理学习中，对物理规律的认识和了解方式一般有两种，一种是基于实验的分析论证，如牛顿第一定律、阿基米德原理等；另一种是基于直接的实验数据描述，如课程标准所提的“经历物态变化的实验探究过程，知道物质的熔点、凝固点和沸点”等，此类规律的探究，需要我们提供更为合适的载体，以获得更为客观的证据。

第四节　实践应用——解决真实问题的项目学习

按照物理教材对应的教育模式划分，探究教学属于实验模式和学术模式。实验模式的特点是：实验中心，问题讨论；学术模式的特点是：学术中心，研究中学。在基础教育阶段，实验模式是主要模式。但在应用实验模式时，遵从教育模式的三原理，注意教育模式之间的变换、孕育、包容。前述的建构概念和认识规律，我们认为其实施样态总体上归于实验模式。但在复习课和物理综合实践活动中，我们倡导模式的交融，具体可采用解决真实问题的项目学习。

采用项目学习，目的是加强学生的参与意识，从而对重要概念达到更深层次的理解，它是一种基于建构主义理论的情境化学习方式，典型特征是：从一个需要解决的问题开始学习，这个问题被称为驱动问题；学生在一个真实的情境中对驱动问题展开探究，在探究过程中学习及应用学科思想。

因为探究教学不仅要让学生知道“知识是什么”，而且要让学生知道“知识有什么用”，以培养运用物理概念或规律解决实际问题、分析实际现象、基于逻辑的推理等深度思维。所以，探究教学中，学生需处于深度学习状态，真实发生的学习才是深度学习。在物理探究教学中，综合实践活动的教学，老师们一般都比较注重真实问题的选择，相比之下，复习课的设计则往往会落入对旧有知识的习题训练，学生在重复着进行数学运算和规律记忆，这不是探究教学的样态。探究教学理念下，复习课的教学设计，应基于单元的概念进阶，确定目标，围绕目标设置真实的问题，这些问题可以是学习过程中学生在认知上仍有疑惑的问题，也可以是新情境下的问题。我们可以围绕这些问题进行项目学习。这样的复习课，既可以评价学生的实际能力，又可以作为学习的一部分。下面，笔者结合团队的研修课例进行分析。

案例49　跟着光线去旅行——“光现象”复习

【课程标准的要求】

1. 通过实验，探究并了解光的反射定律，探究并了解光的折射现象及其特点。
2. 通过实验，探究平面镜成像时像与物的关系。知道平面镜成像的特点及应用。
3. 通过实验，了解白光的组成和不同色光混合的现象。

基于课程标准，本节复习课的概念进阶如下。

知识性的概念（规律）：光线，光的直线传播，光的反射，光的折射。

技能性的操作：光路的显示，光的反射定律，平面镜成像，光的色散探究。

体验性的科学方法：光线模型，光路图，反射规律的应用。

【问题链设计】

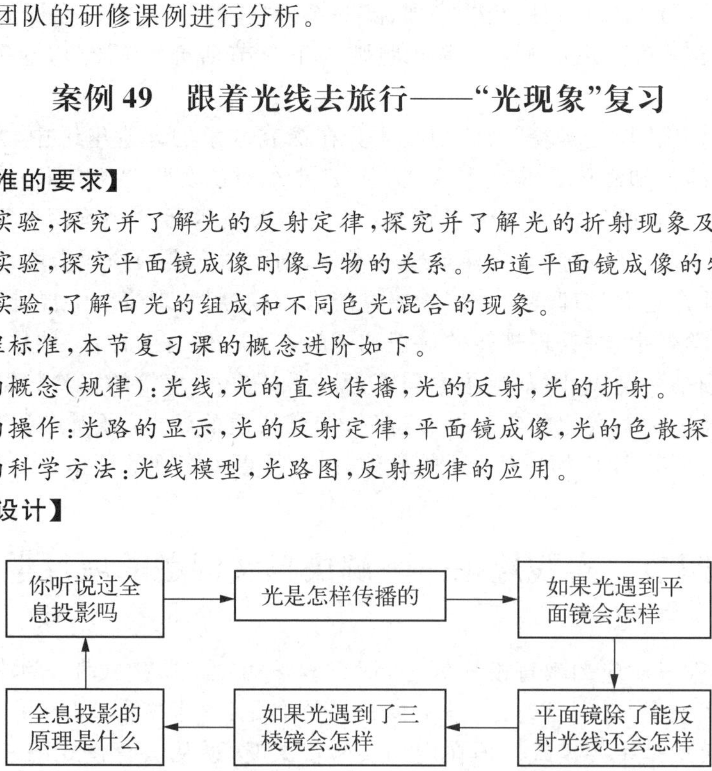

【主要资源载体】

1．全息投影器材(图 4－40 系列)(教师演示)

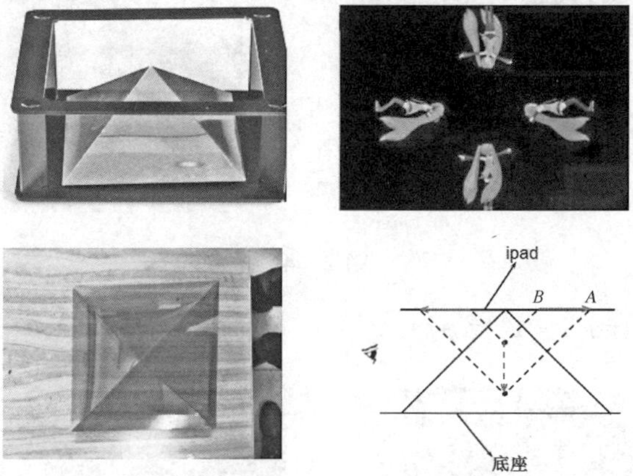

图 4－40

2．小孔成像器材(图 4－41 系列)(分组探究)

图 4－41

3．光的反射(图 4－42 系列)(分组探究)

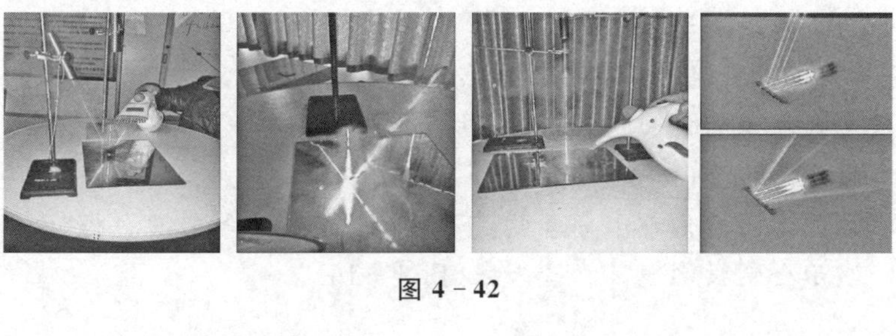

图 4－42

4. ① 平面镜成像器材(图 4 - 43 系列)(分组探究)

图 4 - 43

② 问题设计(图 4 - 44 系列)

图 4 - 44

5. 光的色散器材(图 4 - 45 系列)(分组探究)

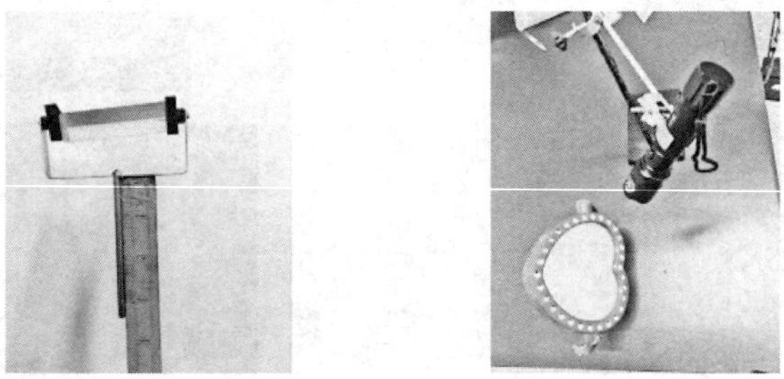

图 4 - 45

【教学实施】

引入神奇的全息投影技术。

教师:同学们是否听说过全息投影?我们正常的投影只能看到物体的一个面,而全息投影却可以看到物体的前面、侧面、后面,将各个面全部呈现在同学们面前,老师这里就有一个全息投影的装置(图 4 - 40 系列)。

"初音未来"相信同学们都十分喜爱,下面我们就利用全息投影将"初音未来"请到我们的课堂。演示全息投影——初音未来(图 4 - 46)。

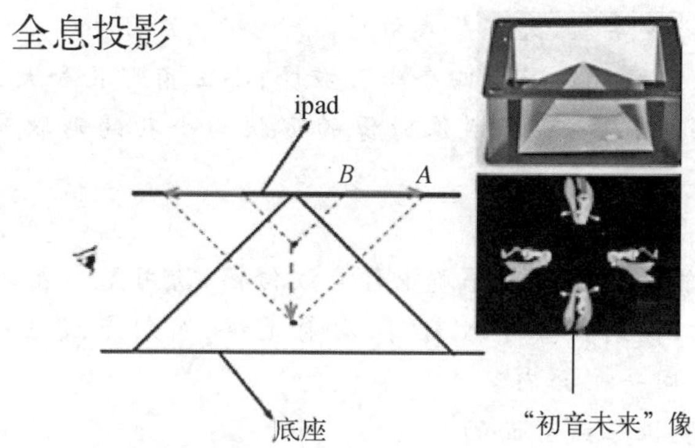

图 4-46

全息投影的原理是什么？带着这样的问题，让我们再次走进光的世界。有光的世界是五彩缤纷的，我们为什么能够看见色彩斑斓的物体呢？那是因为有不同颜色的光进入人的眼睛。

项目1　光的直线传播

教师用激光笔沿着黑板打出一束红光。

请同学在黑板上画出这束光。

讨论所画"光线"的作用和意义。

学生1：一条带箭头的直线表示光的传播路径和方向。

学生2：光线是物理模型，可以直观揭示光的传播规律。

学生3：可以表达光在同一种均匀介质中沿直线传播。

教师：生活中有哪些现象可以用光的直线传播来解释？

学生：树林中的光线、日食月食、影子的形成、小孔成像等。

教师：我们回忆一下小孔成像相关知识，这是我们以前做的小孔成像的装置(用图4-41系列器材)。我们以蜡烛为物体，观察它在光屏上所成的像。今天我们以灯丝为物体(介绍灯丝开口向上)，在光屏上掏一个三角形的小孔。请同学们操作并归纳成像特点，将自己所得结论做一个梳理。

学生实验并梳理，教师逐一展示，并将观察结果归纳如下。

学生1：灯丝的像开口向下，说明是倒立的像。

学生2：小孔成像所成的是实像，能用光屏接收。

学生3：小孔成像的大小与什么有关？物距和像距。

学生4：像距相同，物距越小，像越大；物距相同，像距越大，像越大。

说明：留一段时间，让部分未完此项目的同学再次进行实验验证。

教师：那么它背后的原理是什么呢？请分析。

学生画出小孔成像的光路图并对上述现象做分析(理论分析)。

教师：老师再做一些实验，大家帮我解释。

采用图 4－41 系列装置，演示：四个小孔成像；小三角形孔和大三角形孔成像。

学生作出光路图并解释：小孔成像时像的形状与小孔的形状无关，与孔的大小有关系。

项目 2　光的反射规律

教师：光线不可能总是在同种介质中作直线传播，请用图示表达光的反射规律。

学生画图并总结：反射角等于入射角；反射光线、入射光线分居法线两侧；反射光线、入射光线、法线在同一平面内。

教师：你是怎么验证三线共面的？

学生：将光屏半边旋转，看不到反射光线。

师生一起用图 4－42 系列器材操作。解决下列问题。

1. 如何将光线显示出来？

2. 如何判断三条线是否在同一平面内？

提示：排队时怎么判断三个人在一条直线上的？

请学生举例说明生活中反射现象的应用。

学生 1：平面镜成像。

学生 2：镜面反射和漫反射。

项目 3　平面镜成像

给学生器材（图 4－43 系列），供学生选择。提出如下问题，学生可以选择性操作并解释。老师对个别问题进行点拨。

1. 选择镜子、透明玻璃板还是茶色玻璃板？理由是什么？

学生：茶色玻璃板。理由是……

教师：这里有两幅图片，同学们发现晚上成像更清楚，像的一侧越暗，成像越清楚。所以同学们能否知道为什么要选茶色玻璃板呢？

学生：透过的光少，相当于使得像的一侧更暗，成像更清楚。

2. 在桌面上放置一张白纸，为什么要将玻璃板垂直于白纸放置？

3. 实验时如何移动物体 B 与 A 的像完全重合？

4. 如何用描点记录物体和像的位置？怎么处理这些数据？你可以得到怎样的结论？

5. 怎样判断成虚像？

6. 蜡烛 B 是否一定要点燃？为什么？

7. 若换用棋子做实验，如何使像更清晰？

评估与交流：选择部分学生在白纸上所描的点，进行展示，请其他同学评估。发现问题时，先请提供数据的学生说明操作的过程。大家一起提出改进建议。

应用：平面镜成像在生活中随处可见，这是老师在办公楼的走廊上拍摄的一幅照片

(图 4－44 系列)，它是居民楼在玻璃里所成的像。如果我把手机贴近玻璃，还能拍到居民楼的虚像吗？为什么？

学生 1：能。

学生 2：不能。

讨论，画光路图解释。

结论：手机离开玻璃一段距离，可以；手机贴着玻璃，不行。因为要设法让物体的光经过平面镜反射到相机中，手机贴着玻璃，物体的光不能经平面镜反射进入手机的摄像头。

项目 4　光的色散

教师：如果光在传播过程中遇到的不是平面镜而是三棱镜，会观察到怎样的现象呢？如果只是红光射入三棱镜，又会怎样呢？请实验、观察并说明原因。

学生：(用图 4－45 系列器材演示)用白光可以观察到色散现象；用红光只能看到光的偏折，红光是单色光。

项目 5　解释全息投影

教师：现在，我们再来看看全息投影的原理。这个装置的核心是什么？(实验演示，拆解图 4－40 系列器材分析)。

学生：透明膜。

教师：你知道我们看到的是什么吗？它是怎样形成的呢？

学生：虚像，光的反射形成的。

教师：为什么我们能够看到物体的不同的面呢？

学生：ipad 上面有物体的不同的面，四个面汇合在一起。

教师："初音未来"演出的原理和我们的实验是一样的，只是它的透明膜比我们的大，ipad 也比我们的大，使得成像几乎和真人差不多大小。同学们回去后可以自己制作一个全息投影装置，器材只需要塑料饭盒就可以。

本节复习课以"跟着光线去旅行"为话题，以"初音未来"这一网红形象的全息投影为问题展开。围绕本章的主要探究实验，设置了五组学习项目，回顾实验重点，探讨解决实验中的问题。在解决问题中，理解各基本概念和规律，并应用规律解释实际现象。整节课既体现了实验特质，又渗透了研究中学。

对于教材中综合实践活动的教学实施。我们可以按照单元视域下的探究教学设计路径，按照项目单元来实施，其中的探究性活动可按照"主题与准备——探究与思考——表达与评价"的程序进行组织，设计制作类活动可按照"任务与准备——设计与制作——评价与改进"的程序来加以组织。

2019 年 11 月 10—15 日，江苏省初中物理名师工作室围绕"提高探究教学的效益"，举行课例研修活动。11 月 14 日，苏科版初中物理教材编写组的专家，在刘炳昇先生的带领下，到现场进行指导，研讨苏科版教材的修订。期间，团队成员骆波老师就综合实践活动课的研究向专家们做了专题介绍，笔者将课堂实录及点评做一整理。

案例 50　“自制液体密度计”教学实录与点评

【任务与准备】

播放视频：盐水选种法，对盐水浓度有要求（图 4－47）。

图 4－47

图 4－48

讨论 1：如何测量讲台上这些盐水的密度？看看哪一种更符合要求（图 4－48）。

学生：用天平和量筒分别测出每种盐水的质量和体积，计算出密度。

讨论 2：能否找到更为简单的方法？

实验体验：将鸡蛋放入不同浓度的盐水（图 4－49）。

图 4－49

学生：1. 鸡蛋所受浮力等于重力，盐水密度不同，鸡蛋排开盐水的体积不等。

2. $F_{浮}=G$，$\rho_{液} V_{排液} g=G$，则 $V_{排液}=\dfrac{G}{\rho_{液} g}$。由此可以考虑利用物体在液体中排开的不同体积来制作测量密度的工具。

讨论 3：选择鸡蛋做测量密度的工具有什么不好？

生：不好，刻度难标出。最好是规则的柱体。

点评：项目学习的特征是问题性。基于实际需要，选择合适浓度的盐水配种，提出明确的问题：制作一个可以直接测量密度的工具。以问题链引导学生讨论，借助“鸡蛋的漂浮”实验，用体验促进思考。找到解决问题的突破口，培养学生观察现象、发现问题、表达思考、解决问题的能力，符合初中生的认知特点和水平。

【设计方案】

学生器材（四人一组）：粗细不同的塑料吸管、铁沙、橡皮泥、石蜡、棉花、2B铅笔、刻度尺、水、食盐水、酒精、纸条。

学生活动：分组讨论，设计方案，选择器材，填写任务单（表4-1）。

表4-1　任务单

名称			
原理			
器材			
设计人			
日期	年　　　月　　　日		

点评：提供给学生实验载体，安排学生分组讨论，制定相关实验方案，让学生在自主设计中迸发出灵感的火花，同时也暴露出原有的错误。采用任务单的形式，加强学生的任务意识，让学生体验真实科学探究的过程。保证项目的高效完成，以促进自主建构，深度学习。

【制作密度计】

问题1：选择塑料吸管制作密度计时，如何保证密度计竖直漂浮在液体中？还要考虑哪些问题？如何解决？

学生分组尝试，提出解决方案：用石蜡封闭底端，在管中加入铁沙，用棉花封口。

学生制作：用石蜡封口（图4-50）；加铁沙（图4-51）；教师巡视指导。

图4-50

图4-51

点评：该环节为学生自主实验环节，教师不过多预设，让学生按照自己的想法进行操作，培养学生的创新思维，由于教师没有提供实验方案，也没有提前指导，学生在实验中会遇到各种各样的问题，记录过程中遇到的问题或困难。有的问题是根据以往经验和知识，以小组合作的方式能够共同解决的，有的问题解决不了或者采用了错误的设计方式，实验没有成功，这些都是科学探究的必经之路，也是综合实践活动的真正意义所在，让学生在真实的探究活动体验中不断试错并发现问题，提高分析问题和解决问题的能力，纠正原有错误概念。教师在巡视中观察学生活动，必要时进行简单指导。

问题 2：如何在吸管上标注刻度？

1. 教师选择一组学生制作好的密度计放入不同密度的液体中（盐水密度 1.2 g/cm³；水密度 1.0 g/cm³，酒精密度 0.8 g/cm³）。请大家思考如何标出刻度（图 4－52）。

2. 为了提高标注的精确度，教师示范（图 4－53）。

3. 提出问题：选种的盐水需要的密度为 1.1 g/cm³，如何标出？

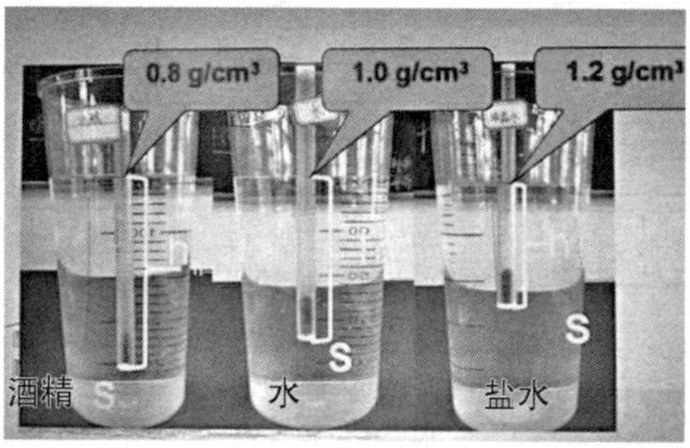

图 4－52

图 4－53

学生分组讨论，推导出标记刻度的原理，教师请一位学生代表小组在黑板上书写推理过程并阐述（图 4－54）。

图 4－54

根据漂浮条件：$F_{浮}=G$。在水中有 $F_{浮}=\rho_{水}gSH$；在被测液体中有 $F_{浮}=\rho_{液}gSh$，所以 $h=\dfrac{\rho_{水}H}{\rho_{液}}$。

根据这个关系式，可对简易密度计进行标度。

归纳方法与解决疑难：

1. 标度前要首先确定 H，让吸管漂浮在水面上，在吸管处标出此时水面的位置，拿出吸管用刻度尺量出标记到底端的长度，即为 H。根据以上原理表达式即可计算出不同液体密度对应的深度 h(表 4－2)。

表 4－2　密度计浸入液体的深度与液体密度实验对照表

液体密度 $\rho/(g \cdot cm^{-3})$	0.8	0.9	1.0	1.1	1.2
浸入的深度 h/cm			H		

2. 在标度的过程中，同学们又遇到了一个难题，如何将刻度刻在吸管上呢？吸管又软又光滑，不易写字，又不能用溶于水的水笔，思考之后部分同学选择用圆珠笔，不溶于水，但不易操作。经过讨论形成以下意见：

(1) 可以先把标度刻画在纸上，再塞进吸管中，通过拉伸纸条的位置使密度标记为1.0的刻度与水面相平。

(2) 找到 H(放在水中的位置)后，依据原理进行计算再标记，密度计的刻度是不均匀的，上方的数值小，下方的数值大。

(3) 大家一起动手重新刻画，教师选择部分纸条投影展示(图 4－55)。

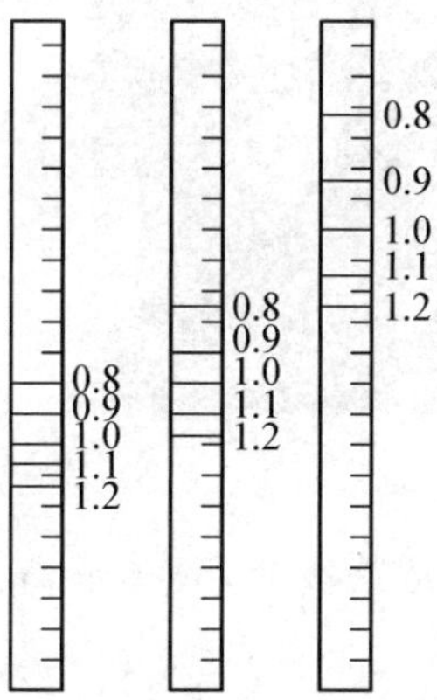

图 4－55

点评：密度计要能准确、便捷地测出液体密度，需要有刻度标记，这里就涉及原理上的理论推导。理论推导是探究行为的一种，属于理论探究。需要借助模型，依据物理规律进行，对于学生来说是难点。老师在教学实施时，没有事先告知，基于实践，在问题驱动下，让学生带着明确的目标“推导液体密度和浸入深度的表达式”，寻找解决问题的办法，符合探究教学的理念。但此处应该做进一步的评估：图 4－55 中纸条 a、b、c 的刻度为什么会不同？

问题3　密度计再制作

学生再次进行密度计的制作，并标刻度，教师巡回指导(图4-56)。

图4-56

【评价与改进】

活动1：比一比，看谁的密度计最精确？

老师请同学们代表本小组带着自制的密度计到讲台前测已知液体的密度，比较所制作的密度计测量准不准(图4-57)？

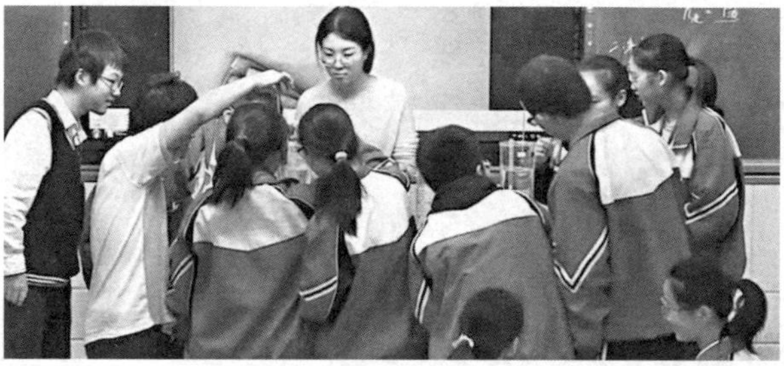

图4-57

图4-58

学生都想证明自己的密度计是最准的，兴趣很高，争先测量。对比发现，结果有一定的差距。

活动2：评估。

1. 实际作品比较

老师选择了几组密度计。对比发现，较细吸管制作的密度计和配重较大的密度计测量结果普遍更精确一点(图4-58)。

2. 原理分析

引导学生依据原理$F_{浮}=G$进行分析；由$\rho_{液}Shg=mg$，得$h=\dfrac{m}{\rho_{液}S}$，想让测量值更精确，就得让两个刻度之间的距离h_0大一些，即在两种密度的液体中浸入深度差更大一些。一种方法是增大密度计的质量，即增加配重铁沙的质量；另一种方法是采用横截面积更小的吸管。

点评：以上评估环节，仍然采用问题驱动，强调学生的自我反思与总结。每一个目标的达成都设置一个小问题，以比一比的方式让学生检验作品的好坏，效果不佳的自然会对比自己制作的密度计与别的同学有何不同，这不同之处即是我们要分析的误差原因。学生分析自己通过此项研究所获得的经验、体会和能力，再结合实际作品进行深度评估，就可以把自制密度计的原理分析得很透彻了。学生应用所学知识完成了项目任务，同时也达成了教学目标。这种以真实的任务情境为载体的项目学习方式，突出了学习的自主性和实践性，既学到了知识，又培养了能力，实现了规律理解、探究能力、科学思维的同步提升。

刘炳昇先生全程进行了课堂观察（图 4－59），在肯定了教师教学实施的同时，提出了一些改进建议，他认为综合实践活动，是在解决实际问题中培养学生实践能力和科学思维的课。所以，教师的课还应该注意做好实践性的评价。这节课我们所做的是“密度计”模型，而非真正的密度计，应将所做的模型和实际的密度计对比一下，问一问为什么真正的密度计下端有一个玻璃泡状的结构。

图 4－59

在评课中，骆波老师的建议是，实践性评价可以摆在原理分析之后，再做一个引申性的评估。因为在实际测量中，有的同学的密度计沉到了容器底部，分析发现在精确度提高的同时，测量范围变小了，需要更深的容器，测量时很不方便。如何兼顾精确度和测量范围，在密度计增加配重和直径变小的情况下，减小浸入深度，还能竖直漂浮在液体中。教师可以用生活中救生圈帮助人漂浮在水面上的原理来引导学生思考。学生会说，给密度计也加一个救生圈，此时，再向学生展示真实的密度计。学生豁然开朗，原来实验室的密度计有一个大玻璃泡，可以减小浸入深度，帮助密度计竖直漂浮在水面上，增大测量范围。

物理学科核心素养所包涵的物理观念、科学思维、科学探究、科学态度和责任等要素是相互联系的。我们必须从科学的本质和基础教育的培养目标来认识物理学科的核心素养，才能更好地在教学实践中体现这些核心素养的理念。

物理观念体现对科学知识本质的认识，科学知识的本质特征是可验证性，科学强调和尊重经验事实对科学理论的检验。科学知识具有相对稳定性，只能在一定条件和范围内适用，也不能解决所有问题。如果我们让学生在学习物理过程中不只是学习一些物理知识，而是渗透上述科学知识的本质特征，那么，学生的世界观、价值观就会受到好的影响，就会不断地追求真理，尊重证据，识别非科学或伪科学的意识和能力就会增强。

对于科学探究，科学是以多样统一的自然界为研究对象的探究活动，是建立在证据和理性思维的基础上的，其基本动力是人类的好奇心和求知欲以及经济与技术发展的需求。科学探究是创造性思维活动、实验活动和逻辑推理交互作用的过程，往往需要多次循环，不断地有新的发现和问题，在解决这些问题的过程中推动科学的发展。

一段时间以来，有追求探究形式化的倾向和否定科学探究学习的思潮，有将科学探究与科学思维割裂开来的倾向，这都是由于缺乏对科学探究本质认识的原因，或是对应试教育迷恋的托辞。在初中物理的学习中，如果是不做实验，而倾全力于“理论思维”的深度教学都是畸形的教学。通过科学探究，培养科学思维，形成物理观念，是物理学科核心素养的形成路径，所以探究教学能为物理学科的核心素养落地提供学科实践路径。

第五章　初中物理探究教学的评价支架

教育评价是对教育活动满足社会与个体需要的程度做出判断的活动，是对教育活动现实的(已经取得的)或潜在的(还未取得，但有可能取得的)价值做出判断，以期达到教育价值增值的过程。评价可以简单地用下式表示：

评价＝测量(量的记述)或非测量(质的记述)＋价值判断。

从形式上讲，通常分为“形成性评价”与“总结性评价”两种。就促进学生的学业成就而言，形成性评价直接指向正在进行的教育活动，它的目的不是为了对学习者分等或鉴定，而是以改进这一活动为目的，帮助学生或教师把注意力集中在为进一步提高所必需的特殊的学习上，它不涉及教育活动的全过程，但有具体的目标指向。总结性评价指向更一般的等级评定，它的直接目的是做出教育效果的评估，考查最终效果，因此它是对教育活动全过程的检验，一般在教育过程结束后进行，评价的结果具有外部导向，对学习进程和安排具有指导意义。所以，在一个完整的教育活动中，两类评价都不可忽视。

探究教学的评价遵循教育评价的一般规律，依据初中物理探究教学的实践路径(图4-2)，由指向课时目标的“形成性评价”和指向单元目标的“总结性评价”组成。探究教学的评价有它的特质，评价内容要注重选择课堂教学真实情境中学生的行为表现，以“行”促“知”，强调通过解决问题的“探究行为”促进物理的“概念建构”。基于实践，我们给出探究教学的两类(四种)评价支架：一类是指向课时(项目)学习目标，关注探究行为，设计探究行为观察量表和表现性评价任务；一类是指向单元(模块)学习目标，聚焦物理学科的关键能力，设计实践性任务和命制情境化试题。

第一节　评价探究行为

物理教学要从起始阶段抓起，让学生用自身的行为去有目的地探查未知，激发对科学纯粹的兴趣。物理课堂就是要让学生动起来，这里的“动”是有目的的实验、研讨或思维的交流，其集中的体现就是“探究行为”。

1. 探究行为评价量表

2009—2011 年，我们进行了江苏省教育科学十一五规划重点课题“学生科学探究行为的评价研究”，提出“探究行为”是初中物理核心的学习行为，研究旨在：通过评价指导学生规划、改进探究行为，促进教师改进探究行为的设计；形成“基于学生的探究行为设计和评价物理教学”的实施方案。

研究中，我们以江苏省锡山高级中学实验学校初二、初三学生为研究对象，以苏科版初中《物理》课堂教学实施为平台，开发了学生“探究行为”评价的两类量表，提出了实施的基本原则。具体研制过程已经在本书第二章第一节中做了详细解释，此处就不再赘述。

经实践，我们在课堂教学中采用下列两类样表，进行课堂观察。表 5－1 为“任务型”量表，具体使用时，依据学习过程确定评价点，依据学习任务目标确定预设标准，评价时与“预设标准”相比较，确定达成度，思考探究行为的改进。

表 5－1　科学探究行为评价量表(任务型量表样例)

课题：物质的比热容　年级：<u>　初三　</u>　班级：________　学生：________

探究行为	评价点与预设标准	能达成预设标准	不能达成预设标准
提出问题	能根据创设的情境提出问题：为什么水和水泥地面在相同的日照条件下、在同一时刻的温度不一样？		
猜想与假设	在教师的引导下提出猜想：可能是沙子吸热升温或放热降温都比水快的缘故。		
制订计划与设计实验	在教师的引导下通过讨论找到两类比较方案，一是加热相同时间比较沙子和水的温度变化；二是让沙子和水升高相同温度比较加热时间。		
	讨论得出需要热源、温度计、质量相等的沙和水、天平等器材。		
	能在教师的引导下探讨教材探究装置的缺陷，了解如何改进，设计出实验具体方案。		
进行实验与收集证据	经历探究，获得数据，所得数据能体现出“沙子吸热升温比水快”。		
分析与论证	通过讨论知道“使质量相同的水、沙子均升高相同的温度，水吸收的热量多”。		
	在教师的引导下知道“采用比较单位质量、升高1℃的水、沙子吸热多少来比较它们的吸热能力。”建立比热容的概念并能表述。		
评估与交流	能积极参与问题的讨论并乐于发表自己的见解。		

说明：1. 在“能达成预设标准”和“不能达成预设标准”栏目中画“√”；

2. 若确定为不能达成，尽可能写明原因。

第二类是基于学生探究行为表现的评价量表，具体见表5-2。

表5-2　物理课堂教学中学生科学探究行为评价量表

课题：______　评价对象：______　评价者：______　时间：______

能力目标	分值	科学探究行为评价指标	评分	行为简录
A. 提出问题的能力	10	1. 提出与内容主题有关的、利于探究的问题。		
		2. 书面或口头清楚地表述问题。		
B. 猜想和假设的能力	10	3. 做出具有预见性的猜想，利于探究活动的进一步展开。		
		4. 做出具有支撑度的假设，建立在事实材料或科学知识基础之上。		
C. 制订实验方案的能力	15	5. 根据实验目的和已有条件，列出所需的材料和用具。		
		6. 积极参与设计实验方案、实验流程。		
		7. 设计的方案操作性强，能尝试考虑影响问题的主要因素，有控制变量的意识。		
D. 收集证据的能力	20	8. 用简单的实验仪器进行定性、定量的观察和实验。		
		9. 准确记录实验现象或实验数据。		
		10. 对现象或数据进行分析整理，评价数据的可靠性。		
		11. 操作规范、安全。		
E. 处理信息和逻辑推理能力	25	12. 根据收集的信息实事求是地描述现象。		
		13. 通过比较、计算、描点绘图等方式对收集的信息进行分析。		
		14. 进行简单的因果推理，归纳出较为科学的结论。		
		15. 对结论做出合理解释。		
		16. 结论反映了对假设的全面分析，假设与结论间有很好的逻辑联系。		
F. 反思与评估能力	10	17. 从比较中发现新问题并尝试改进探究方案。		
		18. 开展简单的故障分析或误差分析。		

续表

能力目标	分值	科学探究行为评价指标	评分	行为简录
G. 交流与创新能力	10	19. 填充或撰写简单的探究报告。		
		20. 在科学性的基础上，有自己的独到见解和独特的认识问题的方法。		
综合评价和建议				

说明：1. 行为简录从评价指标中挑选对应项阐述成功之处和需要改进的地方。

2. "综合评价和建议"，学生从"总体学习效果""学得最有效之处""学习上要改进之处""对老师提出的建议"几方面作出阐述。教师分析学生行为发生率和学生行为达成度，从课堂教学设计的不足和课堂生成两个方面分析原因，写出综合评价。

基于典型探究任务的课堂实践表明，表 5－1 可以很好地促进学生对学习任务目标的理解，表 5－2 在关注学习目标达成度的同时注重对学生探究行为的评价和记录。在使用时，表 5－1 应该渗透在每一节典型任务之后，表 5－2 则可以作为阶段性评价使用，以关注学生探究行为的变化发展情况。

结合课堂实践，我们研究认为，在量表使用时应该把握以下基本原则：

一是强调课堂动态生成对能力的催化作用。如表 5－1 中的评价点和预设标准应力行简约，要有较大的包容性和自由度，做到预设而不死板；生成应机智把握，即兴创造，让学生独特的感悟、体验与理解在课堂上绽放。

二是评价定位要注重学生的发展。评价的主要目的是为了全面了解学生的学习过程，促进学生的发展，帮助学生进行评价后的反思，重新认识自我、树立信心。评价对于学生后续学习有着很大的推动力，因此不论评价量表的设计还是评价量表的使用都要注重学生的发展。

三是使用量表时，不过分强调评价的标准化，倡导客观记录学生成长过程中的具体事实。量表 5－2 中的"行为简录"相当于"课堂日志"或"现场笔记"，由教师和学生把课堂中发生的事情如实记录下来，客观描述学生在活动中的表现。

2. 在课堂教学真实情境中评价学生的探究行为

评价学生的探究行为，需要使得学生的探究行为真实有效地发生，我们需要明确课标要求及重点的实验探究内容，创设真实情境，明确问题指向，提供好资源载体，以保障指向问题解决的探究行为发生，在课堂教学真实情境中评价学生的探究行为。现以 2020 年江苏省物理中考评价研讨会上，团队成员刘轶老师执教的一节复习课为例进行说明。

案例51　“测量物质的密度”专题复习

【课标要求】

1. 通过实验，理解密度，会测量固体和液体的密度。

2. 解释生活中一些与密度有关的物理现象。

【学生必做实验】

测量固体和液体的密度

【设计思路】

本节课是中考专题复习——测量物质的密度，通过分析课标要求、结合学生必做实验，确认本课的核心学习任务是“测量物质的密度”，通过设计方案、测量密度、分析误差提高学生的实验技能，通过原理分析、现象解释、实际应用等多种方式回顾“密度”这一核心概念。

为培养学生的学科核心素养，本教学设计在当下抗疫的真实情境中，以任务驱动的方式，进行了层次递进的密度测量学习，在学习活动中不断加深度密度概念与密度测量的理解，依据任务，基于课堂教学真实情境评价学生的探究行为，以“行”促“知”，构建概念，形成观念。主要课堂框架如下：

	学习任务	学习层次	理解概念层次
1	测量固体密度	教师引导设计，示范测量	通过测量发现同种物质密度相同
2	测量液体密度	生生合作设计，自主测量	通过设计发现密度测量原理唯一
3	精确测量密度	师生共读说明，精确测量	通过举例理解密度应用与测量价值

【学习目标】

1. 学生通过设计多种测量固体液体密度方案，理解密度测量原理。

2. 学生通过独立完成测量实验，熟练基本工具的使用；通过对测量数据的交流评估，提出测量改进建议。

3. 学生通过了解生活与生产中密度的应用，理解密度概念；通过了解精准测量工具，关注科技进步给测量带来的发展。

【器材准备】

演示：量筒（10 mL/0.2 mL；50 mL/1 mL）、天平（200 g/0.2 g；100 g/0.1 g）、比轻计、电子液体密度测量仪、口罩压条、自配75%浓度酒精。

学生：量筒、天平砝码、烧杯、测力计、正方体金属块（细线）、溢水杯、酒精。

【教学过程】

2020年新冠肺炎病毒席卷全球，中国在全世界抗疫斗争中发挥了巨大作用，不仅率先控制了国内的病毒传播，更为全球八十多个国家提供了大量抗疫物资。这既源于大国责任，也得益于全产业链的中国制造。

任务一　鉴别口罩压条的材料(示范测量固体密度，形成测量标准流程)

教师示范佩戴口罩(图 5－1)。

图 5－1

疫情之下，这小小的口罩人人必备，却不是每个国家都能造得出来，口罩的面料是用有着优秀的过滤性、隔热性的聚丙烯制成；而口罩上鼻梁压条需要拥有良好的可塑性，市面上常见的压条是由铝、铁、塑料制成，老师手上的这根压条是什么材料呢？该如何鉴别呢？

学生：观察稀盐酸反应；测密度对照密度表。

评价设计：今天我们就测量压条的密度，请思考以下问题。

① 密度测量原理？——$\rho=\dfrac{m}{V}$

② 需要哪些实验器材？——天平、量筒、水

③ 操作步骤如何？

(评价学生在描述步骤中的优点与不足，包括测量工具、操作步骤、注意事项、物理量，特别强调每一操作对应测量一项物理量。)

演示：压条放上天平——变化小；压条放入量筒——漂浮。

改进：测 10 根压条的质量；采用酒精测量体积。

④ 如何设计表格？说说你设计的表格？

(评价学生在表格设计中的优点与不足，强调所测物理量，计算物理量，单位，总结出表格设计是实验操作的简要体现。)

⑤ 如何写出表达式？

小结：在实验的设计过程中，我们总是从原理出发，选择器材，设计步骤，简化表格，列出表达式。

参考方案：

测量原理：$\rho=\dfrac{m}{V}$。

测量步骤：① 调节天平平衡，测出 10 根压条总质量，记作 m。

② 在量筒中加入适量酒精，测出酒精的体积，记作 V_1。

③ 将 10 根压条放入量筒，测出酒精与压条总体积，记作 V_2。

④ 表达式：$\rho=\frac{m}{V_2-V_1}$。

实验表格：

10 根压条总质量 m/g	适量酒精体积 V_1/mL	酒精与压条总体积 V_2/mL	压条密度 $\rho/(\mathrm{g\cdot cm^{-3}})$

学生测量、计算可得：$\rho=\frac{m}{V_2-V_1}=\frac{2.3\ \mathrm{g}}{8.4\ \mathrm{mL}-6\ \mathrm{mL}}\approx 0.96\ \mathrm{g/cm^3}$。

常见材料密度表

材料名称	密度($\mathrm{g/cm^3}$)
金	19.3
铅	11.3
铜	8.9
铁	7.8—7.9
铝	2.7
电木	1.2
塑料	0.9—1.0
木材	0.5—0.8

查阅常见材料密度表说说这是什么材料？

结合密度、颜色、硬度等属性，我们可以判定这根压条是塑料材质。

思考：选择多根压条测量密度，与一根压条的密度相同么？

总结：密度是物质的一种属性，同种物质密度相同，与质量、体积均无关，由此可以通过测量密度来鉴别物质种类。

任务二　检测酒精浓度(自主设计测量方案，总结测量原理唯一)

抗疫之中，我们不仅要做好个人防护，更重要的是要做好各种场所的消毒。以下便是一段酒精消毒配制视频(图 5－2)。

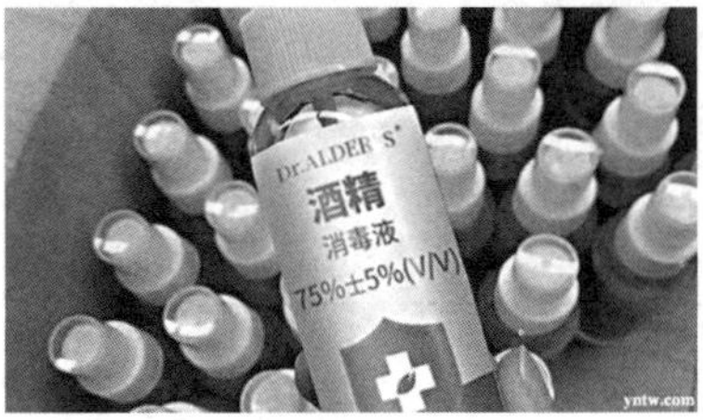

图 5－2

酒精密度与百分含量对照表

%体积比例	酒精密度 20 ℃	%体积比例	酒精密度 20 ℃
2	0.995 28	52	0.926 17
8	0.987 18	58	0.913 5
14	0.980 09	64	0.900 1
20	0.973 5	70	0.885 58
26	0.966 99	76	0.870 19
32	0.959 72	82	0.853 64
38	0.951 2	88	0.835 69
44	0.941 35	94	0.815 26
50	0.930 17	100	0.789 34

新冠病毒灭活需要使用 70%—75%浓度(体积百分比)酒精,除了直接购买医用酒精以外,我们通常也使用 95%或无水酒精通过计算进行配制,同学们面前就有我提前配制好分装到瓶中的酒精溶液,你有什么方法可以检测配制的酒精浓度是否合适呢?请查表看看符合要求的浓度的酒精密度是多少?

评价设计:

① 设计方案

请同学根据以下两组实验器材完成实验设计。

方案一:待测酒精、量筒、天平砝码、烧杯。(图 5－3)

方案二:待测酒精、测力计、正方体金属块(细线)、烧杯、溢水杯、量筒。(图 5－4)

投影:学生的原理、表格、表达式。

板书:老师根据学生描述画出测量流程图。

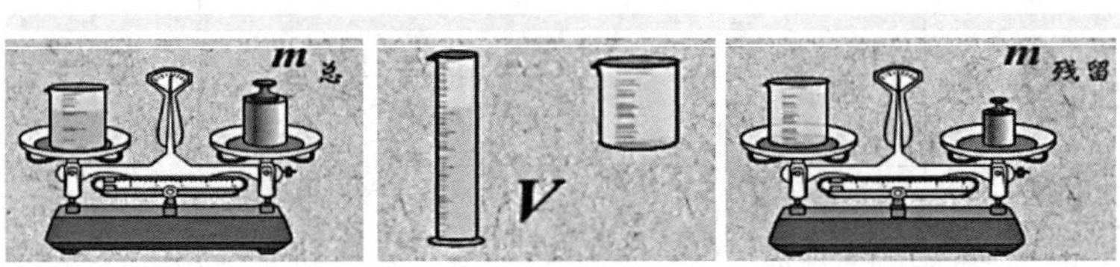

图 5－3

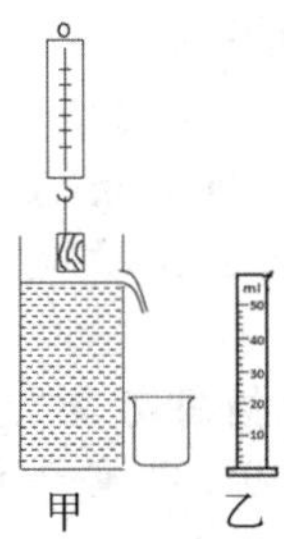

图 5－4

思考：这两个方案原理相同么？

根据测量的流程图，说说你测量的是哪一部分的液体密度？

总结：密度测量原理归根结底都是 $\rho=\frac{m}{V}$，这是由密度概念所决定的。

② 测量分析

测量：请挑选其中一种方案进行酒精密度的测量。

展示：请 4—5 组同学说明选择的方案与测量结果。

思考：你们这几组测量数据相等么？

归纳：这些组数据存在一定的差异，看来密度的精确测量并不容易。

讨论：回顾刚才的实验操作，说说造成差异的原因有哪些？该如何改进？

预设：① 测量工具分度值：量筒 1 mL，弹簧测力计 0.1 N。

② 测量实验的操作：量筒侧壁是否沾水，溢水杯使用并未确保装满酒精。

③ 测量读数习惯：读数的误差。

再测：请各位同学再次测量，比对数据。

总结：物理测量即是要不断地逼近真实值，因此我们在实验中，既要考虑方案的可行性，也应朝着测量精确性与操作便捷性不断努力。

任务三　精密测量物质密度(师生共读使用说明，感受精准测量价值)

思考：生产生活中测量物质密度意义重大，例如盐水挑选良种，需要测量盐水密度；判定石油碳氢硫品质，需要测量原油密度。生活生产中我们可以使用哪些更便捷、更精密的测量工具呢？

应用：　　　　　　　　　　　　工具：

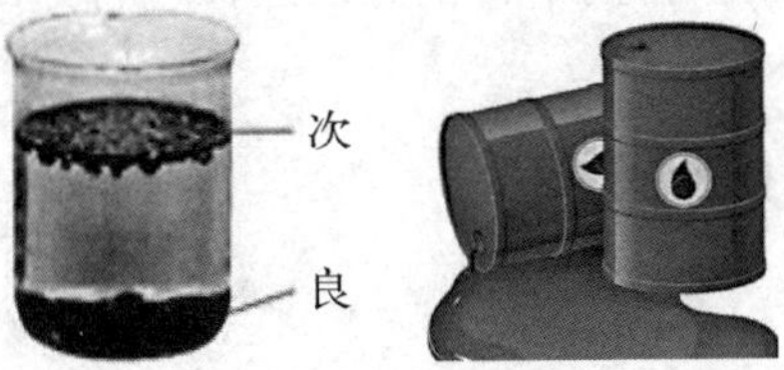

图 5-5

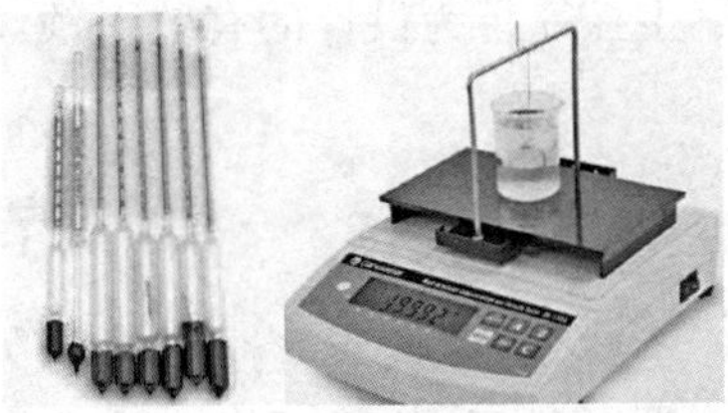

图 5-6

阅读：电子式密度计使用说明。

测量：按照图示两步骤测量酒精密度。

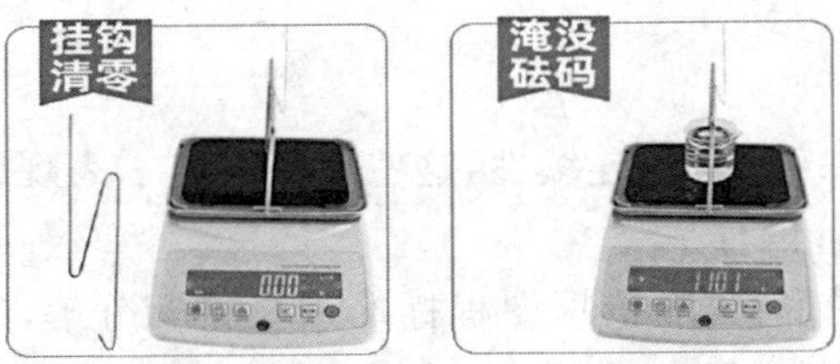

图 5-7

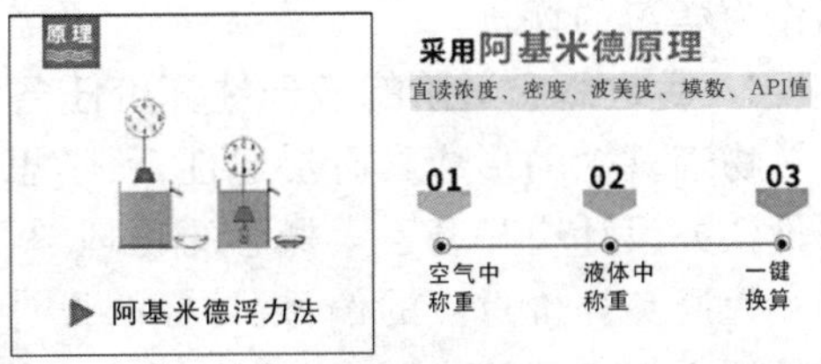

图 5-8

电子密度计信息介绍：

① 本质是带有存储与计算功能的电子台秤；

② 玻璃砝码质量与体积一定；

③ 手压托盘示数不变，手压横梁示数变化。

讨论：该电子密度计测量的原理与上面的方案一、方案二中哪种测量方法类似？

小结：随着科技的不断发展，测量工具越来越精密与方便，但是测量原理与我们所学一致，因此围绕测量原理思考有利于我们快速掌握这些测量工具。

评价任务：

请在以下方案中选择 2—3 种器材方案设计实验，测量酒精密度：

1. 待测酒精、量筒、天平(无砝码)、烧杯、水、小玻璃瓶、滴管。
2. 待测酒精、天平(含砝码)、小玻璃瓶、烧杯、水、滴管。
3. 待测酒精、测力计、正方体金属块(细线)、烧杯、水。
4. 待测酒精、木块、溢水杯、量筒、烧杯、水。

这些方案用了什么测量原理？

某些物理量无法直接测得的情况下，你是如何解决的？

课堂实践证明，要实现探究行为评价的价值最大化，可以从以下三个维度加以优化：从选定任务的角度而言，注重评价结果对改进学生对具体的物理现象的分析、重要的物理规律的理解上所起到的促进作用；在能力培养上，除关注固有能力的评价，关注能力形成的过程评价，注重强化学生学习的成功之处，显示学习过程中需要改进的具体错误；重视教师对学生探究行为设计的有效引领，教师利用获得的评价信息改进探究行为的设计。

第二节　表现性评价

指向课时目标，基于可视化的学生探究行为，通过任务设计体现以“行”促“知”，即通过探究任务的实现促进对概念和规律的深度理解，是表现性评价任务设计的目的。

这里需要考虑目标的设计，以指导任务设计的方向；需要考虑学习进阶，以保证探究任务设计的延续性。需要考虑基于教材的学习任务设计与实施，组织好课堂评估，提倡作为学习的评价。

1. 促进概念进阶的表现性评价任务设计

物理观念的形成具有层递性，科学思维的培养具有连续性，这些特征决定了表现性评价任务设计应是基于大概念的物理学习进阶设计。

为避免评价重点的偏移，目标的设计至关重要，应依据课程标准进行目标分解，以明确核心概念和能力要求。下面以初中物理教学中的《电磁能》单元为例加以说明。

表 5-3 《电磁能》单元目标分解

章节内容	依据课程标准的目标分解		
	认知性目标	技能性目标	体验性目标
第十三章 电路初探	1. 说出生产、生活中采用简单串联或并联电路的实例。 2. 了解串、并联电路电流和电压的特点。	1. 会看、会画简单的电路图。 2. 会连接简单的串联电路和并联电路。 3. 会使用电流表和电压表。	
第十四章 欧姆定律	1. 知道电压、电流和电阻。 2. 理解欧姆定律。		通过实验，探究电流与电压、电阻的关系。
第十五章 电功和电热	1. 从能量转化的角度认识电源和用电器的作用。 2. 结合实例理解电功和电功率。 3. 知道用电器的额定功率和实际功率。 4. 用焦耳定律说明生产、生活中的一些现象。 5. 了解家庭电路。		1. 通过实验，探究并了解焦耳定律。 2. 有安全用电和节约用电的意识。

由表 5-3 可知，本单元在物理核心概念的建构上，涉及“欧姆定律、电功、电功率”三个理解层次的目标；在实践能力上则经历“电路识别、画电路图、连接电路、测量电流及电压、欧姆定律探究及焦耳定律探究”。大概念的进阶分三个层级：第一层级是“电路的结构和连接方式”；第二层级是“电路工作遵循相关的规律（欧姆定律）”；第三层级是“从能量的角度认识电源和用电器（电功、电功率）”。解读教材中的学习资源，核心学习任务和表现性评价任务设计如下（表 5-4）。

表 5-4 “电磁能”单元表现性评价任务设计

大概念进阶	核心学习任务	表现性评价任务
电路的结构和连接方式	1. 怎样使一个小灯泡亮起来。 2. 怎样使两个小灯泡亮起来。 3. 学习使用电流表、电压表。 4. 探究串、并联电路电流和电压特点。	综合实践活动：设计简单电路（① 设计并制作病房呼叫电路模型；② 拓展研究：设计并制作选答器模型、楼道开关电路模型、交通信号灯模拟电路。）

续表

大概念进阶	核心学习任务	表现性评价任务
电路工作遵循相关的规律(欧姆定律)	1. 尝试改变电路中电流的大小。 2. 探究影响导体电阻大小的因素。 3. 用铅笔芯改变电路中的电流。 4. 学习使用滑动变阻器。 5. 探究通过导体的电流与电压、电阻的关系。	1. 测量定值电阻的阻值。 2. 综合实践活动:设计和制作一个模拟调光灯(选择合适的器材,设计和制作一个亮度能够连续调节的调光灯)。
从能量的角度认识电源和用电器(电功、电功率)	1. 比较两个灯泡的亮暗。 2. 测量小灯泡的功率。 3. 探究影响电流热效应的因素。 4. 观察三线插头与三线插座;练习使用测电笔;探究熔丝熔断的原因。	综合实践活动:对家庭用电的调查研究(① 调查家庭用电线路;② 估测各用电器的实际功率;③ 拓展研究:节能灯和白炽灯耗能情况比较研究;电视机、空调等用电器处于待机状态时的耗能情况研究;夏天,将空调的制冷温度调高 2 ℃对耗能的影响)。

大概念既是各种条理清晰的关系的核心,又是使事实更容易理解和有用的一个概念锚点,具体由物理核心概念和实践能力要求组成。“大概念进阶”是对教学目标核心内涵的说明和外延界定。“核心学习任务”提供知识建构的基础,而“表现性评价任务”则是通过探究问题的解决达成对知识的深度理解。

具体到实施探究教学,为物理学科核心素养的落地提供路径,格物致理,“知”“行”合一。在新课教学中,需要明确素养目标,通过序列化探究建构物理模型,并通过评价促进学习。下面结合我们的实践案例进行阐述。

案例 52 “电路连接的基本方式”设计与实施

【素养目标】

本节通过探究建立串并联电路模型,形成串并联电路概念和特点。课程目标是“会看、会画简单的电路图;会连接简单的串联电路和并联电路;会说出生产、生活中采用简单串联或并联电路的实例”。从教材结构体系看,“电路初探”属于电磁能的第一个单元,是知识层级中最基础的部分;课时“电路连接的基本方式”中串、并联电路是电学规律研究和电磁能能量转换的载体,是概念进阶中的基础。

根据目标,解读教材,具体探究时以“设计房间里吊灯和壁灯的电路”为项目,在此之前学生已经掌握“怎样使一个小灯泡亮起来”,开始思考“怎样使两个小灯泡亮起来”,建构串、并联电路的概念,再通过“串联电路和并联电路的比较”活动,掌握串、并联电路的特点,最终设计出吊灯和壁灯的连接电路。整个项目设计通过问题链将序列化探究有机串联，使得课堂真实的学习过程真正发生(图 5－9)。

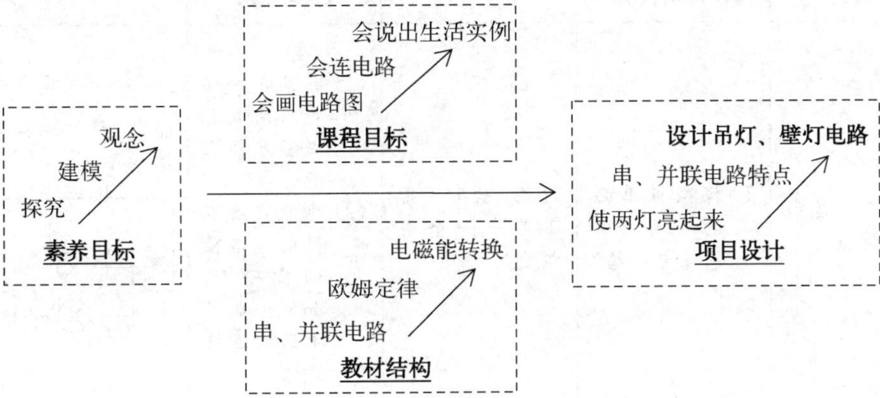

图 5－9

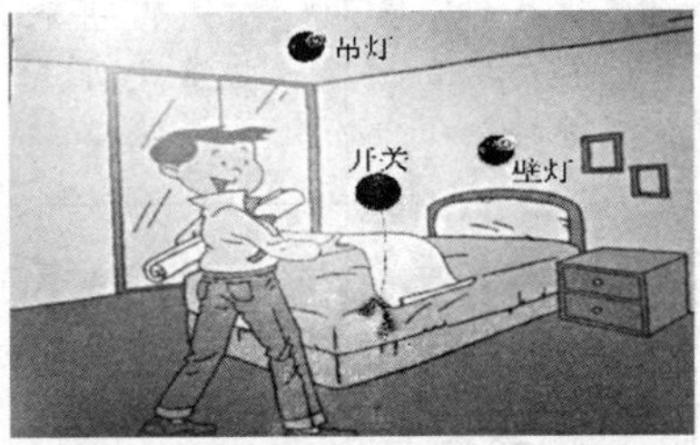

图 5－10

【模型建构】

针对上述目标，设计问题链和实验资源载体，凸显探究行为，构建物理模型，培养科学思维。

以“房间要安装吊灯和壁灯，电路该如何连接”为素材，设计“问题模型”，如图 5－10 所示。通过问题链驱动来推进探究教学，再通过序列化探究来构建物理模型，培养科学思维，促进学习进阶，具体如下表所示。

问题链	序列化探究	学生活动	任务目标	模型构建
Ⅰ. 这两灯是如何连接的？	1. 怎样使两个小灯泡亮起来？	(1) 设计电路图、尝试连接实物电路。 (2) 分类、归纳两种连接方式。	(1) 形成串、并联电路的概念。 (2) 知道串、并联电路电流路径有无分支(明确并联电路分支点、干路、支路)。	串联电路 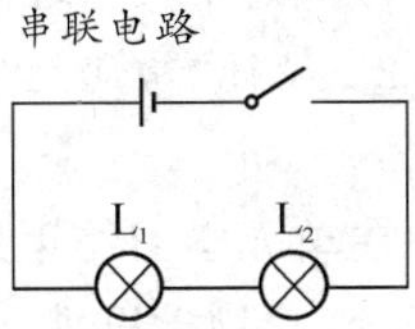 并联电路 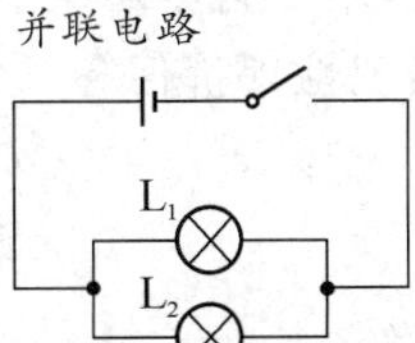

续表

问题链	序列化探究	学生活动	任务目标	模型构建
Ⅰ. 这两灯是如何连接的?	2. 模型板上的两灯是串联还是并联的?	讨论、验证(拧下其中一个小灯泡)。	(1) 知道串、并联电路用电器是否互相影响。 (2) 掌握在看不见电流路径的情况下,如何辨别用电器的连接方式。	吊灯、壁灯连接电路初步模型: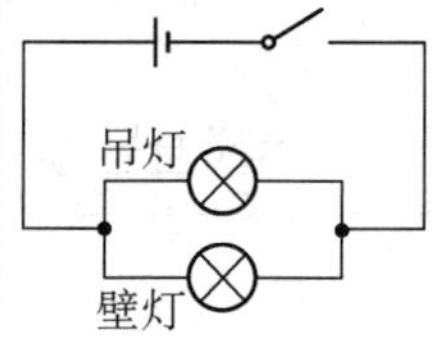
Ⅱ. 这样的连接符合生活实际吗?	3. 探究串、并联电路中开关的作用。	讨论。	知道串、并联电路开关的位置和作用。	
Ⅲ. 若不符合,该如何连接呢?	4. 设计生活中吊灯、壁灯的连接电路图。	设计电路。	学以致用,建立电路模型。	吊灯、壁灯连接电路最终模型: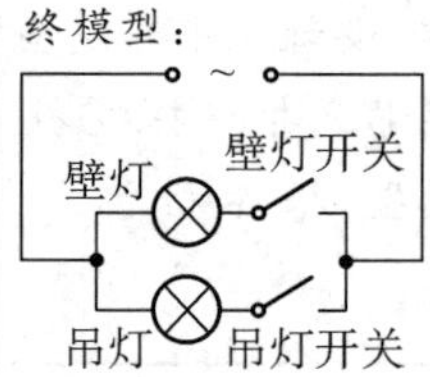

【表现性评价任务设计】

1. 串、并联电路的连接及判断(包括实物连接、电路分析)。
2. 设计"房间里吊灯和壁灯的连接电路"。

在单元学习结束后,依据目标指向设计活动,基于表现可以促进学生对物理观念的理解,培养科学思维。如在完成"电路的结构和连接方式"内容的学习后,可以设计如下的表现性评价任务。

案例53　两种模拟调光灯的制作与评价

情境创设:小明挑选调光灯。生活中的调光灯种类有:无极调光台灯、分段调光台灯、触摸式调光台、声控灯……

活动1 设计制作无极调光灯

利用电池组、铅笔芯、滑动变阻器(0—20 Ω)、电位器(0—100 Ω)、小灯泡、导线等器材来设计模拟调光灯。

活动步骤:设计无极调光灯电路图以及分段式调光灯电路图。画好后小组同学之间相互交流,并合作制作出第一种亮度可连续调节的调光灯。对照设计的电路图,组织答辩。展示电路图并讲解,小组间互评。

问题:1. 如果滑片移到了阻值最小处,造成电流过大,烧坏灯怎么办?你的设计中有没有这方面的安全措施。

2. 这个阻值的大小你如何确定?

3. 此时你的电路经过修改后,其电路图又是如何?

(分析并计算第一种电路中滑动变阻器的可调阻值范围,从而对改进电路中用来保护电路的定值电阻的阻值进行设定)

评价与反馈1:学生电路图改进路线图如图5-11所示。

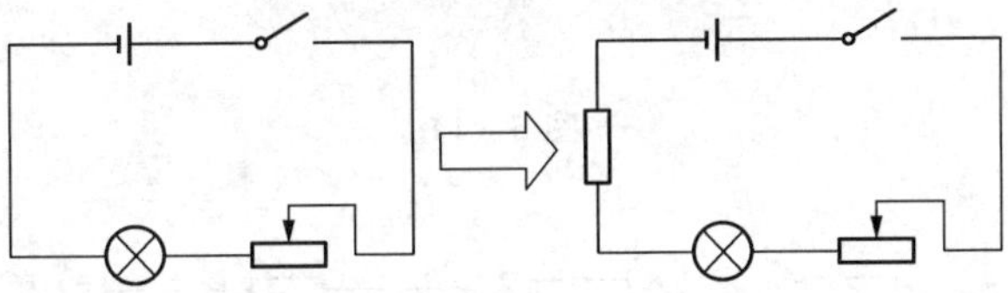

图5-11

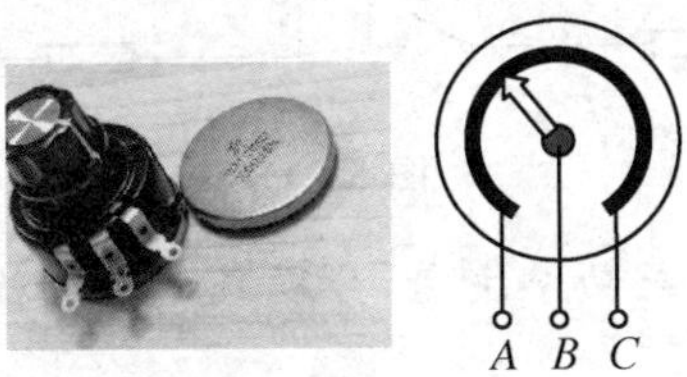

图5-12

评价与反馈2:许多同学选用了在日常生活中常见的电位器(图5-12),并能看懂将它正确地接入电路来实现无级调光。某组同学在选择了电位器后又放弃了,大家知道是为什么吗?

学生:电位器的调节非常方便,但通过观察发现这个电位器最大阻值是100 Ω,在实际调节的过程中,只调节了一点灯就迅速暗下来了。所以我们还是选择了20 Ω的滑动变阻器。

点评:我们使用的"2.5 V"的小灯泡正常发光的电阻只有8—9 Ω,所以,20 Ω的滑动变阻器足以满足实验的要求,如果在实际的家庭电路中使用,要给一千多欧的白炽灯进行调光,确实需要几百欧甚至一两千欧的电位器。

评价与反馈 3:展示滑动变阻器与灯泡并联的电路设计(图 5-13)以及实物连接,与之前的电路进行对比分析。

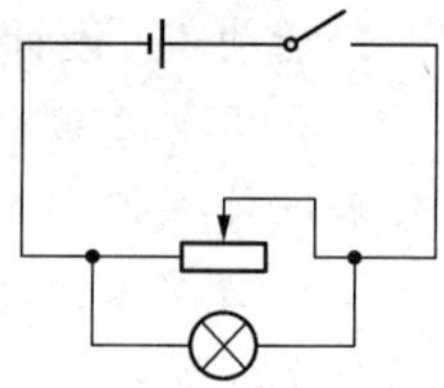

图 5-13

活动 2　设计制作挡位分段调光灯

评价与反馈:许多同学选用了三挡开关(图 5-14)。并能看懂将它正确地接入电路来实现分段调光。将学生设计的电路图以及预设的电路图(图 5-15)呈现,供全体学生分析与评价。

图 5-14

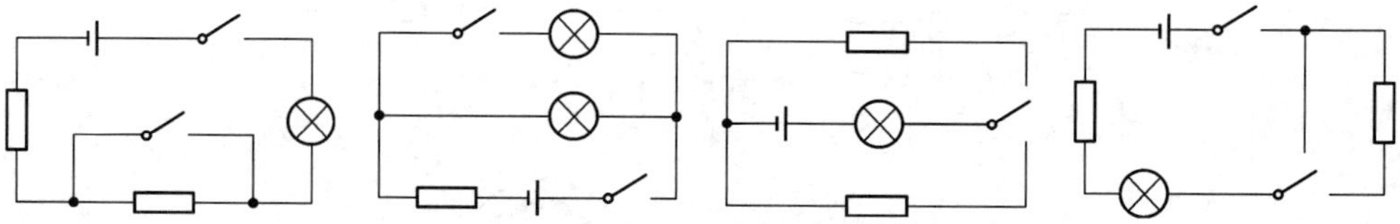

图 5-15

点评:小灯的亮暗由实际电功率决定,分段式调光灯就是通过改变小灯的实际电功率来进行调节的。

小明同学最后还是挑选了一盏自己满意的台灯(触摸式),为什么小明同学会唯独喜欢这盏台灯?请一位同学上来操作,看看究竟有什么特别的地方。

这盏灯没有开关按键,外形美观,内置电源等。

布置调查任务:有兴趣的同学可以上网去查阅触摸式台灯的原理。

2. 组织课堂评估,凸显学生的探究行为

对表现性评价的理解不能过于狭隘,要把握的重点是以“行”促“知”。我们需要基于单元体系的表现性评价任务设计,但是更多的应该是在课时教学中,采用评估的方式,在学生解决探究问题的过程中,采用“答—问”,而非“问—答”的方式,对学生的探究行为进行评估。具体而言,就是不断采用事实质疑、问题追问的方式让学生去追寻解决

的方式，即“搭一个台阶，让学生自己设法走上去”。组织好课堂的评估活动，使表现性评价切实成为一种质性评价过程。只有跳出特质论的窠臼，从研究特质向研究过程转变，强调能力与过程的动态且可控制的相互作用，才能让评价成为学习的一部分。

以“液体温度计”的学习为例。“温度计”是初中学生所遇到的第一个涉及原理探究和提倡尝试自制的测量仪器，且温度计的种类繁多，使用时注意点各有侧重。笔者在执教本节课时，注重设计教学评估点，让学生通过小组或全班的交流方式，讨论探究中所存在的问题、获得发现和改进意见，使学生从这些具体的评估活动中得到亲身体验，并在教师必要的启发、点评下，自己完成知识的主动建构，这就是一种常态性的表现性评价任务的设计。

案例54　评估的设计——“温度计”教学实录

评估活动1　我制作的“温度计”好吗？

1. 制作温度计时用何种液体？

学生甲：拿出自制温度计，说明测温原理是利用液体的热胀冷缩，基本构造如图5－16所示，瓶中装有红色墨水，但未装满。将它置于热水中后，观察到液体在管内上升。

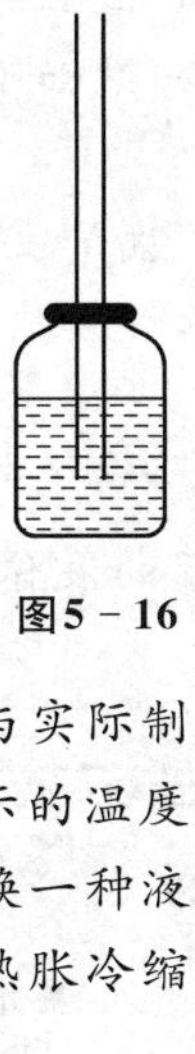

图5－16

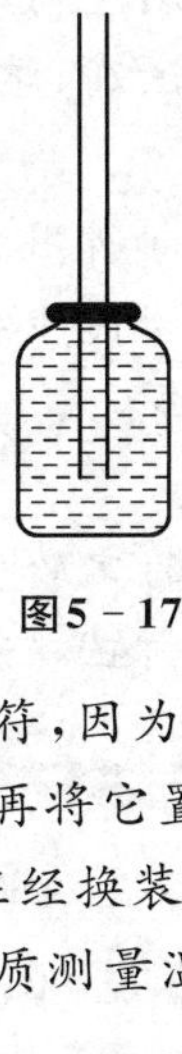

图5－17

学生乙：认为甲所说的原理与实际制作不符，因为瓶子中有空气。大家建议甲将瓶子中的水灌满，得到图5－17所示的温度计。再将它置于热水中，观察到管内液体虽然上升，但比较慢。教师提示能否换一种液体，在经换装酒精后发现上升得比水快了。

小结：可以利用气体或液体热胀冷缩的性质测量温度。若用液体，则酒精比水好。

2. 怎样标示温度计的刻度？

学生阅读教材，了解温度的确定方法后进行交流，尝试给图5－17所示的温度计标上刻度。测量时发现与实际相差较大，且刻度不够均匀。细心的学生发现，书中提供的自制温度计(如图5－18所示)上端是封闭的，且书中提到“把细玻璃管封闭的一端加热，使管内空气跑出去一些”。但由于不清楚这样做的道理导致探究受阻，教师解释是为了减少空气的影响，但学生仍将信将疑。于是教师将图 5－17 中的细塑料管的一端在酒精灯上灼烧，待密封后快速插入小瓶中，这时发现在较短的距离内能够标示出均匀的刻度。

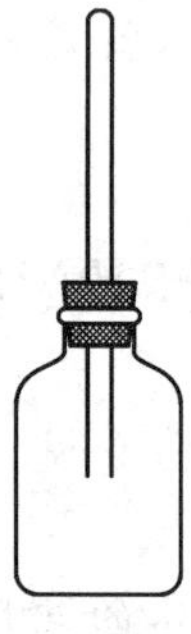

图 5－18

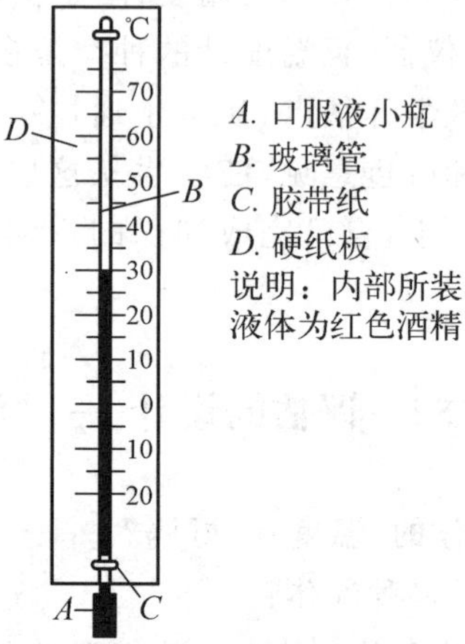

图 5－19

教师再出示课前制作的温度计，如图 5－19 所示。请学生上台与实际温度计进行测温比较，大家发现较为吻合，且刻度均匀、管内液柱上升明显。接着，请学生比较这个温度计与图 5－18 所示温度计的区别，学生们归纳如下：玻璃管很细，底部的瓶也不大，且上部是密封的。

小结：为减少空气的影响，实际所用液体温度计上部应该密封，并处理成真空；为使管内液柱上升明显，玻璃管要细；为便于液体尽快吸热上升，底部液泡大小要适当。

评估活动 2　我会测量温度吗？

1．用温度计测量热水的温度

给学生提供如图 5－20 所示的实验室常用的液体温度计，请学生看书后测量温水的温度。请一名学生上台演示如何正确测量。

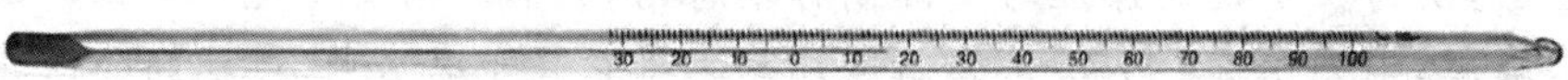

图 5－20

学生丙：用手拿住温度计的中部，将液泡浸入温水中。此时有位学生立即指出不妥，应该用细线将温度计系住，手拿细线，避免手温对温度计的影响。然后该生将温度计重新放入温水中，经过一段时间后，将温度计从水中拿出读数。此时大部分学生都叫嚷道："不能拿出来读数。"经纠正后重新测量，并记下示数"47"。另有学生立即说："还要加上单位℃。"教师再加入两个评估点："这支温度计是否可以用来测量开水（100 ℃）

的温度”“读数时视线是否正确”,供学生交流。最后共同归纳出温度计的使用方法。

2. 用温度计测“冷”“温”“热”三杯水的温度

学生分组实验,每一大组各设一位学生评估员,将发现的问题写在黑板上。出现最多的问题是:温度计的玻璃泡碰到了杯底和不能等示数完全稳定后读数。在此基础上再补充使用温度计的一些注意点。

3. 使用体温计测量人的体温

老师扮演“病人”,给学生提供一支如图 5-21 所示的“体温计”,请学生测量“病人”的体温。

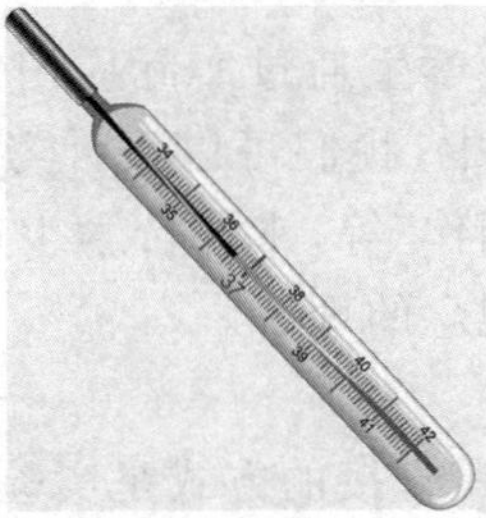

图 5-21

学生丁:拿起体温计就往“病人”嘴里放。其他同学都叫嚷道:“不对,应该先消毒。”

交流话题:如何消毒,可以用水煮吗?经讨论学生指出应该用酒精棉球消毒。

学生戊:将体温计消毒后放入“病人”口腔舌下,过了一段时间,拿出来读数,发现示数为 41 ℃。

交流话题:人体舌下温度正常时约为 37.2 ℃,41 ℃已属于人体发“高烧”,而老师却没有生病,这是为什么呢?

教师说明真相,原来上课前教师故意将这支体温计放在了温水中,由于体温计的特殊构造,水银不能自动退回玻璃泡内,因此使用体温计前应先甩一甩。

基于课时目标的评估必须“设置实体”,应是对探究的反思,这种反思应是具体而明确的,是对学习过程中每一个值得反思的细节而设置的,反思后直接的收效就是学生知识、技能点的增长。教师作为课堂教学的组织者其最重要的作用之一,就是创设一系列评估“实体”,通过评估使学生获得认知的提高。评估重在“发现问题”,在探究教学中,通过对探究的评估,发现探究过程中未解决的矛盾,将是导致更有意义的新的探究展开的基础。评估要用“物理语言”。物理学是一门重要的自然科学,虽源于生活,但高于生活,是对生活的一种充满理性的思考,而这种思考的外显表达方式就是我们所说的“物理语言”,它包含“肢体语”——各种实验操作方式和“文字语”——物理原理的应用。在交流和评估中,教师要全身心地投入,不能忽视任何一个细节,不断纠正错误的和不妥当的操作及用语,这样才能改进学生的探究,培养学生的科学思维能力。学生深层次的认知发展既需要独立思考，更需要合作交流。从理论上说学生之间都存在着个体差异，这种差异就是一种宝贵的学习资源。他们的思维彼此之间就有“最近发展区”，而只有通过交流才能相互影响、共同发展。而评估则是将交流落到实处的一种重要手段，它会使课堂教学的内涵更加丰富，使学生的思维活动开展得更加深刻。

第三节　实践性任务

实践性任务或者活动，是指让学生通过实际应用知识和技能来展现其对学习目标掌握的复杂性活动。在探究教学中，我们可以设计考查项目或具体的探究任务，包括“实验操作”“探究活动”及“设计制作”等，来评价学生基于单元（模块）学习后获得的探究能力、科学思维的发展和物理观念的理解。

1. 实验操作考查

对学生实验操作技能的评价最直接的方式是实验操作考查。在单元模块学习结束后，我们在进行纸笔测试的同时，应该依据单元目标，设置具体的实验项目，进行实验操作的评价。制定量规，进行评价的同时让学生自评。

案例55　实验技能考查与评价表（样例）

【实验考查】

实验名称：用电流表测并联电路的电流。

实验器材：电源、开关、2.5 V小灯泡2只、3.8 V小灯泡1只、电流表1只、导线若干。

考查时间：15分钟。

实验操作：

1. 取2.5 V小灯泡2只，按如图5-22所示的电路连接一个并联电路。（完成上述操作后，请举手报告老师）

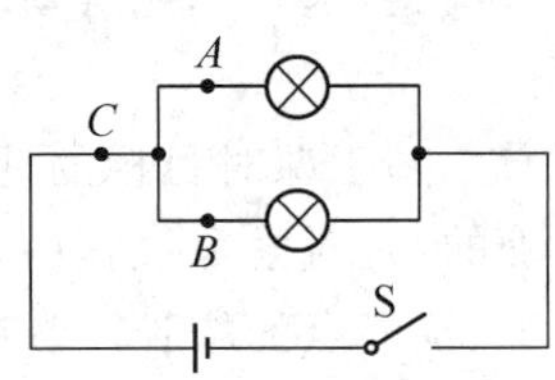

图5-22

2. 用电流表测出C点电流I_C。
3. 用电流表测出A点电流I_A。
4. 用电流表测出B点电流I_B。
5. 将其中一只小灯泡换为3.8 V，再次测量三处的电流。
6. 将所测数据填入下表：

	C点的电流I_C/A	A点的电流I_A/A	B点的电流I_B/A
第一次测量			
第二次测量			

7. 根据上述测量结果写出并联电路的电流关系式：________________。

8. 整理实验器材。

【实验考查评价表】

实验名称：用电流表测并联电路的电流。

考查时间：15 分钟。

考查要点	评定细则	分值
按电路图正确连接实物	1. 将小灯泡并联接入电路。	1分
	2. 连接电路时，开关应断开。	1分
	3. 线路连接完整，未出现短路、断路等故障，或出现故障后能正确排除。	1分
用电流表测并联电路的电流	4. 能正确选择电流表的量程。	1分
	5. 能用电流表正确测出 C 点电流。	1分
	6. 能用电流表正确测出 A 点电流。	1分
	7. 能用电流表正确测出 B 点电流。	1分
	8. 换一只小灯泡能正确测出 C、B、A 三处的电流。	1分
	9. 根据所测数据能正确得出三点电流关系。	1分
整理器材	10. 实验完毕后将器材整理好。	1分
考查成绩	6 分或 6 分以上为考查成绩合格。	等第

2. 实践性探究任务

(1) 实验探究

初中物理的学习，概念的建构和规律的获得主要依靠实验探究。在单元模块学习结束后，我们可以依据单元目标，考虑单元学习中知识性的物理概念、技能性的操作要求、体验性的科学方法组成的大概念，设计实验探究任务。

案例 56　探究影响浮力大小的因素

器材(图 5 - 23)：天平、量筒、空药瓶、大烧杯、小烧杯、溢水杯、胶头滴管、铁架台、弹簧测力计、干沙、水、白纸。

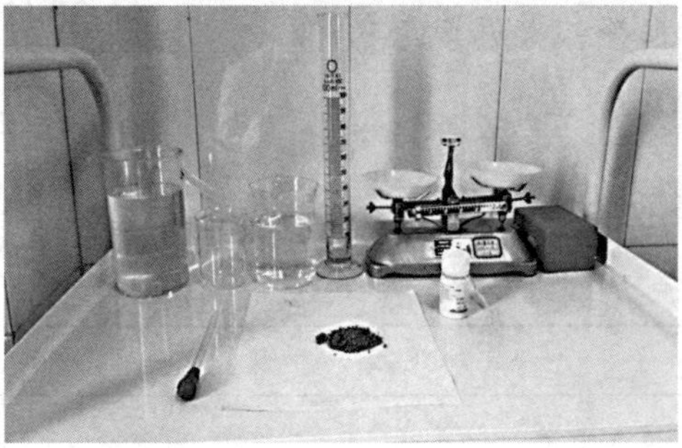

图 5 - 23

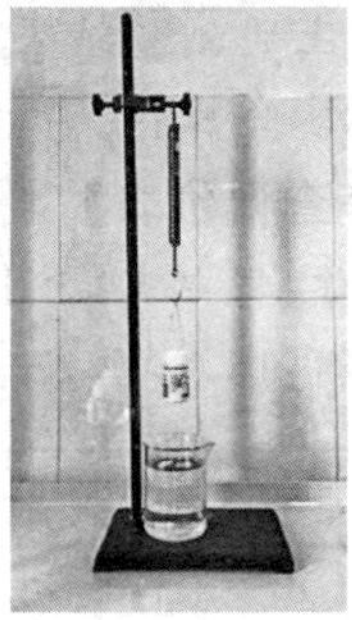

图 5 - 24

探究任务：

任务 1：利用这些器材可以完成哪些探究项目？分别利用什么原理？

评价目的：对单元知识结构进行梳理。

任务 2：请完成如下的探究项目。

项目一：测量 50 g 干沙和 50 g 水。

项目二：测量水的密度。

项目三：利用空药瓶和沙子制作一个密度为 1.1 g/cm^3 的物体。

项目四：利用器材，开展物体浮沉条件的探究。

项目五：利用自制的物体，探究影响浮力大小的因素。

评价目的：① 知识层面——质量、密度、浮力概念的理解；② 技能层面——天平、量筒、弹簧测力计的使用；③ 方法层面——控制变量法。

如果学生能完成上述这些探究项目，表明学生在阶段性学习上，已经达成了课程标准的要求，并且具有了迁移应用的能力。在设计完方案后，我们可以让学生实际操作，当他们能采用图 5 - 24 中的操作方式较为准确地测量出物体在液体中所受的浮力大小，则实验操作技能也得到了进一步的提升。

(2) 综合实践活动

开展物理综合实践活动，目的是使学生用物理的眼光去认识和处理周围的事物，将生活事实转化为物理关系，在解决问题的实践中潜移默化，形成物理观念、培养实验技能。在单元(模块)学习结束后，设计指向真实问题解决的物理综合实践活动，让学生通过实际应用知识和技能来展现其对学习目标的掌握情况，实现对知识理解、实践应用能力的有效评价。

案例 57　电池的探究

介绍伏打用锌片和铜片放入不同的导电液中制成了最早的电池。同时给学生展示一个类似的装置。

1. 电池是提供电压的装置

制作材料：小烧杯、白醋、铜片、锌片。在小烧杯放入铜片和锌片并倒入白醋，向学生介绍这就是一个电池(图5－25)。学生无法理解为啥这样一个简单的装置就成为电池了。此时需要让学生回忆电池的两个特征，即电池是提供电压的装置，电池是提供电能的装置。

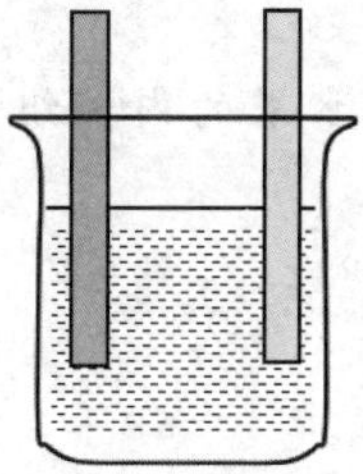

图5－25

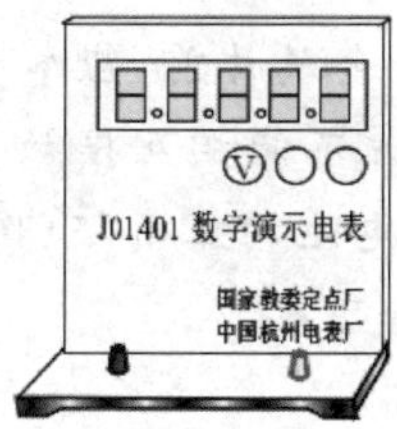

图5－26

教师选用如图5－26所示演示用数字电表。现象：示数显示－0.9；介绍负值表示电压表正负接线柱接反了。有示数表明该装置能够提供电压，因此它就是一个电池。

2. 电池是提供电能的装置

让学生回忆串联电池组总电压与各电池电压之间的关系，然后将4个图5－25所示电池串联，测得总电压约为3.4 V。

观察石英钟(图5－27)，发现指针不转动，观察并思考不转动的原因。

图5－27

教师将串联电池组作为电源连接到石英钟的电池盒中，石英钟的指针转动了起来。为了保证实验的成功，秒针的初始位置最好在3的位置，请学生分析能量的转化过程。

从单元的角度来设计这两个简单的活动，不仅能激发学生的兴趣，而且对于学生建立、理解电池的概念以及从两个不同的角度去认识电池收到了非常好的效果。同时也给学生接下来的制作水果电池做好了铺垫和示范。

3. 水果电池的制作与评价

步骤：取一个水果(如柠檬)，先用手掌将柠檬压在桌面上滚几下(破坏水果的内部组织，产生更多的汁液)，然后将铜片、锌片插入其中，这样就制成了水果电池。

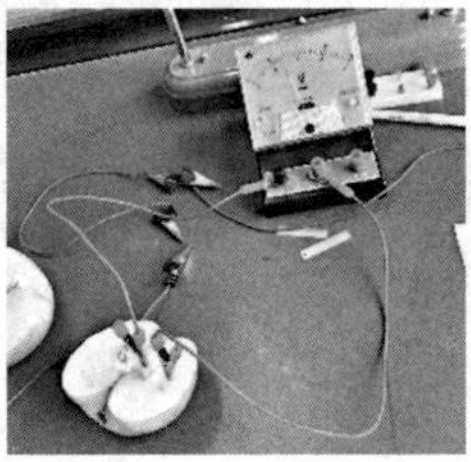

图 5 - 28

制作注意点：① 插入金属片前，应尽量破坏水果的内部组织。② 插入金属片应相互靠近且平行。③ 金属片不能相互接触。

项目任务：判断水果电池的正负极(图 5 - 28)。

学生测量典型数据如下。

表 A

水果种类	正极	负极	正、负极间的电压/V
苹果	铜片	锌片	0.4
土豆	铜片	锌片	0.4
柠檬	铜片	锌片	0.5

表 B

水果种类	正极	负极	正、负极间的电压/V
苹果	铜片	锌片	0.2
柠檬	铜片	锌片	0.3
橙子	铜片	锌片	0.2

项目产品：水果电池的制作是进行后续探究的关键，因此制作是否成功成为本堂课的重点之一。前一环节的演示，及项目任务的开展都是为了检验制作的效果。而设计项目任务的另一个目的在于使学生明确水果电池的电极与金属片之间的对应关系。同时也让学生了解水果电池电压可能与水果电池的种类有关。分析表 A 和表 B 中柠檬的电压，可以引出水果电池的电压除了与水果种类有关，还与其他因素有关系。

问题：比较表 A 和表 B 中的测量数据，你认为水果电池的电压与哪些因素有关？

4. 水果电池的电压与哪些因素有关

猜想：电极的材料、电极间的距离、电极插入水果的深度、水果水分的多少、水果的成熟程度、水果的酸度、水果的种类……

根据选择的器材，选择能够探究的因素：水果的种类、电极间的距离和电极插入水果的深度。

研究方法:控制变量法。

设计并进行实验,学生记录典型数据如下。

表 C

影响因素 1: 深度

序号	水果种类	电极种类	深度/cm	距离/cm	电压/V
1	梨	铜、锌	1	2	0.2
2	梨	铜、锌	2	2	0.3
3	梨	铜、锌	3	2	0.4

结论:电极种类相同,同种水果,电极间距离相同,电极插入水果深度越大,电压越大。

表 D

影响因素 1: 距离

序号	水果种类	电极种类	深度/cm	距离/cm	电压/V
1	苹果	铜、锌	2	1	0.4
2	苹果	铜、锌	2	2	0.3
3	苹果	铜、锌	2	3	0.2

结论:电极种类相同,同种水果,电极插入水果深度相同,电极间距离越大,电压越小。

5. 用水果电池点亮 LED 灯

器材:发光二极管(长的引脚接电源正极)、水果电池、导线若干。

已知发光二极管的工作电压为 3 V 或 1.5 V,请思考如何用水果电池点亮 LED 灯。

思考并测量:水果电池串联起来形成的电池组,总电压与单个水果电池电压大致有什么关系?

回顾并观察电池串联的连接方式,让学生上台连接实物(图 5-29);提醒学生可以先用电压表测量串联水果电池组的总电压,然后连接 LED 二极管的两个引脚。

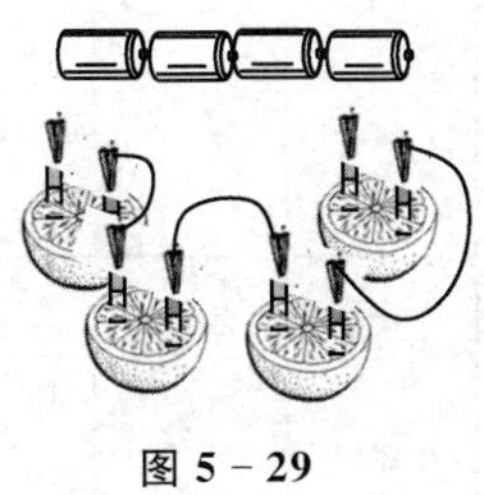

图 5-29

现象:部分小组的 LED 灯亮了;另一些小组不亮。

建议:不亮的小组可以改变电源正负极与 LED 引脚连接的位置。

结论:LED 二极管有单向导电性。

拓展实验:将锌片和铜片放入可乐中同样能够制成原电池。这是因为可乐中含有碳酸。介绍碳酸饮料中主要含有碳酸以及柠檬酸等,过量饮用易引起骨质疏松等。

3. 设计与制作活动

开展探究教学,目的是培养科学思维,促进学生物理观念的形成,物理观念是稳定的能力。是否形成物理观念有两个条件:一是能否理解概念或原理本身,形成知识的深度认知;二是能否在实际情境中应用这些知识来解决实际问题。初中物理学习中,有许多可以让学生动手的小设计、小制作,这些设计与制作需要用到物理原理,需要经历模型建构、材料选择、实际操作、验证改进等,这本身就是探究学习的典型样态。将“设计与制作”贯穿在物理学习中,可以评价学生对物理概念或规律的理解及迁移应用能力,促进物理观念的形成。

案例58 “光现象”实践性任务设计及实施样例

【单元教学计划及实践性任务设计】

内容	课时	学习目标	探究活动	实践性任务
光的色彩 颜色	1课时	1. 通过阅读、交流了解光源,会对光源进行分类。 2. 通过活动观察光的色散现象,知道白光可分解为多种色光。 3. 通过讨论,能设计一种获得单色光的方法,通过实验观察色光的混合,知道物体颜色的奥秘。 4. 通过阅读与交流,知道光能的各种应用。	活动3.1 分解太阳光:让太阳光通过三棱镜,观察现象。 活动3.2 观察白光透过有色玻璃纸的现象。 活动3.3 观察色光混合的现象。 活动3.4 观察彩色图片。	1. 采用多种方法分解太阳光。 2. 给定白光小手电、彩色玻璃纸,尝试设计获得一种单色光的方法。 3. 利用色光混合仪观察色光混合的现象。 4. 只有红光条件下观察鹦鹉的身体各部分的颜色。 5. 探究哪种色光的发热本领大。
人眼看不见的光	1课时	1. 通过阅读了解红外线的特点及其应用。 2. 通过阅读了解紫外线的特点及其应用。	阅读和演示红外线及紫外线的特点。	6. 利用灵敏温度计探究红光外侧的热效应。

续表

内容	课时	学习目标	探究活动	实践性任务
光的直线传播	1课时	1. 知道光在均匀介质中沿直线传播,并能用来解释小孔成像、日食月食等现象。 2. 了解光的传播需要一定的时间,知道真空中、空气中的光速。	活动3.5　做几个有趣的影子游戏。	7. 制作简易针孔照相机。 8. 制作简易日晷,标注刻度,测量时间及确定南北方向。
平面镜	1课时	1. 通过实验,探究平面镜成像时像与物的关系,理解平面镜成像的主要特点。 2. 知道平面镜成虚像及平面镜在生活中的应用。	学生实验:探究平面镜成像的特点。	9. 制作"储币魔箱"并分析原理。 10. 制作万花筒,观察成像情况。 11. 收集古代诗词中与光现象有关的精彩诗句。
光的反射	1课时	1. 通过分析生活中的现象使学生会描述光的反射现象,了解光的反射定律。 2. 通过学生自主作图了解平面镜成像原理。 3. 会通过实验证明反射现象中光路的可逆性。 4. 了解反射的分类。 5. 通过阅读,了解凹面镜及凸面镜的特点及应用。	学生实验:探究光的反射规律。	12. 制作潜望镜,分析成像原理。 13. 调查学校及家庭所在社区的光污染情况。
综合实践活动	1课时	1. 通过经历完整的探究过程,了解树荫下光斑的成因。 2. 通过探究实验,了解成像亮暗、成像大小、成像形状的影响因素。	14. 探究树荫下的光斑。	

【实践性任务实施样例】

(1) 分解太阳光

方案1。

器材:水、盘、平面镜。

方法：盘中盛水，盘边斜放一平面镜，使阳光照射到平面镜上，反射到白墙或白纸上。

方案2：从唐诗中寻找灵感。

器材：喷壶。

方法：背日喷乎水，成虹霓之状。——《玄贞子》唐·张志和。活动场景如图5－30所示。

方案3。

器材：电脑、液晶投影仪、三棱镜、铁架台。

方法：(1) 利用powerpoint制作一条清晰狭窄的白色光带。连接好计算机和液晶投影仪，进入播放状态，将液晶投影仪的视角调整到适当位置，直至天花板上出现一清晰狭窄的白色光带(图5－31)。(2) 将一三棱镜装在铁架台上，置于液晶投影仪镜头前约4 cm处，让白色光束透过三棱镜。然后旋转三棱镜至合适的角度，直至屏幕上出现清晰、明亮的如教材上所呈现的彩色光带(图5－32)。

图5－30

图5－31

图5－32

(2) 制作简易针孔照相机

制作方案：利用如图5－33、5－34所示的器材制作简易针孔照相机，并利用制作产品探究小孔成像的特点。

要求：能探究小孔成像的大小与哪些因素有关；能探究小孔成像的形状与孔的形状关系等。

图5－33

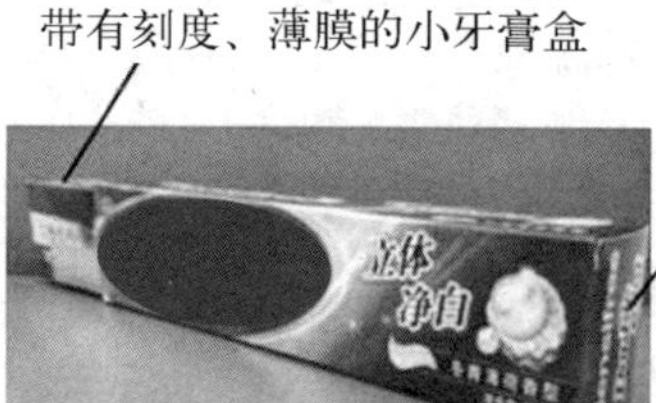

图5－34

学生作品：

图 5－35　学生作品展示

(3) 探究使气球破裂的方法

器材：红色、绿色、蓝色、白色及外面透明里面黑色的双层气球若干，柠檬皮、小针、红色和绿色激光笔各一支、黑色记号笔一支。

任务：使用尽可能多的方法使气球破裂。

所有同学都能想到的方法：用针戳破气球。

部分学生能想到的方法：将柠檬汁挤到气球上使其破裂。（解释：柠檬汁里含有柠檬烯有机溶剂，将挤出的液体滴到气球上会溶解橡胶。）

增加任务难度：如何使双层气球中内部的黑色气球破裂？

提醒：可以使用激光笔照射。（解释：激光具有能量；黑色气球能够吸收红光或者绿光。）

任务拓展：如何利用刚才的激光笔使白色气球破裂？

方法：用记号笔将气球某个区域涂黑，用激光笔照射黑色区域。

(4) 光污染情况调查

调查学校周围及家庭所在社区光污染的主要来源；选择若干有代表性的采样点，根据调查结果提出控制光污染的建议。

物理的核心素养是在应用物理观念分析实际问题，进行预测、推论、解释、应用等实践活动的过程中逐渐养成的。在物理教学中应多创设真实的问题情境，多为学生提供参与实践的机会，进行评价引领。实践表明，结构化、情境化、凸显学科大概念的实践性评价任务，能体现物理学科知识发展的进阶与认识世界方式之丰富，能激发学生深度参与学习活动，帮助学生建立一个完整的对物理世界的理解，亦即形成正确的物理观念。

第四节　情境化试题

情境化试题是指具有问题情境、包涵知识结构的问题，这里的情境可以来自学生在学习中解决问题的经历，也可以是生活、生产中的实际问题。物理课程核心素养的培育路径是通过科学探究，培养科学思维，形成物理观念。物理学习的基本流程是“创设问题情境——进行实验探究——构建物理模型——培养物理观念”。而情境化试题的解决过程是“剖析问题情境——抽取物理模型——利用（物理概念、规律及数学工具等）科学思维——解决问题”，二者的路径本质上是一致的。所以，设置情境化试题，可以评价学生在单元（模块）学习后所具有的实验探究、科学思维、物理观念等物理学科素养水平。

学科能力表现与学科核心素养互为表里。物理观念是在学习理解和应用实践的过程中逐渐形成的，而随着理解和实践的过程，学生的科学思维和探究能力得到锻炼和发展，并形成良好的科学态度和科学责任。物理学科的关键能力是指学习者在面对生活实践或学习探索问题情境时，能够在正确的思想价值观念指导下，高质量地认识问题、分析问题、解决问题的能力。就物理学科的学习而言，认识问题需要具备结构化的物理知识体系，分析问题需要具备物理模型的建构和识别能力，解决问题需要具备实验技能以及理论思维和数学方法应用能力。物理课程的内容结构由物理内容、实验探究和综合实践三大类一级主题构成。

设计情境化试题评价学生经探究学习后所达到的能力水平，需关照学生的学习经历，遵循课程的内容结构。下面笔者结合命题实践加以说明。

1. 构建科学的物理模型，评价学生的知识结构和实践应用能力

“从生活走向物理，从物理走向社会”是物理课程的基本理念，是体现物理学科价值的路径。实践应用能力是学生在面对生活实际问题情境时，进行知识应用的过程，进行学科知识加工的过程。为评价学生的实践应用能力，我们需要联系生活实际，选择合适的素材构建科学的物理模型。

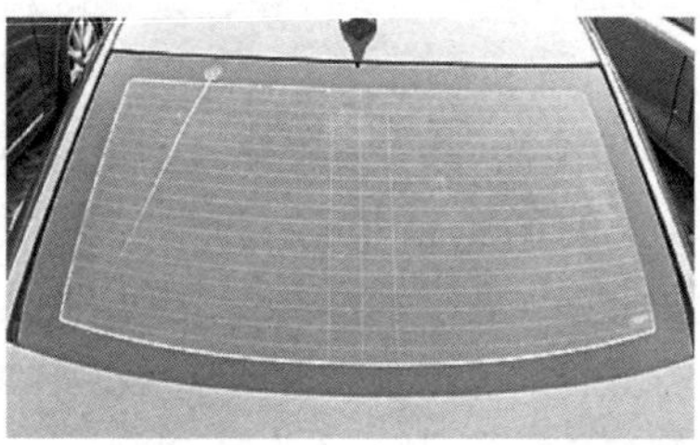

图 5-36

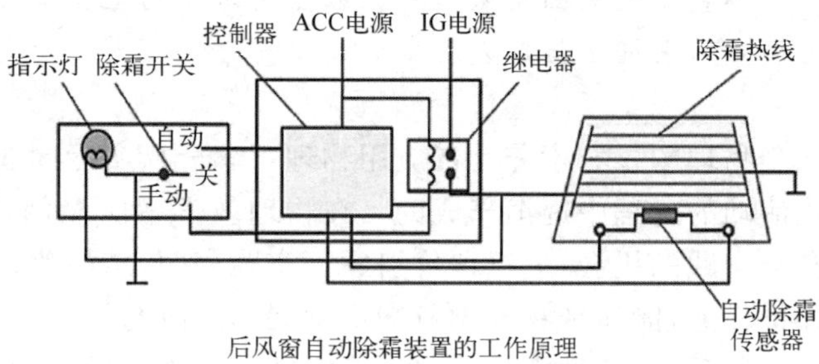

图 5-37

疫情期间，学生外出机会减少，乘坐公共交通的机会也减少，为体现物理学科的实践应用价值，贴近学生生活，笔者选用了“家用小汽车”作为命题素材。作为交通工具，汽车的安全性是首要考虑的，为了保障行驶安全，汽车的后风窗都装有如图 5-36 的加热除霜电路，图 5-37 是该电路的工作原理图，其中的控制器电路原理如图 5-38。那么这个加热除霜电路是如何工作的？加热的功率为多大？如何合理设计和改进？这些都是实际问题，通过对这些问题的考查，可以很好地引导学生将知识迁移到新的情境，分析模型，做出解释，运用物理的思想与方法解决新问题。于是，笔者在走访了专业人员后，对汽车后风窗玻璃质量、电路中原件的规格做了进一步的了解，对汽车后风窗加热电路进行了合理建模，设计了如下试题。

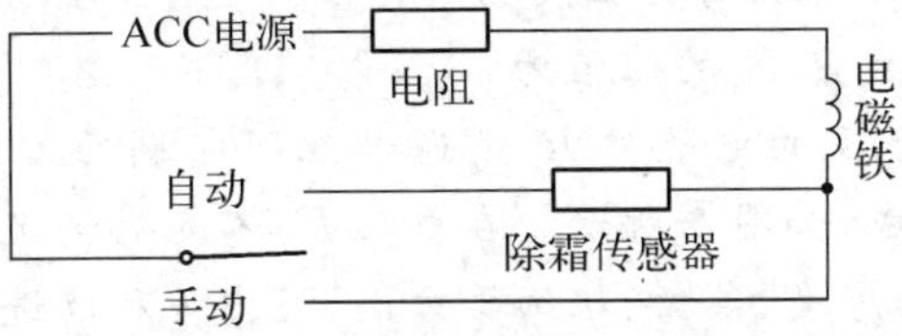

图 5 - 38

案例 59　汽车后风窗

试题　冬季，汽车后风窗玻璃上常会形成一层薄霜，导致驾驶员无法准确观察后方情况。为保障行车安全，后风窗玻璃装有加热除霜电路。如图甲所示，是某同学设计的模拟汽车后风窗玻璃加热电路，它由控制电路和受控电路组成。控制电路中 S 接“手动”时，电磁铁 A 通电吸引衔铁，使触点 D、E 接触，受控电路中电热丝 R_2 工作，对玻璃均匀加热。S 接“自动”时，加热过程中，玻璃温度升高至 45 ℃时，触点 D、E 恰好脱开，此时控制电路中通过的电流为 0.02 A。电路中 $U_1=6$ V，$U_2=12$ V，$R_0=150\ \Omega$，$R_2=0.8\ \Omega$，R_1 为固定在玻璃内的热敏电阻，其温度始终与玻璃温度相同，阻值随温度升高而增大。若电热丝 R_2 所产生的热量完全被玻璃吸收，玻璃质量为 9 kg，玻璃比热容为 0.8×10^3 J/(kg·℃)。电磁铁 A 线圈的电阻忽略不计。

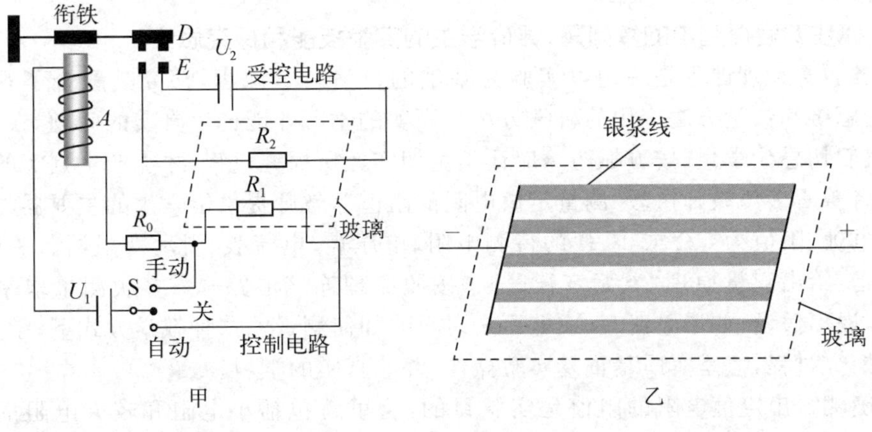

图 5 - 39

(1) 开关 S 接“手动”:

① 电磁铁 A 通电时具有磁性,此现象称为电流的________效应,A 的上端是________极。

② 将玻璃从 −5 ℃加热至 45 ℃,所需的时间是多少?

(2) 开关 S 接“自动”,玻璃的温度为 15 ℃和 45 ℃时,控制电路的功率相差了 0.03 W,则 15 ℃时热敏电阻 R_1 的阻值为________Ω。

(3) 汽车后风窗玻璃上的电热丝 R_2 是通过丝网印刷的方式将专用的导电银浆印刷到玻璃的表面烧结制成,如图乙所示。在电压 U_2 不变的情况下,为增大电热丝 R_2 的加热功率,请从银浆线的厚度、条数、粗细等方面,提出一种改进措施________________。

试题考查的知识点包括:电流的磁效应、影响电阻大小的因素、热量、焦耳定律、欧姆定律、电功率,知识的水平层次包括了解、认识、理解。试题的任务指向体现学科问题的解决过程,驱动学生辨别、分析、综合、建构、决策,试题通过设置层次性任务,从不同角度、高度来考查学生的思维能力、思维品质和策略应用水平,包涵着对学生物理知识结构的评价,包涵着对物理模型的分析和解释、解决问题时所用的思想和方法、基于实际应用的反思与评价的考查。

正确解答试题的关键是能看懂电路模型,明确控制电路的动态控制过程和受控电路的工作原理。如试题的第(2)小问是对控制电路电功率的考查,解答时,先将控制电路等效为如图 5 - 40 所示的模型。依据题意,当玻璃温度为 45 ℃时,此时控制电路的电流为 0.02 A,电功率为 0.12 W;当玻璃温度为 15 ℃,R_1 的阻值减小,所以电路的电功率增大,为 0.15 W,依据 $R=\frac{U_1^2}{P}=\frac{36\ \text{V}^2}{0.15\ \text{W}}=240\ \Omega$,因此 R_1 的阻值为 90 Ω。

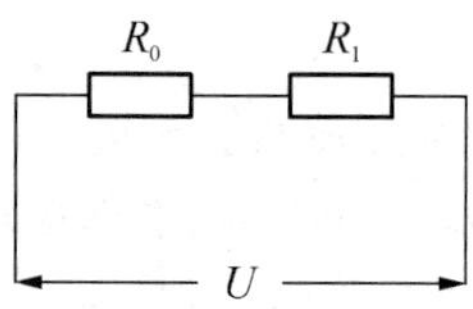

图 5 - 40

2. 抓住实验探究中的真问题,评价学生的实验技能和探究思维

义务教育物理课程是一门以实验为基础的自然科学课程,探究是融合了观察、实验、理论思维和数学方法应用的科学方法。真实的学习才能产生真实的问题,在实验探究中,我们切忌让学生“按方抓药”,应让学生切实经历探究过程,才能产生真实的问题。

笔者曾听多位教师执教“测量定值电阻的阻值”,教师提供给学生的主要器材有:两节新干电池、阻值为 5 Ω 或 10 Ω 的待测电阻、电压表、电流表、滑动变阻器。一般的教学流程是:给出测量原理“欧姆定律”——按照原理连接电路——多次测量取平均值。接下来,提出假设,如果电流表(或电压表)损坏,如何测量?这种教学方式下,学生看似经历了探究过程,但是实质是重复实验操作,并非真实的学习。

准确测量出定值电阻的阻值是实验目的,这里就包括小电阻和较大电阻的测量。教学中,如果做以下两种情形的改进,则可以培养学生真实的实验技能和探究思维。一是，如果我们给学生 1 Ω 或 2 Ω 的电阻。实际测量时，学生碰到的第一个问题就是电流表到底是选择哪个量程？第二个问题是电流会超过 1 A，属于大电流，在此情形下，如何减小测量误差？二是，选取家用电器中实际使用的色环电阻（200 Ω 左右），让学生测量，电流表示数小于最小分度值 0.02 A，此时就只能考虑选用其他测量方案，也就排除了电表损坏的人为假设。必然需要重新设计电路，例如可以采用如图 5－41 所示的方式，利用电阻箱和待测电阻串联，将电压表接在电阻箱两端，改变电阻箱的阻值，读出电压表示数，利用数学关系，准确测量出待测电阻的阻值。基于上述电阻测量中需要解决的实际问题，笔者设计了如下的试题。

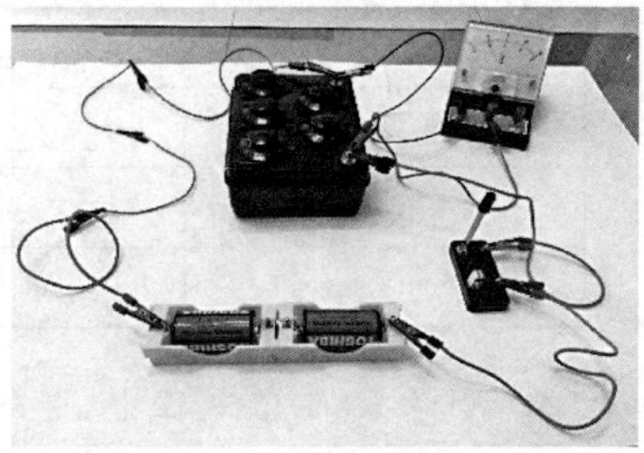

图 5－41

案例 60　测量定值电阻的阻值

试题　小明和小华在进行“测量定值电阻的阻值”实验，器材有：干电池两节，开关、电压表、电流表、滑动变阻器（20 Ω　1.5 A）、电阻箱（0～9 999 Ω　5 A）各一个，待测电阻 R_1、R_2，导线若干。

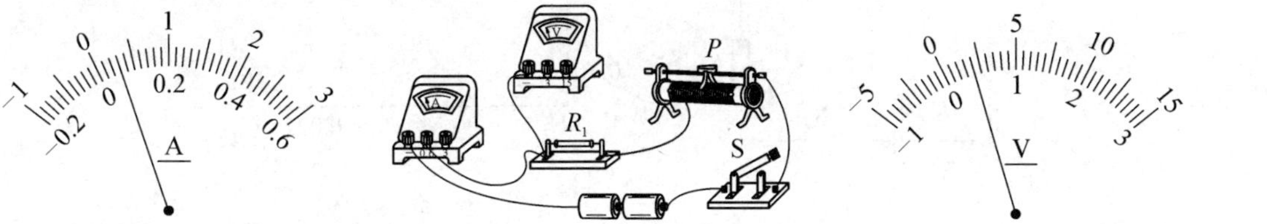

甲　　　　乙　　　　丙

图 5－42

(1) 连接电路前，小明发现电流表指针如图 5－42 甲所示，于是他将电流表指针调至________。

(2) ① 图 5－42 乙是他们连接的测量 R_1 阻值的部分电路，请用笔画线代替导线，将电路连接完整。

② 闭合开关 S 前，应将滑动变阻器的滑片 P 置于最________（选填“左”或“右”）端。

③ 在正确完成上述操作后，闭合开关，移动滑片 P，当电流表示数为 0.2 A 时，电压表示数如图 5－42 丙所示，则电阻两端的电压为________V。多次实验所测量的结果如下表所示，则 R_1 的阻值为________Ω。

实验序号	电压表示数 U/V	电流表示数 I/A	电阻 R_1/Ω
①	▲	0.2	
②	0.6	0.3	▲
③	0.8	0.4	

④ 测量 R_1 阻值过程中，老师提醒他们要尽量缩短通电时间，并用较小的电流来测量，这样做的理由是________________。

(3) 为测量电阻 R_2 的阻值，他们在已连接好的图 5－42 乙的电路中，用 R_2 替换 R_1 接入电路。

测量过程中，发现电流表示数始终小于分度值。于是，他们按照如图 5－43 甲所示的电路图，重新连接了电路，闭合开关后，改变电阻箱接入的阻值进行多次测量。记录下电阻箱的阻值 R 及对应的电压表示数 U，并根据记录的数据绘制出 $\frac{1}{U}$-$\frac{1}{R}$ 图像，如图 5－43乙所示，则所测电阻 R_2 的阻值为________Ω。

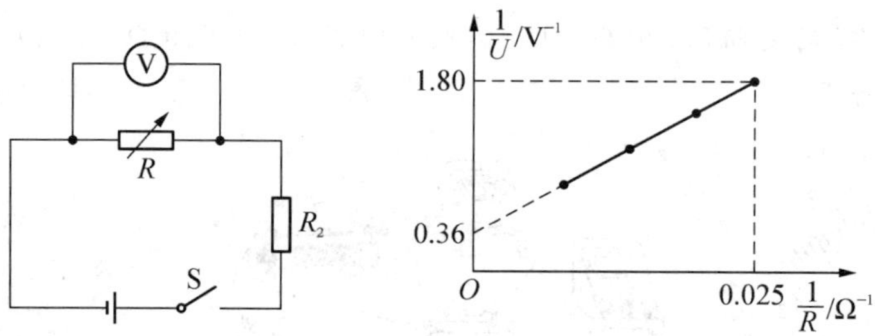

甲　　　　乙

图 5－43

试题第(1)小问设计的最初设想是让学生连接电流表的量程，考虑到试题设问的递进性，后来改为“电流表校零”的技能考查。第(2)①②③小问考查学生在电阻测量中的电路连接、读数及数据处理技能，属于实验技能考查。

试题对学生探究思维的考查围绕“准确测量定值电阻的阻值”而设计，第(2)④小问为准确测量小电阻的阻值，需要避免在测量中，由于电流过大和通电时间过长，导致电阻发热阻值发生较大变化。第(3)小问在测量大电阻时，依据设计的电路图 5－43 甲，经过实际测量，可以获得电压表示数的倒数和对应电阻箱阻值的倒数关系如图5－43乙所示。在作答设计上，我们考虑了两种解题思路，以区分学生的物理思维品质。思路一：直接从图 5－43 乙入手，因为当 $\frac{1}{R}=0$ 时，$\frac{1}{U_0}=0.36$，此时电压表所测为电源电压，

所以电源电压为 $U_0=\frac{25}{9}$ V；当 $\frac{1}{R}=0.025$，此时 $R=40\ \Omega$，电压表示数 $U=\frac{1}{1.8}$ V $=\frac{5}{9}$ V，利用串联分压的规律可以得出答案 $R_2=160\ \Omega$；思路二：依据图 5－43 甲推导出电压表示数与待测电阻 R_2 的关系式：$\frac{1}{U}=\frac{1}{U_0}+\frac{R_2}{U_0}\cdot\frac{1}{R}$，其中，$U_0$ 为电源电压。利用图 5－43 乙列方程进行计算，可以得出 $\frac{1}{U_0}=0.36$，$R_2=160\ \Omega$。这两种解决问题的方法合理利用物理思维和数学工具，但是相对而言，选用思路一的学生在物理学习中物理思维和数学方法应用能力要强于第二种。

实验探究能力应是学生在面对学习探索问题情境时，进行学以致用的认知操作和行动操作过程中表现出的稳定的个性心理特征，是理论联系实际所必须具备的能力基础，包括实验设计、动手操作、数据处理和信息转化能力。试题应根据真实的问题情境设计，才能较好地评价学生的实验技能和形式逻辑思维。

3. 基于物理综合实践活动，评价学生的设计与分析论证能力

教学中认真组织综合实践活动，可以发展学生跨学科应用知识的能力、分析和解决问题的综合能力、动手实践的操作能力，培养学生积极认真的学习态度和乐于实践、敢于创新的精神。基于真实的综合实践活动进行试题设计，可以对学生的设计与分析论证能力进行较好的评价。

案例 61　干冰的探究

试题　在物理综合实践活动中，小红和小华在老师的指导下制取干冰并做了一些有趣的探究：

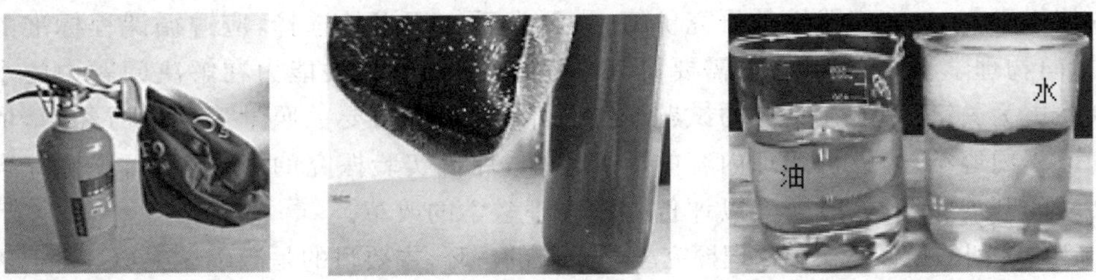

甲　　乙　　丙

图 5－44

(1) 如图甲所示，她们将一个棉布袋套在干冰灭火器口部，手按灭火器的手柄，过一会儿，棉布袋内出现了干冰。在此过程中，她们观察到装有干冰的棉布袋外侧有一层

“白霜”，那是空气中的水蒸气遇冷________（填物态变化名称）形成的。布袋下方还有缥缈的白雾，如图乙所示。雾的形成是________（填物态变化名称）现象。

（2）如图丙所示，她们在两只相同的烧杯中倒入体积和温度相等的食用油和温水。

① 她们先将干冰放入油中，干冰沉底后，观察到油中有大量气泡产生，干冰完全消失后，烧杯中油的体积并未发生变化，这说明干冰在油中发生了________（填物态变化名称），用手触摸杯底，感觉到很凉，说明________________________。

② 接下来，她们将干冰放入温水中，干冰沉底后，观察到水中有大量气泡产生，杯子上方产生大量白雾。小红认为杯子中的水正在沸腾，小华则认为要进行判断。给你一支温度计，请你说明判断方法：____________________。水面上方的大量白雾又是如何形成的呢？请你给出合理的分析：________________________。

③ 请根据实验中干冰呈现的特性，提出一种在生活中合理使用干冰的方案：________________________。

在命制该试题时，笔者来到了消防中队，设计了两组实践项目，一组是自制干冰，如图甲和乙；一组是观察干冰放入等温的煤油和水中后所发生的现象，以此考查学生的设计和分析论证能力。之所以选择温油，是考虑到液体与油的不兼容性，判断干冰在此过程中是否发生液化，而判断的方法是测量干冰消失后油的体积是否发生变化；干冰放入温水中，会观察到水的内部和表面有大量气泡产生，如何判断这并不是沸腾，需要学生具备对水的沸腾特点的了解，同时注意此时的外界条件。在实验过程中，水和外界是充分接触的，水的沸点应该接近 100 ℃，所以，设计了给学生一支温度计，让学生给出判断方法。根据干冰升华吸热的特性，设计了对烧杯上方的白雾成因进行分析。经历探究后，请学生依据干冰的特性提出干冰在生活中使用的方案。试题考查了学生对物态变化及其特点的了解，评价了学生的分析论证及实践应用能力。

设计情境化试题评价学生的物理关键能力，需要注重试题的情境素材指向物理课程的核心素养，具有实践性的研究价值；需要注重知识点的选择，应遵循课程标准的要求，指向物理学科的必备知识；需要设计好问题，以凸显相关能力在解决问题中的水平层次。更为关键的是，在具体的试题设计技术上，我们需要关照学生的学习经历，依据物理课程内容结构，评价物理内容的学习水平，评价实验探究的思维层次，评价综合实践活动的开展状况，才能切实以评价引领物理教学的改革。

评价支架的设计是初中物理探究教学重要的一环，主要目的是激励学生更好地开展实验探究，提供探究行为的循证改进依据，以“行”促“知”。我们要注重形成性评价，要依据探究任务，设计表现性评价任务，采用评估技术，不断反馈学生学习成功和失败之处的信息，找到问题并解决问题。我们要注重总结性评价，设计实践性任务和情境化试题，对教学目标达到的程度做出判断，提供教学目标适当性与教学策略有效性的信息。坚持基于实践，坚持面向学生，坚持探究的理念，就会不断完善探究教学的评价支架，以评价促进学习。

参考文献

专著类

[1] 教育部基础教育司.走进新课程——与课程实施者对话[M].北京:北京师范大学出版社,2002.

[2] 唐斌.教育的经验诠释——杜威教育哲学疏论[M].南京:江苏凤凰教育出版社,2014.

[3] 弗拉纳根.最伟大的教育家——从苏格拉底到杜威[M].上海:华东师范大学出版社,2009.

[4] 全国十二所重点师范大学联合编写.高等师范院校公共课教育学教材《教育学基础》[M].北京:教育科学出版社,2004.

[5] 关文信,毕凤祥,韩艳华.新课程理念与初中物理课堂教学实施[M].北京:首都师范大学出版社,2003.

[6] 陈刚,舒信隆.新编物理教学论[M].上海:华东师范大学出版社,2006.

[7] 张军朋,许桂清.中学物理科学探究学习评价与案例[M].北京:北京大学出版社,2010.

[8] 邢红军.物理教学论[M].北京:北京大学出版社,2015.

[9] 刘炳昇.继承与创新——初中物理新课程建设的理论与实践研究[M].南京:江苏科学技术出版社,2006.

[10] 施良方,崔允漷.教学理论——课堂教学的原理、策略与研究[M].上海:华东师范大学出版社,2010.

[11] 刘炳昇,陈娴.物理实验教育功能深层开发的理论与实践[M].南京:江苏凤凰科学技术出版社,2018.

[12] 中华人民共和国教育部制定.义务教育物理课程标准(2011年版)[S].北京:北京师范大学出版社,2012.

[13] 陶洪.物理实验教学论[M].南宁:广西教育出版社,2007.

[14] 张远增.考试评价论[M].上海:华东师范大学出版社,2018.

[15] 林崇德.学习与发展(修订版)——中小学生心理能力发展与培养[M].北京:北京师范大学出版社,2011.

[16] 熊川武.反思性教学[M].上海:华东师范大学出版社,1999.

[17] 郭玉英等.基于学生核心素养的物理学科能力研究[M].北京:北京师范大学出版社,2018.
[18] 钟启泉.课堂研究[M].上海:华东师范大学出版社,2016.
[19] 钟启泉.读懂课堂[M].上海:华东师范大学出版社,2015.
[20] 张朝珍.教师教学决策的运行机制研究[M].北京:中国社会科学出版社,2016.
[21] 郭奕玲,沈慧君.物理学史[M].北京:清华大学出版社,2002.
[22] 吴庆麟.认知教学心理学[M].上海:上海科学技术出版社,2002.
[23] 阎金铎主编.物理教学论[M].南宁:广西教育出版社,1997.
[24] 陈玉琨.教育评价学[M].北京:人民教育出版社,2003.
[25] 田成良,夏伟宁.回归物理教学的本原——吴家澍物理教育思想研究[M].北京:北京师范大学出版社,2021.
[26] 崔允漷,王少非,夏雪梅.基于标准的学生学业成就评价[M].上海:华东师范大学出版社,2008.
[27] 陈明选.中学语文理解性教学设计原理与应用[M].北京:北京师范大学出版社,2014.
[28] 义务教育学科核心素养与关键能力研究项目组著.义务教育学科核心素养·关键能力测评与教学(初中物理)[M].南京:江苏凤凰科技出版社,2018.
[29] 黄光雄,蔡清田.核心素养:课程发展与设计新论[M].上海:华东师范大学出版社,2017.
[30] 余文森.课堂有效教学的理论与实践[M].北京:北京师范大学出版社,2011.
[31] 李吉林.情境教育理论探究与实践创新[M].北京:北京师范大学出版社,2018.
[32] [美]格兰特·威金斯,杰伊·麦克泰勒著,闫寒冰等译.追求理解的教学设计[M].上海:华东师范大学出版社,2017.
[33] [美]阿尔伯特·爱因斯坦,[波]利奥波德·英费尔德著,章彦博译.物理学的进化[M].南京:江苏凤凰出版社,2020.
[34] [美]戴维·铂金斯著,杨彦捷译.为未知而教,为未来而学[M].杭州:浙江人民出版社,2015.
[35] [美]罗伯特·M·卡普拉罗,玛丽·玛格丽特·卡普拉罗,詹姆斯·R·摩根主编,王雪化,曲梅译.基于项目的STEM学习[M].上海:上海科技教育出版社,2017.
[36] [美]简妮·爱丽丝·奥姆罗德著,雷雳,柳铭心,郭菲,伍亚娜译.教育心理学精要·指导有效教学的主要理念[M].北京:中国人民大学出版社,2013.
[37] [美]J·P·戴斯,J·A·纳格利尔里,J·R·柯尔比著,杨艳云,谭和平译.认知过程的评估[M].上海:华东师范大学出版社,1999.
[38] [美]R.基思·索耶主编,北京师范大学认知神经科学与学习国家重点实验室脑科学与驾驭应用研究中心组织翻译,徐晓东等译.剑桥学习科学手册[M].北京:教育科学出版社,2016.

期刊类

[1] 李孔文.塔木德:施瓦布实践课程思想根源[J].全球教育展望,2012(1).

[2] 陈家刚.促进理解性学习的课程和教学设计原则[J].全球教育展望,2013(1).

[3] 李艺.谈“核心素养”[J].教育研究,2015(09).

[4] 辛涛.我国义务教育阶段学生核心素养模型的构建[J].北京师范大学学报(社会科学版),2013(01).

[5] 辛涛.我国义务教育阶段学生核心素养模型的构建[J].北京师范大学学报(社会科学版),2013(01).

[6] 何巧艳,曾晶.课程文化及其师生关系的交互意向性[J].华南师范大学学报(社会科学版),2017(3).

[7] 何巧艳,曾晶.课程文化及其师生关系的交互意向性[J].华南师范大学学报(社会科学版),2017(3).

[8] 陈家刚.促进理解性学习的课程和教学设计原则[J].全球教育展望,2013(1).

[9] 阚宏茹,骆波.基于项目学习的初中物理教学——以综合实践活动“自制密度计”为例[J].中学物理,2019(6).

[10] 许帮正,骆波.开发通用量表　完善探究行为评价[J].中学物理教与学,2011(12).

[11] 许帮正.物理探究教学的设计原则和内涵把握[J].中学物理教与学,2014(9).

[12] 许帮正.指向物理核心素养的单元设计[J].中学物理教与学,2019(8).

[13] 许帮正.初中物理单元视域下的探究教学设计[J].中学物理,2020(6).

[14] 许帮正.指向物理实践应用能力的中考评价设计[J].物理教师,2020(1).

[15] 骆波.初中物理探究行为的设计重点与组织要点[J].中学物理教与学,2015(11).

[16] 骆波.物理综合实践活动的目标指向与项目特征[J].中学物理教与学,2019(7).

[17] 骆波.初中物理单元学习评价的层级架构[J].基础教育课程,2017(7).

[18] 彭夷.实践·评价·改进——基于教学实践改进学生探究行为评价量表[J].中学物理教与学,2011(9).

[19] 彭夷.基于单元的项目学习活动案例[J].中学物理教与学,2018(9).

[20] 彭夷.项目学习产品的制作与评价[J].中学物理教学参考,2016(4).

[21] 刘轶.初识家用电器与电路[J].物理教学,2019(6).

[22] 顾炳峰.单元视域下科学思维的教学设计——以“牛顿第一定律”为例[J].物理教师,2020(1).

[23] 顾炳峰,许帮正.物理实践应用能力的评价设计——以 2021 年无锡市物理中考第 27 题为例[J].物理教学,2021(12).

[24] 吉临荣.初中物理探究教学中实验项目的设计与实施[J].江苏教育,2022(3).